2021

PEDRO H. C. FONSECA

DIREITO
PENAL & AÇÃO
SIGNIFICATIVA

SEGUNDA
EDIÇÃO

2021 © Editora Foco

Autor: Pedro H. C. Fonseca
Diretor Acadêmico: Leonardo Pereira
Editor: Roberta Densa
Assistente Editorial: Paula Morishita
Revisora Sênior: Georgia Renata Dias
Capa Criação: Leonardo Hermano
Diagramação: Ladislau Lima
Impressão miolo e capa: FORMA CERTA

Dados Internacionais de Catalogação na Publicação (CIP) (Câmara Brasileira do Livro, SP, Brasil)

F747a   Fosceca, Pedro H. C.
     Direito penal & ação significativa/ Pedro H. C. Fonseca. - 2. ed. - Indaiatuba,
     SP : Editora Foco, 2021.

     164 p. ; 17cm x 24cm.

     Inclui índice e bibliografia.

     ISBN: 978-65-5515-162-6

     1. Direito. 2. Direito penal. 3. Ação penal. I. Título.

2020-2826   CDD 345   CDU 343

Elaborado por Vagner Rodolfo da Silva – CRB-8/9410

Índices para Catálogo Sistemático:

1.Direito penal 345   2. Direito penal 343

DIREITOS AUTORAIS: É proibida a reprodução parcial ou total desta publicação, por qualquer forma ou meio, sem a prévia autorização da Editora FOCO, com exceção do teor das questões de concursos públicos que, por serem atos oficiais, não são protegidas como Direitos Autorais, na forma do Artigo 8º, IV, da Lei 9.610/1998. Referida vedação se estende às características gráficas da obra e sua editoração. A punição para a violação dos Direitos Autorais é crime previsto no Artigo 184 do Código Penal e as sanções civis às violações dos Direitos Autorais estão previstas nos Artigos 101 a 110 da Lei 9.610/1998. Os comentários das questões são de responsabilidade dos autores.

NOTAS DA EDITORA:

Atualizações e erratas: A presente obra é vendida como está, atualizada até a data do seu fechamento, informação que consta na página II do livro. Havendo a publicação de legislação de suma relevância, a editora, de forma discricionária, se empenhará em disponibilizar atualização futura.

Erratas: A Editora se compromete a disponibilizar no site www.editorafoco.com.br, na seção Atualizações, eventuais erratas por razões de erros técnicos ou de conteúdo. Solicitamos, outrossim, que o leitor faça a gentileza de colaborar com a perfeição da obra, comunicando eventual erro encontrado por meio de mensagem para contato@editorafoco.com.br. O acesso será disponibilizado durante a vigência da edição da obra.

Impresso no Brasil (11.2020) – Data de Fechamento (10.2020)

2021

Todos os direitos reservados à
Editora Foco Jurídico Ltda.

Rua Nove de Julho, 1779 – Vila Areal
CEP 13333-070 – Indaiatuba – SP

E-mail: contato@editorafoco.com.br
www.editorafoco.com.br

Dedico este livro ao Dr. Libêncio José Mundim da Fonseca.

Agradeço à minha família pelo constante apoio.

"A inovação é o que distingue um líder de um seguidor"
Steve Jobs

NOTA PRÉVIA

Quando projetei a construção deste trabalho, procurei fazê-lo no sentido de poder contribuir com algo que pudesse inovar na doutrina penal brasileira. Este livro representa um esforço nesse sentido, sendo o resultado da dedicação para apresentar ao leitor uma nova visão de crime, lastreada pela ação significativa e a criação de uma estrutura do delito com apoio na filosofia da linguagem do segundo Wittgenstein e da teoria da ação comunicativa de Habermas, conforme Vives Antón.

É apresentado ao leitor um conceito significativo de ação com a perspectiva de um Direito Penal moderno e humanista, sob o aspecto de uma resposta aos anseios de uma dogmática que respeita os direitos e garantias fundamentais.

A ação significativa nos conduz a ter a percepção de uma inovadora estrutura de delito, também com novos elementos cobrados para a verificação da conduta criminosa, contudo, vinculados à uma visão constitucional, em que o foco central é o ser humano. Não mais se verifica o aspecto cartesiano como núcleo duro para a formação do crime. Analisa-se os elementos do crime sob o ponto de vista dos signos sociais.

Este trabalho busca apresentar à comunidade jurídica uma nova luz na dogmática penal e, além disso, as críticas do ponto de vista da segurança jurídica em vista do princípio da legalidade material.

Foi desenvolvido em três partes. A primeira com a apresentação da vinculação do Direito Penal às linhas constitucionais, em que se verifica como base estruturante o Estado Democrático de Direito, o Neoconstitucionalismo e o Garantismo. A segunda parte expõe o desenvolvimento da dogmática penal, desde a evolução epistemológica ao estudo do tipo e da tipicidade, além das teorias de ação e seu desenrolar histórico. Na terceira parte encontra-se a teoria da ação significativa, esmiuçada, em que é possível perceber nítida evolução do Direito Penal onde encontra-se o homem e seus signos no centro da discussão teórica. Ao final, apontamos críticas e soluções.

PREFÁCIO

Um livro metodologicamente construído representa o ponto culminante de uma investigação e, com isso, espelha sempre uma parte "significativa" da trajetória do cientista. Toda trajetória, por sua vez, compõe a história – tanto no plano vida quotidiana, quanto no plano da construção intelectual – do referido sujeito e produz uma marca, criada a partir das leituras, releituras e reflexões. Com a edição de uma obra científica, a marca se torna perene. A profundidade da poesia nos alerta a notável importância desse singular momento histórico, ora tornado perene. Diz-nos Fernando Pessoa:

"Noto à margem do que li

O que julguei que senti.

Releio e digo: 'Fui eu?'

Deus sabe, porque o escreveu."

Pois bem, o momento histórico que norteou a presente investigação foi a pesquisa desenvolvida no Programa de Pós-graduação em Direito da Pontifícia Universidade Católica de Minas Gerais, por Pedro Henrique Carneiro da Fonseca, que culminou na sua dissertação de mestrado.

Testemunho inicialmente que, desde o início de sua vinculação ao referenciado Programa de Pós-graduação, saltou aos olhos dos corpos docente e discente o denodo e a seriedade com que o autor realizava suas pesquisas e intervenções acadêmicas. O resultado de tal dedicação foi a primeira dissertação de mestrado defendida no âmbito da linha de pesquisa *O Direito Penal nas Sociedades Democráticas*, que ora se publica na Coleção Ciência Criminal Contemporânea.

O objeto da presente investigação é a ação significativa e sua crítica. A teoria da ação é o recurso usado por alguns sistemas de investigação da teoria do delito com a função de chave interpretativa que inter-relaciona o injusto e a culpabilidade. Esses sistemas que conferem essa função ao referido conceito de ação, como é o caso do finalista, preocupam-se em limitar o poder de punir e dar um fundamento ético ao Direito Penal. Com efeito, a ação é definida muitas vezes como pedra angular da teoria do delito por este motivo.

Um livro que tem por objeto a ação pode ter, nesse panorama, uma função metodológica: apresentar o Direito Penal como um sistema, por harmonizar através de um arcabouço conceitual diversos institutos, propondo cânones para a sua interpretação, isto é, propondo um método. Pois bem, dar essa visão sistemática do Direito Penal é o objetivo da presente obra, de autoria de Pedro Henrique Carneiro da Fonseca.

Embora tenha como foco investigar a teoria significativa da ação sob uma perspectiva crítica, o autor não se furtou a realizar uma investigação dos aspectos centrais da epistemologia penal e da sua fundamentação constitucional, que só encontra legitimidade se vinculada aos valores constitucionais do Estado Democrático de Direito, que converge para o fundamento ético da Dignidade da Pessoa Humana todo o seu plexo axiológico.

Ressalte-se, um dos méritos do presente livro é fornecer uma visão de conjunto sobre a trajetória da epistemologia penal que é colocada em referência com uma das suas instituições essenciais, nomeadamente a tipicidade, aí inserido o seu conteúdo material e axiológico: o bem jurídico.

No que se refere à teoria significativa da ação, o autor enfrenta desafios expressivos. Primeiro, apresentar os seus fundamentos gnosiológicos. Aqui, a clareza expositiva é própria daqueles que muito investigaram o objeto de pesquisa. Um exemplo traduzirá uma síntese precisa:

> "A ação significativa não é baseada na ideia de ação decorrente da intenção do agente. Não é fruto da interpretação normativa, nem decorre da existência ontológica. A ação significativa é produto de interpretações decorrentes de regras sociais impostas por participantes que fazem parte de um contexto socialmente lastreado. Existe ato de fé dos participantes da interpretação das regras. É importante perceber que a ação significativa tem vínculo com o tipo de ação. A ação caracteriza sua expressão normativa com sentido social."

Também deve ser ressaltada a reflexão crítica proposta pelo autor. Este é mais um dos pontos de destaque do livro; com efeito, o mérito do investigador reside em possibilitar uma reflexão original a partir dos posicionamentos teóricos por ele reelaborados e isso é o que se encontra na presente obra. Tomo como exemplo, para ilustrar referido ponto de destaque, o excerto que se segue:

> "A teoria da ação significativa coloca a análise da linguagem aos elementos da teoria do delito. Não existe dúvida de que a ação tem absoluta importância na composição da teoria do delito. Do causalismo em diante, verificou-se a importância da ação na estrutura dogmática, uma vez que foi identificada como ponto fundamental da teoria do delito. A teoria finalista teve expressividade quanto a consideração da ação finalista no âmbito da teoria do delito. A maioria dos sistemas tem como fundamento central o conceito de ação. O conceito significativo da ação tem enorme relevância, do ponto de vista interventivo da teoria do delito. Tomás Salvador Vives Antón fez proposta no sentido de substituir a ação típica pelo tipo de ação. Esse tipo de ação é visto por ele como referencial para a construção de uma nova Dogmática penal".

Por todo o exposto, é uma grande alegria apresentar esse livro! Tenho a segura esperança que o trabalho produzirá muitos frutos nas Ciências Penais e que esses frutos permanecerão.

Belo Horizonte, setembro de 2016.

Cláudio Brandão

Professor do Programa de Pós-graduação em Direito da Pontifícia Universidade Católica de Minas Gerais.

LISTA DE QUADROS

QUADRO 1 - TEORIA DO DELITO 103

QUADRO 2 - ESTRUTURA DO SISTEMA DE TOMÁS SALVADOR VIVES ANTÓN 112

QUADRO 3 - ESTRUTURA FINALISTA E ESTRUTURA SIGNIFICATIVA 113

QUADRO 4 - TIPO DE AÇÃO 127

QUADRO 5 - PRETENSÃO DE ILICITUDE 127

QUADRO 6 - PRETENSÃO DE REPROVAÇÃO 128

QUADRO 7 - PRETENSÃO 129

QUADRO 8 - ESTRUTURA SIGNIFICATIVA 129

SUMÁRIO

NOTA PRÉVIA IX

PREFÁCIO.. XI

LISTA DE QUADROS... XIII

1. INTRODUÇÃO 1

2. ESTADO DEMOCRÁTICO DE DIREITO 7

   2.1   Neoconstitucionalismo 10

   2.2   Direito Penal constitucionalizado 11

   2.3   Garantismo penal 13

   2.4   Princípio da legalidade 25

        2.4.1   Vertente formal e material do princípio da legalidade e o bem jurídico 28

        2.4.2   Princípio da legalidade e tipicidade..................................... 30

3. BEM JURÍDICO – INTRODUÇÃO.. 31

   3.1   Tipicidade, antinormatividade e desvalor do bem jurídico............. 32

   3.2   O bem jurídico na dogmática penal 34

4. EVOLUÇÃO EPISTEMOLÓGICA DA DOGMÁTICA PENAL....................... 41

   4.1   Positivismo Jurídico 41

   4.2   Neokantismo 43

   4.3   Finalismo de Hans Welzel... 45

   4.4   Funcionalismo... 49

        4.4.1   Pós-finalismo e introdução ao Funcionalismo 49

        4.4.2   Sistema funcionalista moderado de Claus Roxin 52

        4.4.3   Funcionalismo sistêmico ou radical de Günther Jakobs.... 53

        4.4.4   Apontamentos comparativos – Claus Roxin x Günther Jakobs 54

        4.4.5   Funcionalismo do controle social de Hassemer 57

        4.4.6   Funcionalismo reducionista ou contencionista de Eugenio Raul Zaffaroni 58

5. TIPO E TIPICIDADE 59

5.1	Evolução da teoria do tipo	61
5.2	Tipicidade formal e tipicidade material...........	63
5.3	Tipo, norma e antinormatividade...........	64
5.4	Teoria da tipicidade conglobante	66
5.5	Da evolução da relação entre a tipicidade e a antijuridicidade até a teoria dos elementos negativos do tipo...........	68
5.6	Elementos do tipo penal...........	71
5.7	Conduta punível	73
5.8	Tipo como continente da ação	74

6. TEORIAS DA AÇÃO 77

6.1	Introdução...........	77
6.2	Teoria Causal-Naturalista da Ação	78
6.3	Teoria causal – Valorativa da ação	80
6.4	Teoria final da ação...........	80
6.5	Teoria social da ação...........	82
6.6	Teoria funcionalista da ação	83
6.7	Teoria negativa da ação	84
6.8	Teoria significativa da ação...........	85

7. TEORIA DA AÇÃO SIGNIFICATIVA........... 91

7.1	Ação significativa – Introdução...........		91
7.2	Base teórica do conceito significativo da ação...........		92
	7.2.1	A teoria do delito influenciada pelo conceito significativo da ação	99
	7.2.2	Aspectos estruturantes da teoria do crime – bases da nova dogmática	101
7.3	Tipo de ação		104
	7.3.1	Tipo de Ação – da evolução dogmática clássica ao tipo de ação	106
	7.3.2	Tipo de Ação – conceito e conteúdo	107
7.4	Ação significativa e a estrutura da teoria do delito		111
7.5	Ação significativa e o giro da base conceitual dogmática...........		115
7.6	Ação significativa – Base conceitual do segundo Ludwig Wittgenstein...........		117
7.7	Ação significativa – Tomás Salvador Vives Antón – Linguagem, ação, sentido e justiça		119
7.8	Ação significativa – Reflexão crítica da estrutura do "novo sistema" analisada do ponto de vista do princípio da legalidade – Base de solução finalista........		120

7.9 Estrutura significativa e a indicação finalista: uma abordagem crítica	125
7.10. Teoria da ação significativa em provas de concursos públicos	131

8. CONCLUSÃO ... 137

REFERÊNCIAS ... 139

1
INTRODUÇÃO

Hans Kelsen afirmou que não se deve separar o Estado do Direito, considerando pleonástica a expressão "Estado de Direito", pois o Estado moderno não pode se distinguir da ordem jurídica que o organiza, uma vez que é impensável um Estado não submetido ao Direito[1].

Nesse sentido, o propósito de Hans Kelsen foi indicar que o Estado satisfizesse os requisitos da democracia e da segurança jurídica. Não pode ser esquecido que o Estado de Direito é também um Estado Constitucional. Simone Goyard-Fabre[2], brilhantemente e dando um próximo salto, admitiu a Constituição como a lei do Estado e do seu poder. O que nos permitiu entender que o Estado Democrático de Direito não é mero modelo padrão e estanque de diferente forma de Estado, mas continuação de um movimento constitucional decorrente da própria evolução cultural, social, e, sobretudo, política.

José Joaquim Gomes Canotilho[3] já afirmou que o Estado de Direito deve ser visto à luz do princípio democrático, existindo, dessa forma, um Estado Democrático de Direito, sujeitando-se às regras constitucionais vigentes. Assim, o Estado Democrático de Direito tem centralizado dois pontos fundamentais, o Estado limitado pelo Direito e o poder político legitimado pelo povo.

Seguindo essa linha, o texto constitucional brasileiro declara garantias fundamentais, dentre as quais, o princípio da reserva legal, o direito à jurisdição, pela garantia do devido processo constitucional, a garantia do *habeas corpus*, a retroatividade *in mellius*, a consideração de não responsabilidade criminal até o trânsito em julgado de sentença penal condenatória, a garantia de não haver crime sem lei anterior que o defina, a inexistência de pena sem prévia comunicação legal, a punição a qualquer discriminação atentatória dos direitos e liberdades fundamentais, dentre outras.

Nesse levantamento, há que se deixar evidenciada a importância da segurança jurídica trazida pelo princípio da reserva legal, o que coaduna com a epistemologia garantista, fundamentando, o presente modelo, a legalidade estrita, a lesividade dos delitos, a responsabilidade pessoal e a presunção de inocência.

---

1. KELSEN, Hans. *Teoria pura do direito*. 6. ed. Trad. João Batista Machado. São Paulo: Martins Fontes, 1999. p. 416-417.
2. GOYARD-FABRE, Simone. *Os princípios filosóficos do direito político moderno*. Trad. Irene A. Paternot. São Paulo: WMF Martins Fontes, 2002. p. 78.
3. CANOTILHO, José Joaquim Gomes. *Direito constitucional e teoria da Constituição*. 3. ed. Coimbra: Almedina, 1999. p. 227.

Nullum crimen sine lege, um dos axiomas de Luigi Ferrajoli[4] que definem o modelo garantista de direito, referente ao princípio da legalidade, ocupa um lugar central no sistema de garantias. A legalidade estrita garante a verificabilidade taxativa da ação, do dano e da culpabilidade. Preceitua, basicamente, a exclusividade da lei para criação de delitos e contravenções penais, conferindo segurança jurídica expressamente delimitada nos tipos penais.

A tipicidade, elemento do fato típico, derivada das conclusões de Ernst von Beling[5], encontra correspondência em uma conduta fática legal, trazendo a segurança jurídica aos fatos sob análise do Direito Penal, conforme demanda o Estado Democrático de Direito.

Dividida em formal e material, a tipicidade faz um juízo de subsunção entre a conduta praticada pelo agente no mundo real e o modelo descrito pelo tipo penal, havendo uma "adequação ao catálogo"[6]. Além disso, não é possível esquecer que, sob o aspecto substancial-material, a tipicidade se refere à lesão ou ao perigo de lesão a bem jurídico penalmente tutelado, à vista da ocorrência de conduta legalmente prescrita.

O tipo penal, no Causalismo de Franz von Liszt e de Ernst von Beling (final do século XIX a início do século XX), era puramente objetivo. A tipicidade (elemento neutro) exigia conduta, resultado naturalístico nos crimes materiais, nexo causal e adequação típica, que é exatamente a subsunção do fato ocorrido à lei.

Na vertente neokantiana, foi acrescentado, na concepção neutra da tipicidade, o aspecto valorativo, passando a haver uma conduta valorada negativamente. Com Max Ernst Mayer[7] uma das grandes contribuições para o Direito Penal somente veio a ocorrer na fase neokantiana, quando a ação deixou de ser um "fantasma sem sangue". O tipo penal passou de neutro para valorativo. Contudo, no que concerne à estrutura formal da tipicidade, houve poucas alterações, pois continuou sendo concebida preponderantemente na objetividade. A tipicidade penal, para o Neokantismo, é objetiva e valorativa, desse modo.

O aspecto subjetivo da tipicidade somente viria a ser admitido alguns anos depois, com o finalismo de Hans Welzel, cujo apogeu ocorreu entre 1945 e a década de 1960. O tipo penal passou a ser composto pelas dimensões objetiva e subjetiva. A dimensão subjetiva foi integrada pelo dolo e pela culpa, quando foram deslocados da culpabilidade para a tipicidade, deixando, na culpabilidade, os elementos normativos. No Causalismo e no Neokantismo, estavam localizados na culpabilidade, sendo a tipicidade esvaziada de elementos subjetivos. Dessa feita, Hans Welzel retirou tanto o dolo quanto a culpa da culpabilidade, realocando-os na tipicidade. O desvalor da conduta passou, então, a ter maior relevância.

---

4. FERRAJOLI, Luigi. *Direito e razão*: teoria do garantismo penal. 4. ed. São Paulo: Ed. RT, 2014. p. 91-93.
5. BELING, Ernst von. *Esquema de derecho penal*: la doctrina del delito tipo. Trad. Sebastian Soler. Buenos Aires: Depalma, 1944. p. 59.
6. BELING, Ernst von. *Esquema de derecho penal*: la doctrina del delito tipo. Trad. Sebastian Soler. Buenos Aires: Depalma, 1944. p. 59.
7. Informações extraídas de anotações feitas em sala de aula na disciplina "Tópicos avançados de pesquisa em teoria do crime", ministrada pelo prof. Cláudio Brandão. Belo Horizonte, 5 maio. 2016

1 • INTRODUÇÃO   **3**

Seguindo o caminho evolutivo, Claus Roxin passou a dar ao tipo penal configuração bem distinta, do ponto de vista do conceito normativo do Funcionalismo. Todas as categorias do delito encontraram finalidade na pena ou na norma, principalmente a teleológica-racional. Foi com o Funcionalismo de Claus Roxin[8], em 1970, que o tipo passou a ter uma dimensão triplamente observada, ou seja, a objetiva, a normativa e a subjetiva. O Funcionalismo agregou, além disso, a teoria da imputação objetiva, que faz integração à parte da dimensão normativa do tipo penal, que também tem cunho objetivo.

Depois do advento do Funcionalismo, o tipo penal passou a exigir, não somente as dimensões formal e subjetiva, mas formal, normativa e subjetiva. A tipicidade penal passou a significar tipicidade formal somada à tipicidade normativa (desvaloração da conduta e imputação objetiva do resultado) e acrescida da tipicidade subjetiva (verificada nos crimes dolosos). Dessa maneira, passou-se a verificar, no tipo penal, se é penalmente imputável, a conduta que cria ou incrementa um risco proibido, juridicamente não aprovado, somente sendo imputável ao agente o resultado fruto da decorrência direta desse risco. Perceba que a modificação ocorrida no Neokantismo perdurou até o Funcionalismo, quanto à admissão da ação no âmbito neutro da tipicidade causalista, deixando, a ação, de ser "fantasma sem sangue".

Levando em consideração, pelo conceito analítico de crime, que o fato típico é composto, em regra, pela conduta dolosa, culposa, comissiva ou omissiva, pelo resultado, pelo nexo de causalidade e pela tipicidade formal ou material, vê-se que a ação tem influência direta na tipicidade.

O elemento ação percorreu quase os mesmos caminhos da evolução da tipicidade, de modo que a teoria clássica, no sistema causalista de Franz von Liszt[9] e Ernst von Beling[10], afirma ser, a ação, o movimento humano voluntário que produz uma modificação no mundo externo.

Pela concepção neokantiana, a ação passou a ter um sentido normativo, permitindo a compreensão, tanto da ação positiva, quanto da omissão, sendo o comportamento humano voluntário manifestado no mundo externo.

Hans Wezel inovou com o Finalismo, passando a ter a ação como um comportamento humano voluntário dirigido a uma finalidade. Mais adiante, Hans-Heinrich Jescheck[11] definiu a ação como um comportamento humano com certa transcendência social, exigindo, dessa forma, um resultado socialmente relevante. Francisco de Assis Toledo[12] atribuiu à ação o comportamento humano baseado na vontade dirigida para causar uma previsível lesão a um bem jurídico.

---

8. ROXIN, Claus. *Estudos de direito penal*. 2. ed. Trad. Luís Greco. Rio de Janeiro: Renovar, 2008. p. 79.
9. LISZT, Franz von. *Tratado de direito penal allemão*. Trad. José Hygino Duarte Pereira. Rio de Janeiro: F. BRIGUIET & C. Editores, 1899. p. 193. t. 1.
10. BELING, Ernst von. *Esquema de derecho penal*: la doctrina del delito tipo. Trad. Sebastian Soler. Buenos Aires: Depalma, 1944. p. 42.
11. JESCHECK, Hans-Heinrich. *Tratado de derecho penal*: parte general. Tradução da 4. ed. por José Luis Manzanares Samaniego. Granada: Comares, 1993. p. 296
12. TOLEDO, Francisco de Assis. *Princípios básicos de direito penal*. 4. ed. São Paulo: Saraiva, 1994a. p. 90;116.

Tomás Salvador Vives Antón[13], partindo de uma análise da filosofia da linguagem de Wittgenstein e da teoria da ação comunicativa de Habermas, percebeu um conceito significativo de ação com a perspectiva de um Direito Penal moderno, sob o aspecto de uma resposta aos anseios de uma nova dogmática que respeita os direitos e garantias fundamentais do ser humano.

Com isso, a ação humana passou a ser identificada por outros fatores, além da dirigibilidade da conduta, da vontade, da intenção e da consciência. Tomás Salvador Vives Antón[14] diz que, "para que seja possível falar de ação é preciso que os sujeitos tenham a capacidade de formar e expressar intenções; mas, as ações que realizam não dependem das intenções que pretendem ser expressadas, mas do significado que socialmente se atribua ao que façam". A ação, na concepção de Vives Antón, apresenta conexão com atos de fé e de crença, dando grande importância aos signos sociais relevantes para o Direito Penal.

Com isso, busca-se verificar a diferença na conduta de um indivíduo que se mantém inerte, sem qualquer movimento, podendo ser, dependendo das circunstâncias, uma greve, representando ação, ou um nada jurídico.

Diante disso, pretende-se demonstrar, com este trabalho, que além da construção de uma "nova" teoria de ação, Tomás Salvador Vives Antón[15] propõe uma nova perspectiva de análise da teoria do delito, com consequência direta na tipicidade, que deixa de existir como elemento do crime.

Vislumbra-se analisar o significado da ação significativa. Além disso, busca-se verificar sua influência e relevância na configuração normativa de uma estrutura penal de controle social que tenha conexão garantista e constitucional. Investiga ainda, encontrar respostas no âmbito dogmático penal, levando em conta a teoria da ação significativa, para que possa responder, dentre outros casos práticos, a consideração da ação ser identificada por meio de acordo com significado social, pelo que se produz em um delimitado contexto.

É grande a importância em dar atenção ao modelo estrutural de Tomás Salvador Vives Antón[16], pois dá um novo rosto à relação de segurança imposta pelo princípio da legalidade, definido por uma filosofia garantista penal atual, bem como do ponto de vista da dogmática finalista.

Busca-se analisar a estrutura significativa apontando suas diferenças em relação ao Causalismo, Neokantismo, Finalismo e Funcionalismo, observando a ramificação de sua construção pelos elementos tipo de ação, antijuridicidade formal, culpabilidade e punibilidade. Pretende-se estudar a ausência da figura da tipicidade em vista de um novo conceito de ação, bem como suas repercussões no sentido de que todo o sistema seja iluminado pela ação significativa. Pretende-se verificar se o conceito da ação significativa diante da dogmática clássica, na qual não há consideração de significados e

---

13. VIVES ANTÓN, Tomás Salvador. *Fundamentos del sistema penal*. Valencia: Tirant lo Blanch, 1996. p. 307.
14. VIVES ANTÓN, Tomás Salvador. *Fundamentos del sistema penal*. Valencia: Tirant lo Blanch, 1996. p. 232.
15. VIVES ANTÓN, Tomás Salvador. *Fundamentos del sistema penal*. Valencia: Tirant lo Blanch, 1996. p. 274.
16. VIVES ANTÓN, Tomás Salvador. *Fundamentos del sistema penal*. Valencia: Tirant lo Blanch, 1996. p. 272.

atos de crença, gera afronta ao Estado Democrático de Direito, sobretudo, à segurança jurídica delimitada pelo princípio fundamental da reserva legal, numa visão comparativa.

Diante disso, verifica-se a justificativa do presente trabalho.

Após análise da tipicidade à luz da ação significativa e a questão da legalidade, há proposta de solução baseada na estrutura dogmática finalista de Hans Welzel[17], como opção de segurança, com base nos fundamentos do Estado Democrático de Direito, conferindo segurança jurídica à análise das questões levantadas, com base na proteção aos direitos fundamentais, notadamente, assegurada pela tipicidade.

Assim, é prudente apresentar a hipótese acima, *a priori*, como solução, adequando a Constituição da República, no seu art. 5º, inciso XXXIX, ao modelo finalista de Hans Welzel, tendo como base para tanto o garantismo de Luigi Ferrajoli e o Direito Penal constitucional, introduzidos, com a necessária abertura, na dogmática finalista pelo princípio da legalidade, adequação social e antinormatividade.

É objetivo do trabalho, o aprofundamento do estudo da tipicidade penal, levando em consideração a ação significativa de Tomás Salvador Vives Antón, sobretudo, quanto à segurança jurídica colocada pelo princípio da legalidade, constitucionalmente considerada cláusula pétrea no Estado Constitucional. Para tanto, será demonstrado o processo evolutivo da teoria da ação do ponto de vista da dogmática penal, considerando os conceitos causalista, neokantista, finalista e funcionalista até a verificação do diferencial apontado por Tomás Salvador Vives Antón na ação significativa e suas repercussões na estrutura do delito. Hipoteticamente, busca-se fazer a importação da ação significativa para a dogmática clássica, utilizada no Direito Penal brasileiro, para identificar possível ofensa à segurança jurídica, já registrada pela estrutura finalista, apoiada no aspecto garantista constitucional.

---

17. WELZEL, Hans. *O novo sistema jurídico-penal*: uma introdução à doutrina da ação finalista. Trad. Luiz R. Prado. São Paulo: Ed. RT, 2001. p. 185.

2
ESTADO DEMOCRÁTICO DE DIREITO

A Constituição da República, no título I, "princípios fundamentais", art. 1º, prescreve que a República Federativa do Brasil é formada pela união indissolúvel dos Estados, Municípios e do Distrito Federal, constituindo-se em Estado Democrático de Direito, além de determinar que todo o poder emana do povo. O paradigma do Estado Constitucional ou Estado Democrático de Direito se faz presente diante da submissão do próprio Estado às regras constitucionais, devendo estas serem respeitadas pelo Estado e pelo povo. A Constituição da República encontra-se no centro do sistema legal, como norma determinante e que ilumina toda a organização estatal.

O termo "paradigma" faz referência a um modelo estrutural de um tempo e lugar, em que há consenso quanto a teorias e modelos de compreensão de algo. O paradigma no Direito leva ao entendimento de como que a comunidade jurídica se identifica e de quais regras e princípios estruturais de uma ordem jurídica são entendidos como adequados.

Importa apontar a observação do Estado[1] como estrutura de poder organizado, estabilizando uma identidade politicamente enquadrada de acordo com específica concepção social. A partir daí, é possível idealizar a necessidade do Estado na condição de poder de organização para a devida implementação dos direitos necessários e vitais de uma sociedade.

O Estado[2] representa um molde histórico de estrutura jurídica de poder com qualidades específicas para atender aos integrantes de determinado território. Além de o Estado servir para a construção da organização social, é considerado estrutura de formação jurídica, em relação à qual, no Estado Democrático de Direito, vigora a submissão às regras legais e constitucionais.

Diante da análise do paradigma[3] pré-moderno, na Antiguidade e na Idade Média, o Direito era baseado em regras religiosas, com profunda atenção à moral e aos costumes, além de ser dirigido a um pequeno grupo ou mesmo a apenas um indivíduo, sem caráter de generalidade.

Diante do paradigma[4] do Estado Liberal, verifica-se, dentre outras características, uma intervenção mais distante e menor do Estado no âmbito das relações privadas,

---

1. HABERMAS, Jürgen. *Direito e democracia*: entre facticidade e validade. Trad. Flávio Beno Siebeneichler. Rio de Janeiro: Tempo Brasileiro, 1997. p. 169. v.1-2.
2. CANOTILHO, José Joaquim Gomes. *Direito constitucional e teoria da Constituição*. 3. ed. Coimbra: Almedina, 1999. p. 168;170.
3. CARVALHO NETTO, Menelick de. Requisitos paradigmáticos da interpretação jurídica sob o paradigma do Estado Democrático de Direito. *Revista de Direito Comparado*, Belo Horizonte, v. 3, p. 473;486,1999.
4. BONAVIDES, Paulo. *Curso de direito constitucional*. São Paulo: Malheiros, 2001. p. 524-525.

significando que o indivíduo pertencente a um corpo social poderia agir livremente, desde que não violasse a legislação vigente. Além da atenção aos direitos fundamentais individuais limitadores da atuação do Estado, importa frisar a separação dos poderes, de modo que um poder passou a limitar o poder do outro.

Diante da menor intervenção possível do Estado Liberal, havendo, por consequência, acumulação de riqueza para poucos indivíduos, veio surgir o Estado Social, para atender às demandas sociais, como direito à saúde, educação, trabalho e outros que se identificam com a massa humana. Diante disso, o Estado deixou de ser neutro para se tornar interventivo, com o dever transformador social e promovente do bem-estar econômico, garantindo serviços públicos a todas as pessoas. Ocorre a busca da transformação da realidade social, reforçando e definindo os direitos individuais identificados no Estado Liberal e atendendo a uma nova linha de direitos, os sociais e coletivos de segunda geração. O Estado Social foi importante para servir de apoio para o Estado Democrático de Direito.

No Estado de Direito, ocorre a conformação do exercício do poder a uma ordem jurídica pré-estabelecida. Existe uma ordem jurídica relativamente centralizada que coloca a jurisdição e a administração vinculadas às normas estabelecidas por representantes do povo, após adoção da regra de que o Estado está vinculado ao ordenamento jurídico constitucional. Diante de uma estrutura constitucional, o Estado deve obedecer e atuar nos moldes das leis aprovadas pelos representantes do povo. Vigora, no Estado de Direito, o império da lei, por meio do qual, o povo e o próprio Estado ficam adstritos aos limites impostos pelas regras legais, criadas pelos agentes políticos constitucionalmente constituídos para tal fim.

A comunidade política do Estado é integrada por pessoas dotadas de direitos prescritos nas leis e na Constituição da República, sendo que esses direitos podem ser invocados em face de outras pessoas ou em face do próprio Estado, devendo prevalecer o que for determinado pela norma. Havendo violação do pacto normativo, poderão, os indivíduos que compõem a comunidade jurídica, recorrer ao poder julgador para fazer prevalecer o conteúdo da norma violada, em favor daquele que teve o seu direito violado.

É importante considerar que a democracia significa mais do que uma forma de Estado, representando um princípio constitucional que gera legitimação do exercício do poder com origem no povo. O Estado Democrático de Direito é configurado pelo resultado da conexão entre o princípio da democracia e o Estado de Direito, de modo que dá relevância à inserção da regra constitucional à comunidade jurídica e todos aqueles inseridos nela. Havendo a agregação do princípio democrático com o Estado de Direito, considerando que este determina submissão de todos à norma jurídica, diante da Constituição da República, há determinação para conformar as atividades do Estado à regra constitucional, e por consequência, ocorre limitação do seu poder.

A idealização do Estado Democrático de Direito é centralizada em dois pontos fundamentais, no sentido de que o Estado é limitado pelo Direito, e o poder político é legitimado pelo povo. A democracia tem relação com a fonte de legitimação do poder, originado constitucionalmente do povo, formando o lado democrático do Estado de

Direito, que expressa vinculação do exercício do poder pelo Estado ao Direito, garantindo as liberdades individuais e garantindo os direitos fundamentais expressos na Constituição. Nesse sentido, Ronaldo Brêtas de Carvalho Dias[5] ensina que:

> "Na ordem de ideias, no que tange, em particular, à Constituição brasileira, ao se visualizá-la concretamente, vê-se que seu texto aglutina os princípios do Estado Democrático e do Estado de Direito, sob normas jurídicas constitucionalmente positivadas, a fim de configurar o Estado Democrático de Direito, objetivo que lhe é explícito (artigo 1º). Observa-se, por importante, que o enunciado normativo do artigo 1º da Constituição, que se refere ao Estado Democrático de Direito, está contido no Título I, que trata, exatamente, dos seus princípios fundamentais, razão de nossa constante referência ao princípio do Estado Democrático de Direito."

O princípio da democracia, aliado ao Estado de Direito, permite verificar que as regras constitucionais e infraconstitucionais devem ser observadas e aplicadas indistintamente. A base jurídica e constitucional que atende ao Estado, fundamentada para observar os direitos e garantias fundamentais, o princípio da reserva legal, a garantia do devido processo legal, o princípio da legalidade, o princípio da necessidade de fundamentação das decisões judiciais, dentre outras regras constitucionais, estabelece a concretização da luz central do Estado de Direito, no sentido de dar garantia aos jurisdicionados da aplicação dos direitos fundamentais estabelecidos na Constituição da República, juntamente com a ideia de respeito do Estado aos princípios e regras jurídico-constitucionais.

Existe concretização na ideia de que o Estado Democrático tem estrutura constitucional com legitimação do poder, com base na vontade do povo, respeitando as regras e garantias fundamentais. Nesse sentido, referindo-se ao Direito Penal, é possível entender que o poder de punir é do povo, ao considerar que o Estado possui o dever de efetuar os interesses sociais.

Ao considerar que o poder emana do povo, sujeitando todos ao poder da lei decorrente da vontade geral, inclusive o próprio Estado; a atividade administrativa estatal submissa à legalidade, levando em conta o controle pelo Poder Judiciário, mas na medida da tripartição dos poderes; e a obrigatória atenção aos direitos fundamentais, caracteriza-se, de forma geral, o Estado Democrático de Direito. No Estado Democrático de Direito, preenche lugar, a presença de um Direito Penal constitucionalizado, com estrita observância do princípio da legalidade, o respeito às garantias fundamentais e uma ordem segura de aplicação da dogmática penal. Nesse sentido, tem-se o Neoconstitucionalismo, como instrumento de respeito aos direitos fundamentais, por eficácia da letra constitucional, inclusive com inserção dos princípios decorrentes da Carta Magna na esfera penal.

---

5. DIAS, Ronaldo Brêtas de Carvalho. *Processo constitucional e Estado Democrático de Direito*. 2. ed. Belo Horizonte: Del Rey, 2012. p. 61.

2.1 NEOCONSTITUCIONALISMO

Entende-se por Neoconstitucionalismo uma nova perspectiva a respeito do Constitucionalismo, que passa a entender que há forte posição de limitação do poder político, dando eficácia à letra da Constituição, para concretizar direitos fundamentais. Existe grande diferença entre as normas constitucionais e infraconstitucionais, que evolui para ser não mais apenas uma diferença de grau, mas também de valor, de modo que as normas constantes na carta constitucional sejam atendidas pelas demais. Os princípios e regras que integram a Constituição da República irradiam para as demais normas, iluminando-as com o teor constitucional, de forma que há clara busca da concretização dos direitos fundamentais, inclusive na dogmática penal.

A Constituição da República passa a ser o centro do sistema legal, registrada por intensa carga valorativa, de modo que a lei, em geral, os particulares e o Poder Público, como um todo, devem respeitar as normas constitucionais, notadamente os direitos fundamentais, dirigindo todas as condutas com o espírito axiológico constitucional. Todo movimento legal deverá ser interpretado do ponto de vista constitucional, para promover sempre a dignidade da pessoa humana.

Há atenção à centralidade dos direitos fundamentais, com uma forte tentativa de aproximação entre o Direito e a Ética, dando apoio à ideia do Estado Democrático de Direito. A supremacia da Constituição, como regra central, exige a submissão de todos à norma constitucional, inclusive do próprio Estado, para promover a dignidade da pessoa humana, atendendo à efetividade dos direitos fundamentais. Em suma, identifica-se, no contexto do Neoconstitucionalismo, a ideia de presunção da constitucionalidade das normas, dos atos do Poder Público e a interpretação conforme a constituição para dar efetividade ao texto normativo constitucional.

Nesse sentido, ensina José Adércio Leite Sampaio[6] o seguinte:

> [...] "A constituição do direito tornou-se discurso recorrente nos debates, tanto no sentido descrito, de retomada da Constituição como norma jurídica suprema e eficaz, quanto na perspectiva de um domínio crescente das normas constitucionais nos diversos ramos do direito, afetando-lhe a normatividade, o método e a interpretação, o que pode ser apontado como um segundo aspecto a atrair a atenção dos estudiosos. A vertente ideológica do Neoconstitucionalismo, para alguns, seria conjugada com a dimensão dirigente e a reserva de justiça presentes nos textos constitucionais, que apelariam para um compromisso ou patriotismo constitucional (substituto funcional da ideia de nação) capaz de estabelecer um padrão procedimental e material mínimo para convivência social e na pólis [...]. Os neoconstitucionalistas, ao enxergarem a Constituição como reserva de justiça, principalmente por assegurar os direitos fundamentais, exigiam do intérprete uma tarefa mais árdua, pois haveria de analisar se a solução estava de acordo com a justiça constitucional" [...]

A Constituição da República ilumina o ordenamento jurídico, que passa a atender à carga axiológica do texto constitucional. A partir do entendimento neoconstitucionalista, os casos criminais, diante da análise do Código de Processo Penal e do Código Penal, teriam que ser avaliados do ponto de vista constitucional.

---

6. SAMPAIO, José Adércio Leite. *Teoria da Constituição e dos direitos fundamentais*. Belo Horizonte: Del Rey, 2013. p. 184-185.

O Estado Constitucional de Direito e a estrutura de conteúdo valorativo da Constituição representam pilares do Neoconstitucionalismo, além da busca pela concretização das garantias fundamentais para fortalecer a presença da dignidade da pessoa humana.

Ao apontar o Estado Constitucional de Direito como base do Neoconstitucionalismo, verifica-se que a norma constitucional deve ser colocada no centro do sistema, apontando tentáculos para as demais normas, obrigando-as a atender intensa carga valorativa constitucional, como se desse vida para normas antes meramente legalistas, e superando o Estado Legislativo de Direito.

Com a imposição do conteúdo axiológico constitucional às leis infraconstitucionais, há atenção dessa legislação à dignidade do ser humano e aos direitos fundamentais, que direcionam a criação e produção de novas normas, inclusive as penais.

Posto isso, em virtude da vertente neoconstitucionalista, diante do Estado Democrático de Direito, considerando o poder de inserção da luz constitucional nas demais normas que compõem o ordenamento, trata-se, agora, de um novo Direito Penal, o Direito Penal Constitucional, atendendo aos princípios e regras que conduzem eventos penais avaliados com base no princípio da dignidade da pessoa humana e nos direitos fundamentais.

2.2 DIREITO PENAL CONSTITUCIONALIZADO

As normas e os princípios da Constituição da República estão presentes na construção, na aplicação e na execução do Direito Penal. Desde a criação das leis penais, até a execução da pena, é necessário que normas e princípios da Carta Magna sejam obrigatoriamente observados. Além das regras constitucionais delimitarem o âmbito de aplicação das normas penais, são também parâmetros de legitimidade.

Nesse sentido, "a Constituição da República de 1988 marcou uma ruptura com as bases autoritárias dominantes. Todos os ramos do direito estão ligados à Constituição, especialmente o Direito Penal, que lida com a liberdade".[7]

Artigos de lei penal, considerando a própria lei penal, que violar regras da Carta Magna serão considerados inconstitucionais. Assim, caso venha uma legislação nova modificando as penas do crime de homicídio, para admitir como possível a pena de morte, tal regra não terá aplicação no ordenamento jurídico. Apesar de a ideia ser evidente, a justificativa decorre da análise obrigatória que se deve fazer entre uma lei penal e a Carta Magna.

É fácil perceber que o *ius puniendi* emana da própria Constituição da República e se realiza por meio das normas e das decisões judiciais. Infere-se, portanto, que o legislador, o juiz e o intérprete se encontram vinculados aos valores liberdade, igualdade, justiça, dignidade, pluralismo, proporcionalidade e outros considerados princípios constitucionais. A própria evolução do Constitucionalismo moderno criou um elo entre

---

7. PEREIRA, Henrique Viana; SALLES, Leonardo Guimarães. *Direito penal e processual penal*: tópicos especiais. Belo Horizonte: Arraes Editores, 2014. p. 1.

valores constitucionais e o núcleo da Política Criminal, que dá origem ao Direito Penal. Dessa forma, o Direito Penal se constitucionalizou, exigindo aplicação de um sistema criminal baseado na mínima intervenção, na busca de soluções justas, com respeito ao princípio da dignidade da pessoa humana.

A Constituição contém inúmeros preceitos que, mesmo indiretamente, modulam o sistema punitivo, deduzindo um conjunto de postulados que demarcam o âmbito de aplicação do Direito Penal como um todo. Além de as normas constitucionais irradiarem, iluminando o ordenamento penal, é importante considerar que a própria Constituição possui cláusulas penais constitucionais, de modo que se pode reconhecer a constitucionalização do Direito Penal.

A ordem constitucional, além de moldar o Direito Penal na criação de suas normas, exerce também um elevado controle de constitucionalidade das leis penais, após entrarem em vigor.

No modelo de estrutura do Estado Constitucional, o Direito Penal deve se alinhar aos princípios constitucionais e garantias fundamentais, respeitando os direitos básicos daqueles que tiverem o nome inserido no sistema penal e obrigando o poder repressivo estatal a atuar dentro dos limites legitimamente regrados pelos representantes do povo.

Há evidência de que existe uma tentativa política de constitucionalizar o Direito Penal, levando em consideração princípios e regras de um modelo de direito baseado na Carta Magna, exigindo a presença de regras e princípios, tais como:

a) a intervenção fragmentária e subsidiária do Direito Penal;

b) a materialização do fato, proibindo, dessa forma, a aplicação do Direito Penal do autor e valorizando o Direito Penal do fato;

c) a legalidade do fato, não admitindo crime nem pena sem lei anterior que os defina;

d) a ofensividade do fato, proibindo a configuração do crime sem existência de lesão;

e) responsabilidade subjetiva do agente;

f) tratamento igualitário a todos os indivíduos;

g) proibição da pena indigna;

h) humanidade na cominação, aplicação e execução das penas. Importa entender o papel do Direito Penal diante da Lei Maior na República.

Admite-se, portanto, no Brasil, a presença de um regime de supremacia constitucional, em que a Constituição da República passa a ser fonte para as demais normas do ordenamento jurídico, identificando clara mudança de um Estado Legalista de Direito para um Estado Constitucional, principalmente no âmbito do Direito Penal, no qual se tem em "jogo" a liberdade.

Luigi Ferrajoli [8] encampou tais ideias nas seguintes linhas:

---

8. FERRAJOLI, Luigi. *A democracia através dos direitos*: o constitucionalismo garantista como modelo teórico e como projeto político. Trad. Alexander Araujo de Souza et al. São Paulo: Ed. RT, 2015. p. 61.

"A dimensão substancial introduzida nas condições de validade das leis pelo paradigma constitucional modificou profundamente, como se viu, a estrutura do Estado de Direito. Não se tratou apenas da subordinação ao direito do próprio poder legislativo, mas também da subordinação da política a princípios e direitos estipulados nas Constituições como razão de ser de todo o artifício jurídico. Tratou-se, portanto, de uma transformação e de uma integração, além das condições de validade do direito, também das fontes de legitimidade democrática dos sistemas políticos, vinculados e funcionalizados à garantia de tais princípios e direitos."

Há identificação da harmonização da matéria penal com a Constituição da República, não somente pela conexão dos valores constitucionais inseridos nas leis infraconstitucionais penais, mas principalmente na presença do Direito Penal no texto constitucional. Há princípios penal-constitucionais que formam a base principiológica do Direito Penal, quais sejam, o princípio da legalidade[9], o princípio da dignidade da pessoa humana[10] e o princípio da culpabilidade[11]. Além disso, existem os derivados, tais como o princípio da lesividade, o princípio da intervenção mínima, o princípio da humanidade, o princípio da individualização da pena, o princípio da retroatividade benéfica, dentre outros.

2.3 GARANTISMO PENAL

O termo "garantismo" foi introduzido na década de 1960. Com maior precisão, o garantismo penal tem origem na cultura jurídica esquerdista da Itália, em confronto com o Direito Penal punitivista, que havia reduzido garantias penais e processuais penais. Há vinculação quanto ao conjunto de limites determinados aos poderes públicos para garantir direitos fundamentais, de forma que se conecta com o pensamento penal liberal em face do poder punitivo. A linha de pensamento garantista se identifica com o Direito Penal mínimo.

Diferenciando-se do abolicionismo apontado por Louk Hulsman e Jaqueline Bernat de Celis[12], em que se verificam ideais de afastamento do Estado na solução dos conflitos penais, identifica-se o garantismo penal, nos moldes do Direito Penal mínimo, levantando a posição de mínima intervenção do Estado, com a presença do máximo de garantias penais e processuais penais para o indivíduo, permitindo tratar as questões criminais com a devida tutela da liberdade do cidadão, em face do arbítrio punitivo do Estado. Nesse sentido, Túlio Vianna e Felipe Machado[13] afirmam:

"Como "garantismo" se entende então, nesta concepção mais alargada, um modelo de direito fundado sobre a rígida subordinação à lei de todos os poderes e sobre seus vínculos impostos para a garantia dos direitos fundamentais estabelecidos pela constitui-

---

9. Princípio da legalidade: art. 5°, inciso XXXIX da Constituição da República Federativa do Brasil de 1988.
10. Princípio da dignidade da pessoa humana: art. 1°, inciso III da Constituição da República Federativa do Brasil de 1988.
11. Princípio da culpabilidade: art. 5°, inciso LVII da Constituição da República Federativa do Brasil de 1988.
12. HULSMAN, Louk; CELIS, Jaqueline Bernat de. *Penas perdidas*: o sistema penal em questão. Tradução de Maria Lúcia Karam. 2. ed. Rio de Janeiro: LUAM Editora, 1997. p. 55;91.
13. VIANNA, Túlio; MACHADO, Felipe. (Coord.). *Garantismo penal no Brasil*: estudos em homenagem a Luigi Ferrajoli. Belo Horizonte: Fórum, 2013. p. 16-17.

ção. Nesse sentido, o garantismo é sinônimo de "estado constitucional de direito", quer dizer, de um sistema que segue o paradigma clássico do estado liberal, alargando-o em duas direções: de um lado, todos os poderes, não somente aquele judiciário, mas também aqueles legislativo e de governo, e não somente os poderes públicos, mas também os poderes privados; de outro lado, todos os direitos, não somente aqueles de liberdade, mas também aqueles sociais, com consequentes obrigações, além de proibições, a cargo da esfera pública. De resto, também historicamente o direito penal foi o terreno sobre o qual foram elaborados os primeiros lineamentos do estado de direito como sistema de limites ao poder punitivo, posteriormente alargados, no estado constitucional de direito, a todos os poderes e à garantia de todos."

Expondo o sistema garantista, no final dos anos 1980, Luigi Ferrajoli[14] publicou a primeira edição da obra *Diritto e ragione: teoria del garantismo penale*, que foi traduzida para a Língua Portuguesa como *Direito e razão: teoria do garantismo penal*. O autor, vivenciando batalhas decorrentes de crises políticas quase diárias, lutou, por meio de debates públicos e publicação de artigos em jornais, em defesa do respeito à legalidade, nos anos em que houve explosão de violência na Itália, que acabaram por provocar a criação da legislação de emergência. Sob tais circunstâncias, buscou fundamentos teórico-axiológicos de um sistema garantista.

Luigi Ferrajoli foi além, criou a convicção de que é possível ao jurista agir com o dever de não ser frio e simples comentador das leis vigentes, devendo denunciar as deformações do sistema jurídico positivo, como, por exemplo, a hipertrofia do Direito Penal, e desnudar as situações em que permanecem poderes extrajurídicos, sobre os quais o Estado ainda não alcançou regramentos, nas quais prevalecem sinais de desigualdade. Esse local inóspito, em que havia o prevalecimento do poder da desigualdade, recebeu o nome de "poderes selvagens"[15].

Em Turim, junho do ano de 1989, Norberto Bobbio[16] registrou o prefácio à primeira edição da obra, em italiano. Na oportunidade, afirmou:

> *"Direito e Razão* é a conclusão de uma vastíssima e devotada exploração continuada por anos nas mais diversas disciplinas jurídicas, de modo especial no direito penal, e de uma longa e apaixonada reflexão nutrida de estudos filosóficos e históricos, sobre os ideais morais que inspiram ou deveriam inspirar o direito das nações civis. Para esta obra, Luigi Ferrajoli estava preparado há tempos com estudos de filosofia, de epistemologia, de ética e de lógica, de teoria e ciência do direito, de história das doutrinas e das instituições jurídicas, enriquecidos pela experiência intensa e seriamente vivida, trazidas pelo exercício da sua prévia atividade de magistrado.

> Todo o amplo discurso desenvolve-se de um modo fechado entre a crítica dos fundamentos gnosiológicos e éticos do direito penal, em um extremo, e a crítica da prática judiciaria em nosso país, em outro extremo, refugindo dos dois vícios opostos da teoria sem controles empíricos e da prática sem princípios, e não perdendo nunca de vista, não obstante a multiplicidade dos problemas enfrentados e a riqueza da informação, a coerência das partes com o todo, a unidade do sistema, a síntese final. Cada

---

14. FERRAJOLI, Luigi. *Direito e razão*: teoria do garantismo penal. 4. ed. Ed. RT, 2014. p. 37.
15. BOBBIO, Norberto. Prefácio. In: FERRAJOLI, Luigi. *Direito e razão*: teoria do garantismo penal. 4. ed. São Paulo: Ed. RT, 2014. p. 12.
16. BOBBIO, Norberto. Prefácio. In: FERRAJOLI, Luigi. *Direito e razão*: teoria do garantismo penal. 4. ed. São Paulo: Ed. RT, 2014. p. 9.

parte desenvolve-se segundo uma ordem preestabelecida e passo a passo rigorosamente respeitada. O princípio antecipa a conclusão, o fim se reconecta, depois de longo e linear percurso, ao princípio.

A aposta é alta: a elaboração de um sistema geral de garantismo ou, se preferir, a construção das vigas-mestras do Estado de direito que tem por fundamento e por escopo a tutela da liberdade do indivíduo contra as várias formas de exercício arbitrário do poder, particularmente odioso no direito penal. Mas é um jogo que tem regras: o autor, depois de tê-las estabelecido, observa-as com escrúpulo e assim permite ao leitor encontrar, sem muito esforço, a estrada. A coerência do conjunto torna-se possível pela declaração preventiva dos pressupostos metodológicos e teóricos, pelo proceder por conceitos bem definidos e das suas antíteses, pela concatenação das diversas partes e da progressão lógica de uma a outra.

A obra, não obstante a complexidade do empreendimento e a grande quantidade dos problemas enfrentados, é de admirável clareza."

O garantismo penal significa muito mais do que uma teoria jusfilosófica. Trata-se de um modelo ideal do qual a realidade pode tentar proximidade, de modo que, se visto como uma meta, dificilmente será alcançada. Luigi Ferrajoli, como teórico geral do Direito, pertencente ao grupo familiar dos juspositivistas da tradição de Hans Kelsen, Hart e dos juspositivistas italianos do último quarto do século passado, explorou o tema. Como positivista e filósofo analista, diante de um olhar atento, distinguiu a validade formal das normas da sua validade substancial. Percebe-se que um ordenamento que tenha admitido os direitos fundamentais de liberdade não pode admitir que a validade seja somente formal, existindo em si um problema de justiça interna das leis e não somente externa.

Direito e razão é a conclusão de uma vasta exploração, por anos, nas mais diversas disciplinas, especialmente no Direito Penal. Trata-se de reflexão nutrida em estudos filosóficos e históricos sobre os ideais morais que inspiram ou deveriam inspirar o Direito das nações civis. Para desenhar *Direito e razão,* Luigi Ferrajoli[17] estava preparado, há tempos, com estudos de Filosofia, Epistemologia, Ética, Lógica, teoria e ciência do Direito e história das doutrinas e das instituições jurídicas, tendo como visão de fundo o olhar de um magistrado.

O discurso de Luigi Ferrajoli se desenvolve de modo fechado entre a crítica dos fundamentos gnosiológicos (parte da filosofia que trata dos fundamentos do conhecimento) e éticos do Direito Penal. A aposta diz respeito à elaboração de um sistema geral de garantismo, podendo ser entendido como a construção de vigas mestras do Estado de Direito, que tem por fundamento e por escopo a tutela da liberdade do indivíduo contra as várias formas de exercício arbitrário do poder particularmente odioso no Direito Penal.[18]

A ideia inspiradora da obra, iluminista e liberal, sendo iluminista em filosofia e liberal em política, trabalha a antítese entre liberdade e poder. Apresenta soluções que alargam a esfera da liberdade e restringem o poder, ou seja, há a ampliação da esfera da liberdade, reduzindo o poder, de modo que o poder deve ser limitado para que permita a cada um gozar da máxima liberdade compatível com a igual liberdade de todos os outros.

---

17. FERRAJOLI, Luigi. *Direito e razão:* teoria do garantismo penal. 4. ed. São Paulo: Ed. RT, 2014. p. 89.
18. FERRAJOLI, Luigi. *Direito e razão:* teoria do garantismo penal. 4. ed. São Paulo: Ed. RT, 2014. p. 37-38.

A obra *Direito e razão* se desenvolve apoiada em antíteses. Observa-se que, da antítese liberdade-poder, nascem todas as demais. Assim, especificamente no Direito Penal, há antítese entre modelo garantista e modelo autoritário, entre garantismo e decisionismo, Estado de Direito contra Estado absoluto ou despótico, formalismo contra substancialismo, Direito Penal mínimo contra Direito Penal máximo, o direito do mais fraco contra o direito do mais forte e a certeza contra o arbítrio.

A batalha em defesa do garantismo é sempre uma batalha de minorias, reconhecendo a necessidade de ser combatida com armas fortes e afiadas. Reconhece que o adversário apresenta duas faces, sendo a tese proposta, isto é, o garantismo, uma *tertium quid* entre dois extremos. Assim, a tese do Direito Penal mínimo municia sua arma contra as teorias do Direito Penal máximo, mas sem descuidar das doutrinas abolicionistas ou substantivistas, segundo as quais a pena, ao contrário, estaria destinada a desaparecer. Luigi Ferrajoli[19] não deseja a abolição do Direito Penal. Na verdade, procura respeitar a lei e a pena, desde que haja alinhamento com a Constituição e os direitos e garantias fundamentais do ser humano.

A liberdade regulada deve contrastar, tanto com a opressão da liberdade (toda forma de abuso do direito de punir), quanto com a falta de regulamentação, ou seja, a liberdade selvagem. O princípio da legalidade é contrário ao arbítrio, mas também ao legalismo obtuso, mecânico, que não reconhece a equidade, denominada por Luigi Ferrajoli, de poder de conotação.

O garantismo é um modelo ideal, representando uma meta que permanece existente mesmo quando não é alcançada. Nesse caso, não pode ser esquecido que o garantismo, como meta, não pode ser de todo atingido. Como meta a ser encontrada, o modelo garantista deve ser definido em todos os aspectos. Nesse sentido, somente se for bem definido, poderá servir também de critério de valoração e de correção do direito existente.

Pode-se dizer que, na obra de Luigi Ferrajoli,[20] há o entrelaçamento entre problemas de teoria do direito e problemas de política, sendo compreendida, julgada e analisada por ambos os pontos de vistas. O autor é ligado aos juspositivistas da linha de Hans Kelsen e Hart.

Em *Direito e razão*, percebe-se a distinção entre a validade formal das normas (o vigor) e a validade substancial. É preciso observar que, em um ordenamento jurídico que tenha recepcionado os direitos fundamentais de liberdade, a validade não pode ser somente formal. Deve ser analisado, o problema de justiça interna das leis, e não somente externa.[21]

Luigi Ferrajoli tem a consciência de que grande parte das modernas constituições admitiram direitos naturais em seus textos, constitucionalizando tais direitos. Por causa disso, o conflito entre direito positivo e direito natural e juspositivismo e jusnaturalismo perdeu grande parte do seu significado.[22]

---

19. FERRAJOLI, Luigi. *Direito e razão*: teoria do garantismo penal. 4. ed. São Paulo: Ed. RT, 2014. p. 38.
20. FERRAJOLI, Luigi. *Direito e razão*: teoria do garantismo penal. 4. ed. São Paulo: Ed. RT, 2014. p. 204; 216.
21. FERRAJOLI, Luigi. *Direito e razão*: teoria do garantismo penal. 4. ed. São Paulo: Ed. RT, 2014. p. 210; 220.
22. FERRAJOLI, Luigi. *Direito e razão*: teoria do garantismo penal. 4. ed. São Paulo: Ed. RT, 2014. p. 204.

A consequência foi que a diferença entre o que o Direito "é" e o que o Direito "deve ser" foi transformada na diferença entre o que o Direito "é" e o que o Direito "deve ser no interior de um ordenamento jurídico". Para tanto, Luigi Ferrajoli usa os termos efetividade e normatividade.

Além disso, Luigi Ferrajoli pertence ao Positivismo Jurídico e à Filosofia Analítica. Em seu texto, por diversas vezes, revela sua adesão à Filosofia Analítica, principalmente na atenção que dá às "questões de palavras". No rigor de seu raciocínio, em hipótese alguma, é desconexo da prova dos fatos, apontando forte tendência ao *distingue frequenter*, ou seja, à aversão contra toda forma de essencialismo.

Com relação à política do Direito, o modelo garantista tem conexão com a tradição do pensamento iluminista e liberal. No campo do Direito Penal, vai de Cesare Beccaria a Francesco Carrara. Luigi Ferrajoli propõe uma revisão dos fundamentos epistemológicos, formalistas e realistas, por meio da distinção entre "significado" e "critérios" de verdade no processo.[23]

A questão do grau de aplicação do garantismo, não só na área penal, é analisada em toda a obra. Extrai-se a ideia de que um ordenamento, mesmo que aperfeiçoado, nunca poderá desejar a plena realização dos valores que efetivamente formam suas fontes positivas de legitimação. Há formação de um conjunto coerente de regras, ao mesmo tempo em que aponta contribuição para a formação do sistema garantista, levando em conta o Positivismo Jurídico.

Existem avançadas e inovadoras propostas de reforma, como as referentes à pena, sendo uma consequência direta da teoria liberal do relacionamento entre indivíduo e Estado. A regra é que, primeiramente, vem o indivíduo e, somente depois, o Estado. O Estado não é jamais um fim em si mesmo. É ou deve ser somente um meio que tem por fim a tutela da pessoa humana, dos seus direitos fundamentais de liberdade e de segurança social.

A questão da contraposição entre a concessão ética e técnica do Estado e das demais instituições políticas percorre toda a obra de Luigi Ferrajoli. Nesse sentido, um dos inimigos mortais do garantista é o Estado ético de Georg Wilhelm Friedrich Hegel e toda concessão organicista da sociedade. A crítica do Estado ético é ponto central da confusão entre moral e direito. Nesse ponto, salvaguarda o princípio da estrita legalidade, o valor da certeza, o valor fundamental da defesa do cidadão contra os poderes arbitrários que encontram seu espaço natural na definição não taxativa dos crimes, na flexibilidade das penas, no poder dispositivo e não cognitivo do juiz.

Vale lembrar que as antíteses obscurantistas representam as ideias dedicadas por Luigi Ferrajoli a desconstruir as doutrinas e instituições que se contrapõem aos princípios de um Direito Penal garantista, vindo a repelir as medidas de segurança, o encarceramento preventivo, a transação entre juiz e imputado, entre outros.[24]

---

23. FERRAJOLI, Luigi. *Direito e razão*: teoria do garantismo penal. 4. ed. São Paulo: Ed. RT, 2014. p. 65.
24. FERRAJOLI, Luigi. *Direito e razão*: teoria do garantismo penal. 4. ed. São Paulo: Ed. RT, 2014. p. 711; 727.

Não há dificuldade em concluir que mesmo o mais perfeito sistema garantista não pode encontrar em si mesmo a própria garantia e exige a intervenção ativa por parte dos indivíduos e dos grupos na defesa dos direitos que, mesmo normativamente declarados, não são sempre efetivamente protegidos.

A expressão "garantismo penal" representa um neologismo introduzido na cultura jurídica italiana, na segunda metade dos anos setenta, que surge pela crença na existência da distância entre a normatização estatal e o mundo empírico.

De forma geral, além de toda complexidade, a ideia de garantismo traduz a procura de uma melhor adequação entre a realidade e o aspecto normativo. A ideia é a tradução de um novo sistema baseado em parâmetros de racionalidade e justiça, sendo, ao mesmo tempo, uma concepção de limitação e minimização da intervenção do poder punitivo no aspecto da liberdade individual do cidadão. O Garantismo nasceu como um meio de procura pela defesa do Estado de Direito e de um ordenamento jurídico democrático.

O Garantismo Penal toma o Estado de Direito como instrumento formal de proteção do indivíduo, tendo o dever de protegê-lo, inclusive do próprio Estado, e garantir que não haja violação dos seus direitos e princípios fundamentais consagrados pela Constituição. Além do mais, os valores de proteção dos indivíduos prescritos pela Constituição devem servir como limites para o próprio Poder Legislativo, não podendo este violar os direitos constitucionais das pessoas.

Nesse sentido, "o *jus puniendi* estatal só pode ser exercido em uma lógica de mínima intervenção possível do sistema penal sobre as liberdades dos cidadãos, com uma máxima proteção às garantias individuais"[25].

O modelo de Luigi Ferrajoli pode ser visto por três significados[26]. Antes de apontá-los, é preciso reconhecer que a orientação garantista regula um parâmetro de racionalidade, justiça e legitimidade da intervenção punitiva, considerando os direitos fundamentais do ser humano delineados pela Constituição.

Pelo primeiro significado, Garantismo representa um modelo normativo de direito que, sob o plano epistemológico, designa um sistema cognitivo ou de poder mínimo. De acordo com o plano político, delimita um meio de proteção com capacidade para diminuir a violência e ampliar a liberdade.

No plano jurídico, atua como técnica que busca vincular o poder punitivo estatal às garantias dos indivíduos. Qualquer modelo penal que tenha conformidade com o aspecto epistemológico (sistema de poder mínimo), político (forma de tutela que visa minimizar a violência e maximizar a liberdade) e jurídico (garantir direitos dos indivíduos) pode ser denominado garantista.

---

25. PEREIRA, Henrique Viana. *A função social da empresa e as repercussões sobre a responsabilidade civil e penal dos empresários*. 2014. 214f. Tese (Doutorado). Programa de Pós-Graduação em Direito, Pontifícia Universidade Católica de Minas Gerais, Belo Horizonte, 2014. p. 104.
26. VIANNA, Túlio; MACHADO, Felipe. (Coord.). *Garantismo penal no Brasil*: estudos em homenagem a Luigi Ferrajoli. Belo Horizonte: Fórum, 2013. p. 205; FERRAJOLI, Luigi. *Direito e razão*: teoria do garantismo penal. 4. ed. São Paulo: Ed. RT, 2014. p. 785;788.

Diante do segundo significado, o Garantismo Penal, levando em consideração a relação com a ideia de vigência e existência das normas, pode ser visto como uma teoria de validade e efetividade. Observando um sentido para essa segunda acepção, é clara a procura de uma diferenciação entre a validade e a vigência da norma, diante da existência de normas vigentes que não podem ser consideradas válidas, por não haver conformidade com princípios e valores constitucionais.

Nesse sentido, garantismo expressa uma aproximação teórica que mantém distante o "ser" e o "dever ser" no Direito. Há uma crítica central que aponta divergência entre modelos teóricos com tendências garantistas e as práticas operacionais com tendências antigarantistas. Os primeiros têm validade e não efetividade. Os segundos não têm validade, mas são efetivos na prática, o que traz contrariedade às garantias dos indivíduos, que deveriam ser efetivadas conforme o sistema garantista. Veja que há uma teoria baseada na divergência entre normatividade e realidade, entre direito válido e direito efetivo.

Pelo terceiro significado, o Garantismo Penal é apresentado como uma filosofia política que exige, tanto do Direito, quanto do Estado o ônus da justificação externa com base no fundamento de que a tutela ou garantia constituem a finalidade do sistema. Pressupõe-se que há a separação entre direito e moral, entre validade e justiça, entre o ponto de vista interno e externo, quanto à valoração do sistema jurídico, entre o "ser" e o "dever ser".

A obra de Luigi Ferrajoli, *Direito e razão*,[27] "deseja contribuir com a reflexão sobre a crise de legitimidade que assola os hodiernos sistemas penais", com respeito aos seus fundamentos filosóficos, políticos e jurídicos. Os fundamentos da obra, em grande parte, foram construídos, levando em consideração o Estado moderno como um Estado de Direito, pelo pensamento iluminista identificado como uma estrutura de vínculos e garantias estabelecidas para a tutela do cidadão contra o arbítrio punitivo.

Mesmo que esses vínculos de garantia estejam incorporados em todas as constituições evoluídas, são violados pelas leis ordinárias e, mais ainda, pelas práticas nada liberais por elas alimentadas. Mesmo que o Direito Penal seja circundado por limites e garantias, conserva-se sempre uma intrínseca brutalidade, que torna problemática e incerta sua legitimidade moral e política.

A pena, sem importar o modo como é justificada, representa de fato uma segunda violência, executada por uma coletividade organizada contra um simples e solitário indivíduo, após levar em conta determinado desvio praticado por ele. Além do mais, é preciso lembrar que a propriedade privada foi vista por Cesare Beccaria[28] como um terrível e talvez desnecessário direito, e o poder de punir e de julgar, na visão de Montesquieu e Condorcet, significa o mais terrível e odioso dos poderes.

Nesse sentido, o poder de punir e julgar é aquele que se revela de maneira mais violenta e direta sobre as pessoas, no qual se manifesta, de forma mais conflitante, o relacionamento entre o Estado e o cidadão; autoridade e liberdade; segurança social e

---

27. FERRAJOLI, Luigi. *Direito e razão*: teoria do garantismo penal. 4. ed. São Paulo: Ed. RT, 2014. p. 785; 788.
28. BECCARIA, Cesare. *Dos delitos e das penas*. 7. ed. Trad. Torrieri Guimarães. São Paulo: HEMUS – Livraria Editora LTDA, 2012. p. 11;15.

direitos individuais. É por causa dessa antítese, que o Direito Penal representa o centro de reflexão jurídico-filosófico.

A fundamentação racional foi advertida como equivalente à sua justificação ético-política. Sua irracionalidade, no Direito Penal, foi equiparada ao despotismo e à opressão. *Direito e razão* deve ser destrinchado e traduzido da melhor forma, ou seja, com visão constitucional, dada a importância que representa para o Direito Penal. Nesse sentido, é mais do que justo averiguar, no conteúdo da obra de Luigi Ferrajoli[29], qual o significado da palavra "razão".

O termo "razão" é entendido em três sentidos diversos, que correspondem às três ordens de fundamentos do Direito Penal. É tratada nas três primeiras partes da obra como *Razão no Direito, Razão do Direito* e *Razão de Direito*.

Razão no Direito designa o tema pertencente à epistemologia do Direito, ramo da Filosofia que se relaciona com o conhecimento humano. Filosofia do conhecimento, que descreve os processos pelos quais se produz o conhecimento, e da racionalidade das decisões penais. Trata-se de um sistema de regras trabalhadas sobre a tradição liberal, dirigido ao conhecimento também, e não somente sobre autoridade, quanto aos processos de imputações e sanções penais. Significa que, para imputar condutas desviantes e sancioná-las, é preciso passar por um sistema prévio de conhecimento, e não somente autoridade.

Esse fundamento cognoscitivo representa uma das marcas do sistema garantista que exige uma específica tecnologia legal e judiciária. É preciso que, antes que o Poder Legislativo tipifique um desvio punível, faça-o com base em fatos empíricos indicados, e não unicamente em valores.

A apuração jurisdicional, julgar e executar, ocorre através de verificações da acusação expostas à contradição da defesa. Sobre tais aspectos, o modelo garantista equivale a um sistema de minimização do poder e de maximização do saber judiciário, enquanto condiciona a validade das decisões à verdade, empírica e logicamente controlável, das motivações.

Razão do Direito trata do sentido axiológico e político quanto à justiça penal, ou seja, das justificações ético-políticas da qualidade, da quantidade, da necessidade das penas e das proibições, além das formas e critérios das decisões judiciais. Axiologia é filosofia dos valores.

Representa a preocupação quanto à fundamentação externa ou política do Direito Penal acerca dos valores, interesses e finalidades extra ou metajurídicas.

O modelo penal garantista, com sua estrutura empírica e cognitiva assegurada pelos princípios da estrita legalidade e de estrita jurisdicionalidade, foi concebido e justificado pela filosofia jurídica iluminista como a técnica punitiva racionalmente mais idônea. Como alternativa a modelos penais decisionistas e substancialistas, orientados pela cultura política autoritária, busca maximizar a liberdade e minimizar o arbítrio de acordo

---

29. FERRAJOLI, Luigi. *Direito e razão*: teoria do garantismo penal. 4. ed. São Paulo: Ed. RT, 2014. p. 785; 788.

com três opções políticas de fundo, respeitando o valor primário associado à pessoa e aos seus direitos naturais, o utilitarismo jurídico e a separação laica entre direito e moral.

A *Razão de Direito* trata do sentido normativo e jurídico quanto à ciência penal, em vista da teoria geral do direito e da dogmática penal de cada ordenamento. Diz respeito à validade ou coerência lógica interna de cada sistema penal positivo, entre os seus princípios normativos, normas e práticas.

O modelo garantista foi, de fato, recebido, mesmo que de maneira sumária e lacunosa, pelo nosso ordenamento constitucional, como por outros sistemas jurídicos evoluídos. É um modelo que representa, ainda que em determinada medida, o fundamento interno ou jurídico da legitimidade da legislação e da jurisdição penal. Vincula normativamente a coerência com os seus princípios.

Conforme ensina Luigi Ferrajoli[30], o Garantismo é:

"além de um modelo racional de justificação, também um modelo constitucional de legalidade idôneo a limitar e ao mesmo tempo convalidar ou invalidar a potestade punitiva com razões de direito, ou seja, de legitimação interna, tanto quanto condiciona juridicamente seu válido exercício somente à prova dos comportamentos validamente proibidos pela lei sobre a base dos critérios ético-políticos de legitimação externa produzidos pelas próprias normas constitucionais."

Veja que Luigi Ferrajoli vincula um modelo de justificação de normas penais a critérios ético-políticos de legitimação externa, buscados nas normas constitucionais. Afirma que o escopo principal que se faz com a reflexão sobre os três sentidos da palavra razão foi a revisão teórica do modelo garantista de legalidade penal e processual, o qual fora traçado pelo pensamento iluminista, das bases epistemológicas, dos critérios de justificação ético-política e das técnicas normativas, a assegurar-lhe um satisfatório grau de efetividade. Lembra que o pensamento iluminista representa o momento mais alto da história, mesmo não sendo o mais honorável, da história do Direito Penal. Isso porque conseguiu a maior contribuição relativa a garantias penais e processuais das formas do Estado Constitucional de Direito.

No entanto, o esquema garantista transmitido pelo Iluminismo foi baseado na ideia de julgamento como um silogismo perfeito e na ideia do juiz como a voz da lei, o que possui uma fraqueza política por não atender a epistemologia e a impraticabilidade jurídica. Por isso que, após a segunda metade do século XIX, é desqualificado quanto ao plano teórico e oprimido quanto ao plano institucional por estruturas de Direito Penal autoritárias e decisionistas.

O fato do modelo penal iluminista se fazer distante de questões práticas transformou-o em um modelo puramente ideológico. A tarefa de uma nova teoria do Garantismo Penal tem o dever de não encontrar um racionalismo utópico.

A crise do Garantismo Penal de base iluminista é produto da sua fragilidade epistemológica e de fundamentos axiológicos ofuscados. O modelo do Estado de Direito foi delineado, nos séculos XVII e XVIII, sobre o Direito Penal. Foi com base no despotismo

---

30. FERRAJOLI, Luigi. *Direito e razão*: teoria do garantismo penal. 4. ed. São Paulo: Ed. RT, 2014. p. 785; 788.

punitivo, que o jusnaturalismo desenhou as bases contra a intolerância política e religiosa em face do arbítrio repressivo.

Por meio das críticas dos sistemas penais e processuais, apareceram valores da civilização jurídica moderna, considerando o respeito da pessoa humana, os valores fundamentais da vida e da liberdade pessoal, o nexo entre legalidade e liberdade, a separação entre direito e moral, a tolerância, a liberdade de consciência e de expressão, os limites da atividade do Estado, além da função de tutela dos direitos dos cidadãos como sua fonte primária de legitimação.

A ligação entre o Direito Penal e a filosofia política reformadora se rompeu com a consolidação do Estado Liberal, prevalecendo uma linha penal mais conservadora como técnica de controle social, por meio de várias orientações autoritárias, idealistas, ético-estatais, positivistas, irracionais, espirituais, correcionais, tecnicistas e pragmáticas que, frequentemente, formam o tácito fundo filosófico da cultura penal dominante.

O sistema de Luigi Ferrajoli é conclusivo, no sentido de que um esquema garantista plausível exige uma reflexão dos fundamentos axiológicos externos do Direito Penal e do Direito Penal Constitucional.

Desse modo, a obra *Direito e razão*, expressão viva do garantismo, é mapeada da forma a seguir:

a) 1ª parte: condições epistemológicas;

b) 2ª e 3ª parte: tratam da pena, do crime e do processo sobre a base de três interrogações:

c) se, por que, quando e como punir;

d) se, por que, quando e como proibir;

e) se, por que, quando e como julgar.[31]

Os problemas do "se" e do "por que" são discutidos na segunda parte, por meio de crítica das doutrinas abolicionistas e justificacionistas do Direito Penal. Ao mesmo tempo, há proposta de um utilitarismo penal reformado. Os problemas do "quando" e do "como" são discutidos na terceira parte, na qual as respostas a esses dois tipos de questões são identificadas com as garantias penais e processuais no sistema de dez axiomas conexos, mais logicamente do que axiologicamente.

Na quarta parte, Luigi Ferrajoli[32] trata da análise dos perfis de irracionalidade, injustiça e invalidez que marcam o ordenamento penal e processual italiano. A quinta parte de *Direito e Razão*[33] faz reflexões teóricas e filosóficas desenvolvidas na obra, que são solicitadas por uma desordem do Direito Penal e que podem ser estendidas a outros setores do Direito Público, investidas de uma crise estrutural de garantias do Estado de Direito.

---

31. FERRAJOLI, Luigi. *Direito e razão*: teoria do garantismo penal. 4. ed. São Paulo: Ed. RT, 2014. p. 216.
32. FERRAJOLI, Luigi. *Direito e razão*: teoria do garantismo penal. 4. ed. São Paulo: Ed. RT, 2014. p. 649.
33. FERRAJOLI, Luigi. *Direito e razão*: teoria do garantismo penal. 4. ed. São Paulo: Ed. RT, 2014. p. 785.

Afirma, o autor, que outros ramos do Direito podem requisitar sistemas mais garantistas a partir da racionalidade e da justiça, assumidos como fundamento dos esquemas de legalidade positivamente elaborados e constitucionalizados. Assim, verifica-se que o trabalho de Luigi Ferrajoli[34], de resto, teve origem como parte de um originário e não dissociado programa de uma teoria do direito. Acabou por incluir muitos temas e problemas de caráter geral.

Quanto às garantias, não só penais, representam vínculos normativos idôneos a assegurar efetividade aos direitos subjetivos e, em geral, aos princípios axiológicos sancionados pelas leis. Os direitos de liberdade correspondem às garantias negativas, que consistem em limites ou impedimentos de fazer. Os direitos sociais correspondem às garantias positivas, consistentes em obrigações de prestações individuais ou sociais.

As garantias consistem em mecanismos direcionados a assegurar a máxima correspondência entre normatividade e efetividade da tutela dos direitos.

Em oposição ao mero legalismo, formalismo ou processualismo, o Garantismo versa na satisfação dos direitos fundamentais, vida, liberdade pessoal, liberdade civil e política e nas expectativas sociais de subsistência, direitos individuais e coletivos.

Para formular os princípios ou axiomas, Luigi Ferrajoli[35] usou dos seguintes termos: pena, delito, lei, necessidade, ofensa, ação, culpabilidade, juízo, acusação, prova e defesa. Cada um desses termos representa passos e condições para atribuição da responsabilidade penal e, consequentemente, da pena.

Caso defina a responsabilidade penal como o conjunto das condições normativamente exigidas para que uma pessoa seja submetida à pena, cada um dos termos designa uma condição da responsabilidade penal.

Os axiomas garantistas não expressam proposições assertivas, mas proposições prescritivas, ou seja, não descrevem o que ocorre, mas prescrevem o que deve ocorrer. Os axiomas não enunciam condições que um sistema penal efetivamente satisfaz, mas as condições que devem satisfazer, em adesão aos seus princípios normativos internos ou a parâmetros de justificação externa. Trata-se de implicações deônticas, normativas ou de dever ser que, após se tornarem axiomatizados, dará vida a modelos deônticos, normativos ou axiológicos.

Luigi Ferrajoli[36] diz que adotar tais modelos é uma opção ético-política a favor dos valores normativamente por eles tutelados. Cada uma das implicações deônticas, axiomas ou princípios, de que se compõe todo modelo de Direito Penal, representa uma condição *sine qua non* e, melhor dizendo, uma garantia jurídica para a afirmação da responsabilidade penal e para a aplicação da pena. Significa que os axiomas não podem ser condições suficientes, em que basta sua presença para que seja permitido ou obrigatório punir. Trata-se de uma condição necessária, de modo que, havendo ausência de alguma, não será permitido ou estará proibido punir.

---

34. FERRAJOLI, Luigi. *Direito e razão*: teoria do garantismo penal. 4. ed. São Paulo: Ed. RT, 2014. p. 833.
35. FERRAJOLI, Luigi. *Direito e razão*: teoria do garantismo penal. 4. ed. São Paulo: Ed. RT, 2014. p. 91.
36. FERRAJOLI, Luigi. *Direito e razão*: teoria do garantismo penal. 4. ed. São Paulo: Ed. RT, 2014. p. 92.

Na terceira parte da obra de Luigi Ferrajoli[37], há demonstração de que a função específica das garantias, no Direito Penal, não é tanto permitir ou legitimar, senão condicionar ou vincular e, por consequência, deslegitimar o exercício absoluto da potestade punitiva. As garantias penais consubstanciadas no delito, na lei, na necessidade, na ofensa, na ação e na culpabilidade são requisitos ou condições penais. As garantias processuais delimitadas pelo juízo, acusação, prova e defesa designam requisitos ou condições processuais.

O sistema penal garantista, cognitivo ou de legalidade estrita, denominado sistema penal "SG", inclui axiomas penais e processuais. Trata-se de um modelo-limite, tendencialmente e jamais perfeitamente satisfatível, conforme prescreve[38].

Os axiomas garantistas são os seguintes:

a) A1 Nulla poena sine crimine

b) A2 Nullum crimen sine lege

c) A3 Nulla lex (poenalis) sine necessitate

d) A4 Nulla necessitas sine injuria

e) A5 Nulla injuria sine actione

f) A6 Nulla actio sine culpa

g) A7 Nulla culpa sine judicio

h) A8 Nullum judicium sine accusatione

i) A9 Nulla accusatione sine probatione

j) A10 Nulla probatio sine defensione

O axioma A1 representa o princípio da retributividade ou da consequencialidade da pena em relação ao delito; o A2 traduz o princípio da legalidade, no sentido lato ou no sentido estrito; o A3 designa o princípio da necessidade ou da economia do direito penal. O A4, o princípio da lesividade ou da ofensividade do evento; o A5, o princípio da materialidade ou da exterioridade da ação; o A6, o princípio da culpabilidade ou da responsabilidade pessoal; o A7, o princípio da jurisdicionariedade, também no sentido lato ou no sentido estrito. O A8, o princípio acusatório ou da separação entre juiz e acusação; o A9, o princípio do ônus da prova ou da verificação; o A10, por último, designa o princípio do contraditório ou da defesa ou da falseabilidade.

Esses dez axiomas, ordenados e conectados sistematicamente, definem o modelo garantista de direito ou de responsabilidade penal, isto é, as regras do jogo fundamental do Direito Penal. Foram elaborados, sobretudo, pelo pensamento jusnaturalista dos séculos XVII e XVIII, que os concebera como princípios políticos, morais ou naturais de limitação do poder penal "absoluto".

---

37. FERRAJOLI, Luigi. *Direito e razão*: teoria do garantismo penal. 4. ed. São Paulo: Ed. RT, 2014. p. 325.
38. FERRAJOLI, Luigi. *Direito e razão*: teoria do garantismo penal. 4. ed. São Paulo: Ed. RT, 2014. p. 91.

Luigi Ferrajoli[39] afirma que alguns princípios já foram incorporados, mais ou menos na íntegra e rigorosamente, às constituições e codificações dos ordenamentos desenvolvidos, convertendo-se, assim, em princípios jurídicos do moderno Estado de Direito.

Considerando o Estado Democrático de Direito e diante da expansão do Direito Penal para a formação de um sistema de emergência criminal, o Garantismo aponta forte armamento para assegurar os direitos penais e processuais penais dos indivíduos inseridos no sistema processual penal brasileiro, após verificação de desvio de conduta.

Diante disso, o Garantismo necessita ser visto como parâmetro de análise diante da consideração do sistema significativo de Tomás Salvador Vives Antón[40], que cria e estabelece novas regras, inicialmente vinculadas a um novo sistema penal, considerado por ele mais humanizado, contudo, baseado na filosofia da linguagem, sem atentar para a centralização devidamente segura, imposta pelo princípio da legalidade e a dogmática finalista.

2.4 PRINCÍPIO DA LEGALIDADE

Conforme prescreve o art. 5º, XXXIX, da Constituição da República, "não há pena sem lei anterior que o defina, nem pena sem prévia cominação legal". O princípio da legalidade foi consagrado pela Constituição da República como cláusula pétrea, representando uma das vigas do Estado Democrático de Direito, sobretudo em matéria penal. O sistema garantista expõe o princípio da legalidade em um dos seus axiomas, sendo princípio base da teoria de Luigi Ferrajoli.[41]

O princípio da legalidade garante segurança jurídica aos jurisdicionados, de forma que não poderão ser submetidos a punições criminais, sem apoio em legislação determinada, construída pelo devido processo legislativo.

Cláudio Brandão[42] ensina que "Onde termina a Legalidade começa a força despótica e um Direito Penal separado do Princípio da Legalidade é simplesmente um instrumento de terror estatal. Isto posto, é na Legalidade que o Direito penal moderno encontra sua legitimidade."

Na ocorrência de conduta humana, somente poderá haver subsunção do fato ao tipo, com a devida consequência jurídica, se antes existir legislação válida para permitir a responsabilização penal com a aplicação da sanção penal. De outra forma, caso alguém seja responsabilizado criminalmente e penalizado por isso, sem existência de lei penal válida e anterior ao fato, haveria violação ao princípio da legalidade. Cláudio Brandão[43] aponta que "pela lei não somente se protege o homem das ações lesivas aos bens jurídicos, pela lei se protege o homem do próprio Direito Penal".

---

39. FERRAJOLI, Luigi. *Direito e razão*: teoria do garantismo penal. 4. ed. São Paulo: Ed. RT, 2014. p. 91-92.
40. VIVES ANTÓN, Tomás Salvador. *Fundamentos del sistema penal*. Valencia: Tirant lo Blanch, 1996. p. 495.
41. FERRAJOLI, Luigi. *Direito e razão*: teoria do garantismo penal. 4. ed. São Paulo: Ed. RT, 2014. p. 344.
42. BRANDÃO, Cláudio. *Introdução ao direito penal*: análise do sistema penal à luz do princípio da legalidade. Rio de Janeiro: Forense, 2005. p. 2.
43. BRANDÃO, Cláudio. *Introdução ao direito penal*: análise do sistema penal à luz do princípio da legalidade. Rio de Janeiro: Forense, 2005. p. 41.

Há exigência de que ocorra perfeita subsunção entre a conduta humana e a norma penal, de modo que, por mais grave que seja, se não adequar a ação ou omissão a um tipo penal anteriormente previsto, não poderá existir pena.

O princípio da legalidade exige que exista uma lei definindo determinada conduta humana como criminosa; que essa norma tenha conteúdo determinado; que seja anterior ao fato; que seja lei em sentido formal, que somente seja permitido analogia *in bonan partem*; sendo a lei garantida de forma isonômica para todos.

As leis penais incriminadoras não podem ser aplicadas a fatos passados, consagrando a expressão *nullum crimen nulla poena sine lege praevia*, como garantia fundamental. Não se admite que haja uma lei penal incriminadora criada após determinada ação ou omissão, vindo a norma a ser aplicada retroativamente para penalizar algum indivíduo, o que causaria enorme insegurança jurídica. Conforme Fernando Galvão[44],

> "Se não havia a proibição, o indivíduo não pode ser responsabilizado por uma conduta que, no momento de sua realização, era lícita. No que diz respeito ao agravamento da pena, o mesmo raciocínio aplica-se. Se no momento da realização da conduta a consequência jurídica da prática da conduta era uma, não poderá o indivíduo, posteriormente, responder de maneira mais gravosa. A proibição da retroatividade assegura a preservação das regras do jogo instituídas pelo Estado de Direito."

Não existe princípio da legalidade sem a anterioridade, de forma que as leis penais somente retroagem para beneficiar o réu. Por isso, o crime somente pode ser definido em lei anterior ao fato. Quanto à pena, deve esta ser baseada em prévia cominação legal, aos moldes do art. 5º, incisos XXXIX e XL, da Constituição da República.

Para além, o princípio da legalidade não permite criação de infrações penais e penas por meio de costumes, sendo necessária a existência de lei no sentido formal, exceto como fonte mediata para atendimento às normas permissivas. O costume permite a tolerância da sociedade diante de determinada conduta, que pode ser utilizada como medida de exclusão de culpabilidade. O limite imposto aos costumes é quanto à criação de norma incriminadora e imposição de sanção penal. Consagra-se aqui a expressão *nullum crimen nulla poena sine lege*.

Também não é admitido que se crie normas penais incriminadoras e penas por meio de medidas provisórias, leis delegadas, resoluções. Por outro lado, admitem-se medidas provisórias *in bonam partem*, como instrumento de criação do Direito Penal.

O princípio da legalidade proíbe o emprego da analogia *in malam partem*. Contudo, considerando que a analogia *in bonam partem* amplia a liberdade individual, não há obstáculo para sua permissão. Desse modo, somente a analogia in *malam partem*, por ser prejudicial ao indivíduo e por dar origem a crimes e penas, não pode ser permitida, uma vez que gera violação direta ao princípio da legalidade. A analogia representa um instrumento de integração, aplicando-se uma lei penal para fora do seu âmbito de incidência, com o objetivo de corrigir omissão. Por isso, não pode ser aplicada para prejudicar o jurisdicionado, somente para beneficiá-lo. Nesse sentido, não é possível

---

44. GALVÃO, Fernando. *Direito penal*: parte geral. 7. ed. Belo Horizonte: Editora D'Plácido, 2016. p. 141.

criação de novas hipóteses de causas interruptivas e suspensivas de prescrição, uma vez que a prescrição é garantia do jurisdicionado.

Diferente é o método de interpretação extensiva, que permite apenas a expansão do alcance do significado da norma. Assim, é possível interpretar a norma extensivamente, de modo que seja prejudicial ao indivíduo. Por exemplo, é possível entender como possível o cárcere privado para obter vantagem, concluindo pela existência da figura da extorsão mediante o cárcere privado, como interpretação extensiva do sequestro como gênero. Considerando que a figura da extorsão mediante sequestro, do art. 159 do Código Penal, incrimina a conduta do indivíduo que sequestrar alguém para obter vantagem, como condição para resgate, da mesma forma, pela interpretação extensiva, é possível admitir a extorsão mediante cárcere privado.

O princípio da legalidade exige que a norma penal incriminadora seja certa e precisa, não admitindo termos vagos, duvidosos e que deixam margens de dúvidas para o intérprete admitir variadas condutas como crime ou contravenção penal. *Nullum crimen nulla poena sine lege certa* é a expressão garantista que consagra a necessidade de precisão das normas penais incriminadoras. Não pode haver tipos penais que sejam genéricos e vagos, que permitem embarcar vários atos como ilícitos penais. Por exemplo, o tipo que determina que praticará crime quem "violentar sentimento do povo", "agredir a ideia central da lei penal", entre outros, será de tal forma genérico, que violará o princípio da legalidade. Contudo, é possível identificar exceções a essa regra. Nos crimes culposos, por exemplo, cabe ao juiz identificar a conduta que viola o cuidado objetivo exigido pela sociedade, pois a norma penal determina apenas o resultado naturalístico não desejado. Com relação à sanção penal, existe exceção no ordenamento penal. O art. 46, § 3º do Código Penal admite que o juiz possa limitar tarefas, de acordo com as aptidões do condenado, fugindo, assim, da regra imposta pelo princípio da legalidade.

Luigi Ferrajoli[45] acredita que, de todos os princípios garantistas, o princípio da legalidade é caracterizado por ocupar lugar no centro do sistema garantista. Assim, afirma:

> "Basta aqui dizer, enquanto o princípio convencionalista de mera legalidade é uma norma dirigida aos juízes, aos quais prescreve que considera como delito qualquer fenômeno livremente qualificado como tal na lei, o princípio cognitivo de legalidade estrita é uma norma metalegal dirigida ao legislador, a quem prescreve uma técnica específica de qualificação penal, idônea a garantir, com a taxatividade dos pressupostos da pena, a decidibilidade da verdade de seus enunciados."

Expõe, Luigi Ferrajoli[46], que o princípio da mera legalidade e o princípio da estrita legalidade operam nos moldes da formula *nulla lex poenalis sine necessitate*. O princípio da estrita legalidade detém lugar no sistema garantista, uma vez que exige todas as demais garantias como condição da legalidade penal. Representa metanorma que condiciona a validade das leis vigentes à taxatividade de seus conteúdos. É dirigida ao legislador e trata-se de uma condição de validade das leis vigentes. O princípio da mera legalidade exige a lei como condição necessária da pena e do crime. Exige que os pressupostos das

---

45. FERRAJOLI, Luigi. *Direito e razão*: teoria do garantismo penal. 4. ed. São Paulo: Ed. RT, 2014. p. 93.
46. FERRAJOLI, Luigi. *Direito e razão*: teoria do garantismo penal. 4. ed. São Paulo: Ed. RT, 2014. p.91;94.

penas estejam estabelecidos de antemão por um ato legislativo. Representa condição de existência das normas penais incriminadoras, sendo dirigida aos juízes. Nesse sentido:

> [...] "o princípio de mera legalidade como uma regra de distribuição do poder penal que preceitua ao juiz estabelecer como sendo delito o que está reservado ao legislador predeterminar como tal; e o princípio de estrita legalidade como uma regra metajurídica de formação da linguagem penal que para tal fim prescreve ao legislador o uso de termos de extensão determinada na definição das figuras delituosas, para que seja possível a sua aplicação na linguagem judicial como predicados "verdadeiros" dos fatos processualmente comprovados".[47]

O princípio da legalidade é tido como um princípio norteador do Direito Penal, representando uma forma de condição para o desenvolvimento da dogmática penal. Cláudio Brandão[48] avalia o princípio da reserva legal da seguinte forma:

> "Com efeito, o princípio da legalidade possui um significado formal fundamental para a dogmática penal, porém igualmente importante é o seu sentido material. Pois bem, é desta dicotomia que brotam todos os demais princípios e instituições do direito penal, o que faz com que ele seja apontado como o "princípio de princípios" com justa correção, já que sem ele a dogmática penal não poderia ter os contornos que possui na atualidade."

2.4.1 Vertente formal e material do princípio da legalidade e o bem jurídico

É importante apontar que o princípio da legalidade possui, quanto ao seu significado, uma vertente formal e outra material.

O princípio da legalidade formal expressa as características já mencionadas acima, tais como a exigência da certeza e clareza da lei penal incriminadora, bem como das sanções penais; a proibição da norma penal maléfica retroagir; a proibição de aplicar costumes para criar penas e delitos e a proibição da analogia *in malam partem*. Além disso, o princípio da legalidade formal pode ser visto como norma principiológica que exige a obediência aos ritos de criação das leis pela Carta Magna, para que uma lei penal possa fazer parte do ordenamento jurídico. Do ponto de vista de Luigi Ferrajoli[49], essa vinculação da origem da lei penal às regras e ritos, quanto ao procedimento de criação, representa a adoção do princípio da mera legalidade.

A vertente material, constituída pelo princípio da legalidade material, reflete a face política do Estado, pois se identifica qual a sua feição, se totalitário, se liberal, etc. É por meio do princípio da legalidade que o Direito conduz o uso da violência legitimada e formalizada pelo âmbito jurídico. Considerando a inserção do Direito Penal no Direito Constitucional, em que normas e regras do Direito Penal passam a ter conteúdo constitucional e garantista, para além da mera legalidade, é absolutamente relevante levar em conta o conteúdo material do princípio da legalidade, que exige encontro do Direito Penal com normas substanciais, como o princípio da igualdade, com os direitos

---

47. FERRAJOLI, Luigi. *Direito e razão*: teoria do garantismo penal. 4. ed. São Paulo: Ed. RT, 2014. p. 348.
48. BRANDÃO, Cláudio. *Tipicidade penal*: dos elementos da dogmática ao giro conceitual do método entimemático. 2. ed. Coimbra: Almedina, 2014. p. 148.
49. FERRAJOLI, Luigi. *Direito e razão*: teoria do garantismo penal. 4. ed. São Paulo: Ed. RT, 2014. p. 93.

fundamentais, com a necessidade de criação de tipos em que a violação do bem jurídico seja necessária para aplicação de sanção penal. Nesse sentido se destaca a relevância do princípio da estrita legalidade.

Com isso, uma lei que tenha seguido seu rito de criação perfeitamente, mas viola um princípio penal da Constituição, de forma que não atenda ao princípio da legalidade material, será certamente lei penal inconstitucional. Um tipo penal que exista simplesmente por existir, talvez para atender à vontade política de políticos, ou que tenha qualquer outro motivo que não seja proteger bens jurídicos, estaria violando o princípio da legalidade material.

Ora, o Direito Penal tem como um dos objetivos a proteção de bens jurídicos, se levarmos em conta o Direito Penal Constitucional. Para tanto, o indivíduo que viola bem jurídico responde com sanção penal. Se o Poder Legislativo cria tipo penal sem a preocupação de proteger bens jurídicos, haverá um vazio na moldura, no *Leitbild*, e, mesmo que haja exato atendimento aos ritos procedimentais para criação da lei penal que cria o tipo, haverá ausência da estrita legalidade.

Não existe necessidade da criação de uma moldura penal, se não existe substrato material, ou seja, se não existe bem jurídico a ser protegido.

Miguel Polaino Navarrete[50] deixa claro que o reconhecimento do conceito do bem jurídico representa um pressuposto básico que não se pode prescindir para a justificativa normativa do sistema penal. O bem jurídico é a chave do conteúdo material do injusto típico. Não é por acaso que Franz von Liszt viu no bem jurídico o conceito central da estrutura do delito. Com isso, não fica difícil concluir que a moldura penal tem como uma de suas finalidades, a identificação do bem jurídico protegido pelo legislador.

Assim, "a função do Direito penal é tutelar valores, que são os bens jurídicos. Se o Direito Penal se afasta da tutela de valores ele se torna um instrumento de arbítrio para servir a outros interesses"[51].

É importante que haja limite ao arbítrio do legislador quanto ao conteúdo das normas penais incriminadoras. A exigência do bem jurídico violado na condição motivadora de aplicação da sanção penal é limite constitucional à criação de normas penais incriminadoras. Atenderia, nesse sentido, à vertente material do princípio da legalidade.

Tomás Salvador Vives Antón não idealiza o bem jurídico dessa forma. Distancia o bem jurídico de algo estático, como figura de objeto de proteção jurídica, da forma admitida por Miguel Polaino Navarrete. Idealiza o bem jurídico como referência argumentativa para justificar a intervenção punitiva pelo Direito Penal. A seu ver, para encontrar o objeto de proteção da norma penal, é necessário investigar o consenso social e signos sobre o que é valioso. Portanto, aqui reside uma das críticas quanto à teoria estrutural significativa. Pois, na medida em que o bem jurídico deixa de ser o centro de proteção do Direito penal, passando a ser causa de justificação da pena e do delito,

---

50. NAVARRETE, Miguel Polaino. *El injusto típico en la teoría del delito*. Buenos Aires: Editora Mario A. Viera Editor, 2000. p. 319.
51. BRANDÃO, Cláudio. *Introdução ao direito penal*: análise do sistema penal à luz do princípio da legalidade. Rio de Janeiro: Forense, 2005. p. 56.

verifica-se distanciamento da ideia original da constitucionalidade do tipo penal, tendo o bem jurídico como objeto chave do injusto.

2.4.2 Princípio da legalidade e tipicidade

O ponto de encontro do princípio da legalidade com a tipicidade vislumbra-se na expressão *nullum crimen nulla poena sine lege certa,* que consagra a taxatividade penal. É o princípio da legalidade, por meio da exigência da taxatividade, que proíbe o esvaziamento do tipo penal. Significa dizer que a conduta humana proibida deve ser delimitada e individualizada, não permitindo com que haja condutas penais abstratamente proibidas com abertura para várias interpretações, muito embora estejam formalmente previstas em lei.

Os tipos penais devem ser caracterizados com a maior exatidão possível. Por isso, é possível afirmar que a tipicidade penal seja verificada com o cumprimento do princípio da legalidade pela característica da taxatividade penal.

Ao considerar que a tipicidade representa um juízo de subsunção entre uma conduta e a estrutura legal, se não existir o molde legal, não existirá a matéria proibida, não havendo, por consequência, o delito.

Nesse sentido, Cláudio Brandão[52] conclui que o fundamento da tipicidade reside no princípio da legalidade, exemplificando da seguinte forma:

> "Veja-se o exemplo do art. 69 da Lei 8078/90: "Deixar de organizar dados fáticos, técnicos e científicos que dão base à publicidade" É impossível haver a tipicidade, pois não pode haver o enquadramento de nenhuma conduta nesta descrição. Com efeito, o legislador não estabeleceu conceitualmente como os dados "que dão base à publicidade" devem ser organizados. De que tipo de "organização" se fala no tipo? A descrição não permite individualizar e conhecer a matéria da proibição, pois não há, minimamente, a taxatividade exigida como condição de coerência entre a lei penal e as exigências do princípio da legalidade."

Assim, considerando que a tipicidade realiza o enquadramento de uma conduta humana a um modelo legal, que expressa proibição, haja vista a relevância do comportamento negativo no âmbito penal, tem-se que o princípio da legalidade, por meio da característica da taxatividade, é fundamental para a construção da dogmática penal. É importante frisar que não é somente a tipicidade que está ligada ao princípio da legalidade, mas toda a dogmática do delito e da pena.

---

52. BRANDÃO, Cláudio. *Tipicidade penal*: dos elementos da dogmática ao giro conceitual do método entimemático. 2. ed. Coimbra: Editora Almedina, 2014. p. 148.

3
BEM JURÍDICO – INTRODUÇÃO

O presente capítulo buscará abordar o bem jurídico no Direito Penal, sua natureza jurídica, origem e atuais considerações, delineando o conteúdo da questão sem aprofundamento histórico, mas direcionado ao atendimento da importância do bem jurídico na dogmática penal, sobretudo, em consideração à análise comparativa para discussão quanto à estrutura sistemática de Tomás Salvador Vives Anton.[1]

Nesse sentido, é necessário contextualizar que a estrutura da organização estatal deve atender às necessidades dos indivíduos, colocando a pessoa e os direitos que lhe asseguram dignidade no alvo de atenções do Estado. Não é sem motivos, que a Constituição da República prescreve no título I, art. 1º, que a República Federativa do Brasil constitui-se em Estado Democrático de Direito e tem como fundamento a dignidade da pessoa humana. Nesse sentido, o bem jurídico analisado, no âmbito do Direito Penal, tem ligação com a finalidade de preservar as condições necessárias para viabilizar a coexistência livre e pacífica em sociedade, de forma que haja o respeito aos direitos fundamentais dos indivíduos integrantes do corpo social.

A proteção do bem jurídico consiste em um critério material de construção dos tipos penais, constituindo sua base de estrutura e interpretação. O bem jurídico deve ser utilizado como princípio de interpretação do Direito Penal no Estado Democrático de Direito, sendo ponto de origem da estrutura do delito.

Ressalta-se que o bem jurídico tem um sentido material próprio, anterior à lei. Significa dizer que ele não deve ser criação abstrata da lei, mas que representa algo significativo em uma sociedade organizada muito antes da construção da norma penal, que vem ao mundo como instrumento de proteção daquele bem jurídico. Portanto, o bem jurídico deve ser anterior à lei e atender a princípios caros e raros à sociedade como um todo ou aos indivíduos que a compõem.

O conceito de um bem jurídico somente surge na dogmática penal no início do século XIX. Seguindo a linha histórica, do ponto de vista da análise penal, é necessário que seja lembrado que os iluministas definiam o fato punível a partir da lesão de direitos subjetivos. Anselm von Feuerbach[2] percebeu como objeto de proteção das normas penais tipificadas, os bens particulares ou estatais. Franz von Liszt[3], após dar seguimento ao pensamento de Karl Binding, viu no bem jurídico um conceito central

---

1. VIVES ANTÓN, Tomás Salvador. *Fundamentos del sistema penal*. Valencia: Tirant lo Blanch, 2011. p. 812.
2. FEUERBACH apud BRANDÃO, Cláudio. *Tipicidade penal*: dos elementos da dogmática ao giro conceitual do método entimemático. 2. ed. Coimbra: Almedina, 2014. p. 116.
3. LISZT apud BRANDÃO, Cláudio. *Tipicidade penal*: dos elementos da dogmática ao giro conceitual do método entimemático. 2. ed. Coimbra: Almedina, 2014. p. 135.

da estrutura do delito. Para tanto, deslocou o centro de gravidade do conceito do bem jurídico do direito subjetivo para colocá-lo à posição de objeto de necessário interesse juridicamente protegido.

É de extrema relevância que se perceba que o bem jurídico, objeto de proteção pelo Direito Penal, faz parte de uma construção prévia e natural à norma penal, que traz tipos penais com finalidade de identificar tais bens com o fim de assegurar-lhes proteção. Assim, o bem jurídico pode representar bens ou direitos considerados caros a um corpo coletivo, ao ponto de serem elementos centrais dos tipos penais estruturados.

A título exemplificativo, é possível verificar, com segurança, que a Lei nº 8.137/90 definiu crimes que, expressamente, visam proteger determinado bem jurídico, qual seja, a ordem tributária. Nesse caso, o tipo penal evidencia o bem jurídico, de modo que o intérprete da lei fica vinculado à escolha do Poder Legislativo quanto ao bem jurídico sob proteção. A tipicidade material terá destaque no momento em que a conduta sob exame violar o bem jurídico identificado.

3.1 TIPICIDADE, ANTINORMATIVIDADE E DESVALOR DO BEM JURÍDICO

É necessário perceber que, apesar da matéria de proibição estar presente no tipo, não se confunde com ele. A indagação é comum, pois a matéria considerada objeto de proibição engloba o resultado do injusto, ou seja, a soma do desvalor da ação adicionada ao desvalor do resultado para constituir o injusto penal. Ressalta-se que a violação do bem jurídico está embutida na conduta que representa o desvalor do resultado. Admite-se que o tipo penal tem maior abrangência do que a matéria de proibição, uma vez que o tipo de injusto é proprietário de todos os elementos que rodeiam a imagem do delito. O bem jurídico está alocado no tipo de injusto, sendo iluminado no instante em que ocorre, por uma conduta, a identificação do desvalor do resultado. Assim que o Poder Legislativo aponta, por meio da lei, uma conduta tipificada, necessariamente, ocorre uma análise fria de um juízo de desvalor, mesmo que inicial. O fato de a lei conferir uma pena para o indivíduo que realiza uma conduta que viola o bem jurídico representa um juízo de valor inicial. Sendo assim, fica mais seguro afirmar que a criação do tipo penal representa uma decisão política de um determinado momento histórico.

Nesse sentido, Reinhart Maurach[4] afirma que:

> O bem jurídico constitui o núcleo da norma e do tipo. Todo delito ameaça um bem jurídico; o critério, em situações apontadas por Frank, considerando haver delitos sem ofensa a um bem jurídico, se encontra hoje superado. Não é possível interpretar, nem conhecer a lei penal, sem manter a ideia de bem jurídico. (Tradução nossa)[5]

O simples fato de identificar a realização de uma conduta típica, indica, necessariamente, uma conduta baseada no desvalor da ação e do resultado. Isso ocorre porque

---

4. MAURACH, Reinhart. *Tratado de derecho penal.* Barcelona: Ariel, 1962. p. 253-254.
5. "El bien jurídico constituye el núcleo de la norma y del tipo. Todo delito amenaza un bien jurídico; el critério, em ocasiones defendido por Frank, de cabe pensar también em delitos no referidos a un bien jurídico, se encontra hoy superado. No es posible interpretar, ni por tanto conocer, la ley penal, sin acudir a la ideia de bien jurídico."

o bem jurídico, objeto de proteção da norma penal, é violado pela prática da conduta desviante. Veja que não há aqui, do ponto de vista da dogmática tradicional, análise de conduta significativa para o corpo social, com relevância para considerá-la crime, como pretende Tomás Salvador Vives Antón[6], mas a exigência da presença de um bem jurídico com perigo de violação ou mesmo violado.

Hans Welzel[7] acredita que o tipo tem um conteúdo amplificado em relação à matéria de proibição, de modo que o tipo (*Tatbestand*) significa um tipo de injusto (*Unrechtstypus*). Considerando o posicionamento de Hans Welzel[8], José Cerezo Mir[9] se coloca no sentido de que, realmente, o tipo de injusto é mais abrangente do que a matéria de proibição.

Diante disso, não há outra conclusão, senão a de que o resultado possui relevância penal do ponto de vista da ofensa de um bem jurídico, pelo seu desvalor. Considera-se ainda, a importância do desvalor da ação e a valoração inicial na criação do tipo penal. Assim, o bem jurídico é substrato material da tipicidade, sendo sua substância valorativa. O conteúdo material do tipo de injusto é o bem jurídico. Dessa forma, importa afirmar que a norma penal tem a função de proteção do objeto de valoração, que é o bem jurídico caro ao corpo social e que foi valorado previamente à elaboração do tipo de injusto. A colocação do bem jurídico em perigo ou sua violação direta acarreta o desvalor do resultado, o que gera conexão do bem jurídico com a antinormatividade.

Além da relação intrínseca existente entre o bem jurídico e a tipicidade, é possível verificar sua ligação com a antinormatividade penal. Considerando que a norma penal seja criada por meio de um juízo de valor prévio ou inicial, e que a intenção seja de que específico bem jurídico venha a ser protegido pela lei, a conduta que violar a norma criada para proteção do bem jurídico elencado, consequentemente, viola esse bem jurídico, sendo essa conduta, naturalmente, denominada antinormativa. Daí a relação entre o bem jurídico e a antinormatividade penal. Sendo assim, violar a norma penal é violar o bem jurídico.

Luis Gracia Martin[10] já se colocou no sentido de que há divisão da norma penal em norma de determinação e norma de valoração. A norma penal de valoração se refere ao desvalor do resultado, sendo este atingido com a violação ou exposição ao perigo dos bens jurídicos. A norma penal de determinação, na visão do autor, tem função de proteção das normas de valoração. A lesão ou perigo de violação das normas de valoração, ou seja, dos bens jurídicos, se posicionam no mesmo endereço do desvalor do resultado.

---

6. VIVES ANTÓN, Tomás Salvador. *Fundamentos del sistema penal*. Valencia: Tirant lo Blanch, 2011. p. 807;812.
7. WELZEL, Hans. *El nuevo sistema del derecho penal*. Montevideo: BdF, 2002. p. 72.
8. WELZEL, Hans. *El nuevo sistema del derecho penal*. Montevideo: BdF, 2002. p. 72.
9. CEREZO MIR, José. *Curso de direito penal*. Madrid: Tecnos, 1993. p. 319-320.
10. GRACIA MARTIN, Luis. *Fundamentos de dogmática penal*: una introducción a la concepción finalist de la responsabilidad penal. Barcelona: Atelier, 2006. p. 297-298.

3.2 O BEM JURÍDICO NA DOGMÁTICA PENAL

É certo que o bem jurídico está inserido no tipo, na condição de objeto de proteção. Considerando o Direito Penal na condição de instrumento necessário para efetivar a proteção dos bens jurídicos, não se pode esquecer que há conexão direta entre o Direito Penal e a Política. Esse ramo do Direito dá permissão à consequência da violência praticada pelo Estado, que é a aplicação da pena para o indivíduo que viola a norma penal, ao agredir o bem jurídico sob tutela criminal. Claro que, diante do Direito Penal constitucionalizado, a inserção dos princípios constitucionais que impõem limites ao Direito Penal está localizada no princípio da legalidade ou na antinormatividade, conforme já expôs Hans Welzel[11], quanto a esse último conceito.

Nesse sentido, não há possibilidade de realizar uma interpretação do tipo penal, no âmbito da dogmática penal do Estado Democrático de Direito, sem dar relevância à figura do bem jurídico. Cabe concluir que o bem jurídico representa termômetro para verificação da dogmática penal no âmbito do Estado Democrático de Direito, sendo expressão política do Estado.

Sabendo que o bem jurídico é identificado diante de bens e direitos de ordem valorativa construída pela sociedade, resta saber a origem dogmática penal do conceito de bem jurídico. Nesse caso, verifica-se, conforme Cláudio Brandão[12], que, por mais de dois séculos, as construções dogmáticas giram em torno do conceito de bem jurídico.

Em 1801, Anselm von Feuerbach[13] possibilitou a estruturação do conceito de bem jurídico, ao buscar o objeto de proteção do Direito Penal. Entendeu que uma das funções do Direito Penal era a tutela de direitos externos, especificamente, os direitos subjetivos, que representavam os direitos individuais dos indivíduos.

Pelo fato de o Direito Penal aplicar uma pena como consequência jurídica pela ofensa de um indivíduo a um objeto de proteção, deveria haver uma lei que apoiasse tal conduta estatal. Desse modo, a proteção a direitos externos (privados ou individuais) pelo Direito Penal teria que ter conexão com o princípio da legalidade. O mal da pena necessitaria da existência de uma norma penal (*nulla poena sine lege*)[14]. Destarte, o princípio da legalidade deve estar presente para que seja permitida a aplicação de pena e seus efeitos, sobretudo um efeito psicológico de intimidação notório, representado pela prevenção geral negativa. Por isso, há legitimidade em dizer que, tanto a legalidade, quanto o objeto protegido pelo Direito Penal surgiram na versão dogmática, em decorrência da teoria da coação psicológica de Anselm von Feuerbach[15]. Assim, a pena

---

11. WELZEL, Hans. *Derecho penal*: parte geral. Traducción de Carlos Fontán Balestra. Buenos Aires: Roque Depalma Editor. 1956. p. 25.
12. BRANDÃO, Cláudio. *Tipicidade penal*: dos elementos da dogmática ao giro conceitual do método entimemático. 2. ed. Coimbra: Almedina, 2014. p. 115.
13. FEUERBACH apud BRANDÃO, Cláudio. *Tipicidade penal*: dos elementos da dogmática ao giro conceitual do método entimemático. 2. ed. Coimbra: Almedina, 2014. p. 115.
14. FEUERBACH, apud BRANDÃO, Cláudio. *Tipicidade penal*: dos elementos da dogmática ao giro conceitual do método entimemático. 2. ed. Coimbra: Almedina, 2014. p. 116.
15. FEUERBACH apud BRANDÃO, Cláudio. *Tipicidade penal*: dos elementos da dogmática ao giro conceitual do método entimemático. 2. ed. Coimbra: Almedina, 2014. p. 116.

prevista pela norma penal serviria, também, para que fossem evitadas ofensas aos direitos subjetivos elencados pela lei como objetos de proteção.

Apesar de Anselm von Feuerbach ter dado início a uma discussão técnica, quanto ao significado do bem jurídico sob o aspecto dogmático, houve um giro conceitual com a introdução formal da discussão trazida por Johann Michael Franz Birnbaum, na primeira metade do Século XIX, que acabou por deixá-lo com o título de pai do conceito de bem jurídico[16]. Estrutura sua teoria, partindo de Anselm von Feuerbach, que afirmava que o objetivo do Direito Penal seria proteger os interesses e direitos subjetivos. Ocorre que Johann Michael Franz Birnbaum não concordou com a ideia de que, o direito em si mesmo, teria caráter de bem jurídico, uma vez que o direito não poderia ser lesionado, mas somente o bem jurídico considerado como tal. O direito deve ser materializado em bens, que são considerados objeto do direito por serem suscetíveis de lesão. O direito não pode ser subtraído ou diminuído, somente o bem. Portanto, para o autor, somente os bens em si próprios ou os bens decorrentes do direito podem ser violados. Não se pune pela violação do direito à incolumidade física, mas pela lesão à integridade física. Não se pune pela violação do direito à vida, mas pela tentativa ou agressão à vida considerada no seu singular. O que o crime lesiona é o bem, não o direito.

Com Michael Franz Birnbaum[17], os direitos subjetivos saem do centro da discussão do crime, passando a ser foco da discussão, o bem pertencente ao aspecto concreto e objetivo, sem análise de direitos subjetivos. Embora sua contribuição em seu texto intitulado *Ueber das Erfordeniβeiner Rechtsverlezung zum Begriffe der Verbrechens,* bem lembrado por Cláudio Brandão[18], não tenha trazido perfeição do conceito de bem jurídico, foi uma definição que possibilitou modificação do centro de gravidade da tutela penal. O pensamento de Birnbaum permitiu que a investigação fosse direcionada para um plano objetivo quanto à lesão concreta de um objeto jurídico palpável. Além disso, gerou a possibilidade da discussão sobre o conceito de bem jurídico percorrer um caminho de desenvolvimento histórico dogmático penal.

Karl Binding[19], representando o positivismo normativo, já na segunda metade do século XIX, apresentou pensamento contrário ao modelo atual sobre o conceito de bem jurídico. Binding, em *Die Normen und ihre übertretung*, na primeira edição, mesma data da entrada em vigor do Código Penal do Império Alemão de 1872, expressou pensamento no sentido de que existe um vínculo entre o bem jurídico e a escolha do Estado sobre o que seja e o que não seja bem jurídico. Cabia ao Estado a atribuição de escolher quais os bens deveriam ser objetos de tutela penal, uma vez que o Poder Legislativo construía a criação do Direito Penal. O Poder Legislativo dava o conceito do crime, criava elementos do tipo penal e conceituava a lesão sob o aspecto penal. O entendimento atual de que o

---

16. BIRNBAUM apud BRANDÃO, Cláudio. *Tipicidade penal*: dos elementos da dogmática ao giro conceitual do método entimemático. 2. ed. Coimbra: Almedina, 2014. p. 120.
17. BIRNBAUM apud BRANDÃO, Cláudio. *Tipicidade penal*: dos elementos da dogmática ao giro conceitual do método entimemático. 2. ed. Coimbra: Almedina, 2014. p. 122.
18. BRANDÃO, Cláudio. *Tipicidade penal*: dos elementos da dogmática ao giro conceitual do método entimemático. 2. ed. Coimbra: Almedina, 2014. p. 124;128.
19. JESCHECK, Hans-Heinrich. *Tratado de derecho penal*. Trad. Mir Puig e Muñoz Conde. Barcelona: Bosch, 1981. p. 350. v. 1.

bem jurídico deve ser anterior à lei não era admitido por Binding. Para ele, a criação do conceito do bem jurídico (*Rechtsgut*) deveria ser avaliada, sendo uma criação puramente legislativa. Admitia que a norma era originada do tipo penal criado pelo legislador, e desse modo, o bem jurídico, atingido com a prática do crime também era criação dele. Conclui-se que a norma é a única fonte do bem jurídico. É a norma que identifica o bem jurídico, apontando qual é o objeto de proteção.[20]

A norma delimita o tipo de lesão que atinge o bem jurídico. Nesse caso, a lesão estaria situada, também, no plano da norma, e não no plano do *Tatbestand*. Até porque o conceito sobre *Tatbestand* somente veio surgir, tempos depois, com a teoria da tipicidade de Ernst von Beling.[21]

Caminhando por um lado oposto ao de Karl Binding, Franz von Liszt, no positivismo sociológico, não concordou em afirmar que o bem jurídico seria criado pelo legislador. Trouxe pensamento inovador, para a época, ainda no final do Século XIX, em seu tratado, conforme exposto por Cláudio Brandão.[22] É necessário lembrar que o conceito de tipicidade ainda não existia. Franz von Liszt, portanto, trabalhando apenas com os elementos da antijuridicidade e da culpabilidade, realizou a separação de ambos os conceitos, alocando o bem jurídico na antijuridicidade. Por acreditar que o bem jurídico não era criação do legislador, mas um bem da vida, externo ao direito, ele apresentou o entendimento de que o ilícito penal tinha um conteúdo material, e que o legislador teria a incumbência de identificar esse conteúdo material e valorá-lo, para que fosse realizada sua tutela. Nesse sentido, característica material do ilícito não seria criação do legislador, mas acontecimento da vida. O legislador deveria apenas pincelar esse conteúdo e dar a ele valor, para que assim, houvesse a tutela pela via penal.

Afirma também a existência da antijuridicidade sob dois vieses, sendo a antijuridicidade formal e a antijuridicidade material. A antijuridicidade formal faz sentido com a ocorrência de uma ação que viola uma norma jurídica, o direito. Por outro lado, a antijuridicidade material acontece com uma ação proveniente de um comportamento socialmente nocivo a um bem jurídico preexistente. A antijuridicidade material ocorre com a violação de um bem jurídico.

Na estrutura significativa de Tomás Salvador Vives Antón[23], a antijuridicidade material (ofensividade ao bem jurídico) existe na residência do tipo de ação, representando uma das pretensões de validade da norma, que é a pretensão de relevância (tipo de ação).

Os bens jurídicos podem ser visualizados como aqueles interesses da vida de um indivíduo ou de interesse de um corpo coletivo, de forma que quem o cria não é a lei. O legislador não cria o bem jurídico, apenas o identifica. Por outro lado, a antijuridicidade formal ocorre com a violação de uma norma. A antijuridicidade formal, na estrutura

---

20. JESCHECK, Hans-Heinrich. *Tratado de derecho penal*. Trad. Mir Puig e Muñoz Conde. Barcelona: Bosch, 1981. p. 350. v. 1.
21. BELING, Ernst von. *Esquema de derecho penal*: la doctrina del delito tipo. Trad. Carlos M. De Eliá. Buenos Aires: Libreria "El Foro", 2002. p. 76;89.
22. LISZT apud BRANDÃO, Cláudio. *Tipicidade penal*: dos elementos da dogmática ao giro conceitual do método entimemático. 2. ed. Coimbra: Almedina, 2014. p. 124;133.
23. VIVES ANTÓN, Tomás Salvador. *Fundamentos del sistema penal*. Valencia: Tirant lo Blanch, 2011. p. 274.

significativa de Tomás Salvador Vives Antón[24], é traduzida pela pretensão de ilicitude, em que há verificação do ajuste da ação ao ordenamento.

O ilícito material existe previamente à criação da lei. É um acontecimento da vida. O que o legislador faz é a identificação e a formalização da sua existência, por meio da norma, dando a ele a condição de bem com caráter de interesse juridicamente protegido. Assim, fica evidente a percepção de que a antijuridicidade material é conceituada sob o aspecto do bem jurídico, não encontrando este, origem de sua existência na norma, como apoiava as crenças de Binding. O bem jurídico está alojado numa realidade exterior ao direito, tendo o reconhecimento do Estado para a formalização da antijuridicidade material.

A importância da contribuição de Franz von Liszt é tão grande para os dias de hoje, que, considerando, em causa prática penal atual, a inexistência de bem jurídico a ser protegido, concluir-se-á pela exclusão da tipicidade. Claro que o autor deu início ao aspecto material do bem jurídico na tipicidade, pois, no seu momento histórico, ainda não havia a tripartição dos elementos. Ao separar a culpabilidade da antijuridicidade, havia alojado a questão do bem jurídico no âmbito da antijuridicidade. Com isso, o afastamento da antijuridicidade material em razão da inexistência de lesão ou perigo de lesão ao bem jurídico é de extrema relevância para a dogmática penal atual.[25] Nesse sentido, Cláudio Brandão[26] aponta o teor da antissocialidade da conduta antijurídica, ao considerar que o conteúdo material do ilícito é criado pela vida e pincelado pelo legislador, e não pela norma. Com isso, a antissocialidade passa a representar o conteúdo material do ilícito, permitindo esclarecer que a antijuridicidade material é traduzida pela ação de comportamento nocivo socialmente.

> "Nesta toada, é a antissocialidade o próprio conteúdo material do ilícito, já que a ação antijurídica atingirá um interesse da vida (Lebensinteressen), violando ou expondo a perigo o bem jurídico. Assim, 'a ação antijurídica é um ataque, através do que é protegido pela norma jurídica, ao interesse da vida, individual ou da coletividade, com ela há a violação ou o perigo a um bem jurídico".[27]

Como já visto, tanto Karl Binding, quanto Franz von Liszt foram destaque da face positivista do Direito Penal[28]. Em ambos, o bem jurídico tinha atributos valorativos. Liszt estruturou o conceito de bem jurídico a partir de interesses juridicamente protegidos, de maneira que o bem jurídico seria violado, se houvesse uma ação socialmente danosa, ou seja, baseada no desvalor da ação. Karl Binding também apontou que o bem jurídico tinha relação com o conteúdo de valor, na medida em que se verificou que o bem jurídico seria resultado da construção do legislador, após este determinar a ele um valor social. Veja que tanto Liszt quanto Binding trabalharam com a relação entre bem

---

24. VIVES ANTÓN, Tomás Salvador. *Fundamentos del sistema penal*. Valencia: Tirant lo Blanch, 2011. p. 492.
25. JESCHECK, Hans-Heinrich. *Tratado de derecho penal*. Trad. Mir Puig e Muñoz Conde. Barcelona: Bosch, 1981. v. 1. p. 350.
26. BRANDÃO, Cláudio. *Tipicidade penal*: dos elementos da dogmática ao giro conceitual do método entimemático. 2. ed. Coimbra: Almedina, 2014. p. 133.
27. BRANDÃO, Cláudio. *Tipicidade penal*: dos elementos da dogmática ao giro conceitual do método entimemático. 2. ed. Coimbra: Almedina, 2014. p. 133.
28. BITENCOURT, Cezar Roberto. *Tratado de direito penal*: parte geral 1. 20. ed. São Paulo: Saraiva, 2014. p. 348.

jurídico e valor. Diante disso, é possível concluir que não foi contribuição única do Neokantismo, a conexão do conceito de bem jurídico ao conceito de valor, o que seria um equívoco conclusivo da história evolutiva da dogmática penal.

O valor destacado no positivismo de Franz von Liszt e Ernst von Beling tem origem diferente do valor no Neokantismo. O valor no Positivismo está conectado à atividade do legislador. Quanto ao Neokantismo, revela surgimento em face de uma reação ao Positivismo, baseando, no ponto de estudo, em uma separação metodológica estabelecida no sentido de que a investigação dos objetos ligados às ciências da natureza tem tratamento diferente da investigação dos objetos ligados às ciências culturais. O objeto, para as ciências da natureza, é diferente do objeto para as ciências da cultura. Para as ciências da natureza, o objeto é explicado sem pressupor a relação dele com o *sujeito cognoscendi*. Para as ciências da cultura, não há explicação do objeto, mas compreensão deste, além de haver a conexão entre o objeto de conhecimento e o *sujeito cognoscendi*. Nesse sentido, o Neokantismo analisa o Direito Penal sob o aspecto de uma ciência cultural. Por isso, há a vinculação, no Neokantismo, do bem jurídico à esfera cultural, sem conectar seu surgimento à mera atividade do legislador, como é feito no Positivismo. No Neokantismo, o valor do bem jurídico é cultural, e não atribuição exclusiva do legislador. Nesse sentido, Edmundo Mezger[29], em *Strafrecht*, como expressão do Neokantismo, chegou a definir o bem jurídico "como o valor objetivo protegido pela lei penal". Nesse caso, o conteúdo material do injusto seria a lesão ou colocação em perigo de um bem jurídico. Além disso, reporta Cláudio Brandão[30], que na visão de Mezger, toda interpretação supralegal do Direito Penal depende do bem jurídico. Não há lei que consiga esgotar a totalidade do direito.

Ainda com Edmundo Mezger[31], há diferença entre bem jurídico e objeto da ação, pois, conforme suas definições neokantianas, é possível que ambos os conceitos sejam tratados a partir de diferentes caminhos. O objeto da ação é representado pelo objeto corpóreo em que uma conduta típica se realiza. O bem jurídico é uma valoração em face do objeto da ação. Desse modo, imagine um crime de furto. O objeto da ação é a coisa furtada, e o bem jurídico, o patrimônio. Por outro lado, no crime de homicídio, tanto o bem jurídico, quanto o objeto da ação são vinculados à mesma coisa, ou seja, a vida.

O Neokantismo foi de grande importância para a dogmática penal, principalmente ao desvincular a ideia da origem legislativa dos valores, como foi enquadrado pelo Positivismo, cujas raízes ainda estão inseridas, tanto no finalismo, quanto no funcionalismo. Mas, antes de adentrar nesse ponto, é importante que fique registrado que o bem jurídico tem a função teleológica no Neokantismo, de permitir abertura de interpretações, refletindo na dogmática penal, como por exemplo, a possibilidade da aplicação interpretativa supralegal no Direito Penal, pois nenhuma lei esgota o Direito. Fora das

---

29. MEZGER apud BRANDÃO, Cláudio. *Tipicidade penal*: dos elementos da dogmática ao giro conceitual do método entimemático. 2. ed. Coimbra: Almedina, 2014. p. 139.

30. MEZGER apud BRANDÃO, Cláudio. *Tipicidade penal*: dos elementos da dogmática ao giro conceitual do método entimemático. 2. ed. Coimbra: Almedina, 2014. p. 141.

31. MEZGER apud BRANDÃO, Cláudio. *Tipicidade penal*: dos elementos da dogmática ao giro conceitual do método entimemático. 2. ed. Coimbra: Almedina, 2014. p. 140.

normas, no mundo real, encontram-se valores que devem ser levados em consideração. A postura do Neokantista é no sentido de atribuir valores. Bem jurídico, nesta linha, é valor objetivo para Mezger, que quis apresentar algo que fosse produto de consenso entre as pessoas. Infelizmente, buscou utilizar o conceito do bem jurídico como valor objetivo, para afirmar a supremacia ariana, tratando-se, na verdade, de conceito antidemocrático.

O pensamento neokantiano também deixou marcas no Finalismo. Tanto é que a função do Direito Penal no Finalismo é a proteção dos valores mais importantes e relevantes da vida. Mais especificamente, o Finalismo percebe que a função do Direito Penal é afirmar as condutas que conferem proteção ao bem jurídico. Não foi diferente com o Funcionalismo, uma vez que essa linha de condução do Direito Penal exige que a imputação objetiva seja feita com fundamento em um juízo de valor. O bem jurídico é de importância relevante para um indivíduo ou corpo social e, por ter um significado social, deve ser protegido juridicamente.

Bem jurídico é conceito cultural, que se constrói em face da cultura[32]. O bem jurídico é valor e os valores valem. Os valores não se definem, os valores valem, atribuindo-se ao signo, o que o argumento desejar.

---

32. NAVARRETE, Miguel Polaino. *El injusto típico en la teoría del delito*. Buenos Aires: Editora Mario A. Viera Editor, 2000. p. 348.

4
EVOLUÇÃO EPISTEMOLÓGICA DA DOGMÁTICA PENAL

Antes de adentrar no estudo da tipicidade, para verificar a linha de evolução desta, e assim atingir o ponto central do presente trabalho, analisando a ação significativa na recente estrutura de Tomás Salvador Vives Antón[1], em uma abordagem crítica quanto à tipicidade e ao princípio da legalidade, no Estado Democrático de Direito, é importante verificar a evolução epistemológica da dogmática penal como um todo.

4.1 POSITIVISMO JURÍDICO

O positivismo[2] criminológico de Lombroso, Ferri e Garófalo, conhecido por Positivismo Científico, Escola Positiva ou Escola Positiva italiana, transformou-se em Positivismo Jurídico. Vale lembrar que aquele surgiu como reação contra os excessos formalistas dos clássicos, como Carrara, que acabaram por deduzir seu sistema racional de alguns princípios apriorísticos naturais e idealismo afastados de uma vertente empírica e real. Contudo, o Positivismo Científico também se equivocou ao incorrer em excessos quando tentou reduzir o Direito Penal a uma parte da Sociologia Criminal, ao pretender explicar o crime com o método experimental próprio das ciências naturais.

Desse modo, conclui-se que, tanto a Escola Clássica, quanto a Positiva não tinham como objeto de estudo o direito positivo, ou seja, aquele imposto e contemplado nas leis. O positivismo criminológico equiparava o Direito às ciências da natureza, adotando o método experimental. Já a Escola Clássica construía seus sistemas com base na filosofia.

Diante disso, ocorreu a tentativa de fixar um novo objeto de estudo e uma nova metodologia para a ciência do Direito Penal, o que veio a ocorrer na Itália, com o tecnicismo jurídico, e na Alemanha, com a dogmática, de modo que, tanto o tecnicismo jurídico, quanto a dogmática representam uma nova linha denominada formalismo normativista. Diante disso e de acordo com a linha de pensamento exposta, é possível adotar a ideia de transformação do Positivismo Científico, que parte da análise do crime e do criminoso segundo as regras das ciências naturais, para o Positivismo Jurídico, que admite o Direito, tendo como objeto de estudo, o que estiver positivado em leis vigentes.

Trata-se da passagem do Positivismo Científico para o Positivismo Jurídico. O Positivismo Científico, empírico ou naturalista transformou-se em jurídico com a

---

1. VIVES ANTÓN, Tomás Salvador. *Fundamentos del sistema penal*. Valencia: Tirant lo Blanch, 2011. p. 219.
2. ZAFFARONI, Eugenio Raúl; PIERANGELI, José Henrique. *Manual de direito penal brasileiro*: parte geral 7. ed. rev. atual. São Paulo: Ed. RT, 2007. p. 251;267. v.1

substituição do objeto da ciência penal, ao procurar nos conceitos jurídicos os dados imutáveis para a constituição da base da atividade científica. Logicamente, houve clara influência da codificação. O que importa é perceber que o objetivo é o desenvolvimento do direito positivo até atingir um sistema lógico e fechado de conceitos que o atenda.

Há que observar que essa transformação do Positivismo Científico para o Positivismo Jurídico não foi uniforme na Itália nem na Alemanha. Na Itália, a transformação decorreu do direcionamento da Escola Técnico-Jurídica, que, por sua vez, sofreu forte influência da linha normativista alemã, sem se tratar exatamente da dogmática germânica. O método técnico-jurídico italiano tem direção em concepções metodológicas de Arturo Rocco, em discurso de 15 de janeiro de 1910, que criticou ideias do classicismo e do positivismo criminológico, não admitindo o excesso de ambas.

Arturo Rocco[3] afirmou que o objeto de estudo do Direito Penal deve ser o direito positivo, tendo em vista somente esse direito possuir a viabilidade de pertencer ao núcleo de uma ciência jurídica, de modo que rejeite valorações metafísicas, jusnaturalísticas ou empíricas que possam arranhar a natureza jurídica da ciência do Direito. Além disso, acreditou na ideia de que o método correto ao objeto direito positivo é representado pelo técnico-jurídico que se desenvolve pelas fases exegética, dogmática e crítica.

A primeira fase, a exegética, busca encontrar dados empíricos para que, somente depois, seja aplicado o método indutivo-dedutivo, a fim de fazer a averiguação do sentido do direito positivo. Já na fase dogmática, ocorre a elaboração do sistema que, chegando-se a alguns dogmas, deles são deduzidas consequências para que a lei seja aplicada. Daí a verificação dos dois momentos, indutivo e dedutivo. Quanto ao ponto crítico do método técnico-jurídico, é este reduzido ao seu caráter formalista, considerado moderado. Arturo Rocco buscou uma elaboração realista do direito positivo, levando em consideração as necessidades da prática, exigindo o equilíbrio entre as fases do método técnico-jurídico. Por fim, é interessante saber que Binging influenciou Arturo Rocco na elaboração do seu discurso.

Por outro lado, não existiu, na Alemanha, um positivismo de cunho naturalista que admitisse o delito como fato exclusivamente real, ligado ao mundo empírico. A primeira manifestação do positivismo, na Alemanha, foi unicamente jurídica, de forma a ressaltar o formalismo positivista ou normativista sem juízos de valor ou referências à realidade metajurídica.

Na década de setenta do século XIX, na Alemanha, apesar de não ser algo privativo de Binging, foi ele quem representou o nome de maior importância no Positivismo Jurídico, ao contribuir com a obra *Die Normen und ihre Ubertretung*, que acabou por significar para a ciência do Direito o ápice normativista. Trata-se, além de tudo, de um trabalho que exerceu forte influência sobre o tecnicismo jurídico italiano.

Binging escolheu o direito positivo como único objeto da atividade jurídica e científica. O pensamento é que o direito positivo se estuda separado do resto da realidade,

---

3. ROCCO apud BITENCOURT, Cezar Roberto. *Tratado de direito penal: parte geral 1*. 20. ed. São Paulo: Saraiva, 2014. p. 110.

4 • EVOLUÇÃO EPISTEMOLÓGICA DA DOGMÁTICA PENAL **43**

como se fosse completamente independente. Nessa linha, deu um tratamento completamente formal ao comportamento humano criminoso, de modo que a conduta expressa um mero movimento corporal, que gera uma modificação no mundo exterior. Desse modo, considerava-se a conduta, meramente objetiva, que se vinculava ao resultado pela relação de causalidade.

Binding tinha uma concepção retribucionista da pena. Entendeu que a finalidade da pena deveria ter o significado de uma represália, diante de uma violação jurídica cometida. Além disso, não ligava para os objetivos secundários da pena. A pena era um simples castigo que deveria recair sobre o criminoso.

Em geral, o Positivismo Jurídico, sem se confundir com a Escola Positiva, contribuiu com o conceito clássico do crime, distanciando-o de qualquer envolvimento com a filosofia, psicologia ou sociologia. Excluiu os juízos de valor e limitou seu objeto ao direito positivo, tendo nítida preferência pela cientificidade. Por ter adotado uma posição absolutamente normativista, de extrema formalidade, consequentemente, deu excessiva relevância ao princípio da legalidade.

4.2 NEOKANTISMO

No final do século XIX, houve uma contundente oposição ao pensamento jurídico-positivista, provocando, desse modo, o nascimento de outras linhas de orientação filosófica, sendo que uma delas é o modelo neokantiano. Diante das exigências da dogmática penal, foi natural e necessário o surgimento de um novo sistema valorativo. O Neokantismo representou, no sistema penal, uma repercussão filosófica e metodológica transcendental ao desencadear um processo de transformação que permitiu a mudança da etapa clássica para uma nova concepção baseada no método teleológico, que acabou por orientar todas as suas categorias com base em valores. Como exemplo dessa mudança, a ação deixou de ser vista como mero movimento corporal para ser entendida como um comportamento humano.

Sem negar o positivismo, que atribuía prioridade ao "ser" do Direito, mas, por outro lado, superando-o, o Neokantismo distinguia as ciências pelo seu método. Os neokantianos sustentavam a separação entre conhecimentos *a priori* (puro) e conhecimentos *a posteriori* (empíricos) e, por isso, não era considerado muito diferente dos positivistas. Por causa disso, Hans Welzel[4] nomeou o Neokantismo de "teoria complementar do positivismo jurídico".

O Neokantismo representou uma certa ruptura com o formalismo e o pragmatismo radical do pensamento positivista, contribuindo com uma forte dosagem de conteúdo valorativo ao Direito Penal, derivando em um subjetivismo epistemológico e um relativismo axiológico. O modelo neokantiano deu grande valorização ao "dever ser" do Direito, introduzindo aspectos axiológicos e materiais. Com isso, a compreensão das

---

4. Welzel apud BITENCOURT, Cezar Roberto. *Tratado de direito penal: parte geral 1*. 20. ed. São Paulo: Saraiva, 2014. p. 116.

categorias jurídicas ou do conteúdo dos fenômenos jurídicos era analisada não mais pela sua simples definição formal, ou seja, pela explicação causal.

O Neokantismo introduziu aspectos axiológicos e materiais, substituindo o modelo indutivo e formalista do positivismo. O modelo neokantiano levou em conta a dimensão valorativa do jurídico sem fazer desse aspecto valorativo um objeto de estudo em si próprio. O Neokantismo deu origem a duas correntes de orientação jusfilosófica. Uma definida pela Escola de Marburgo e outra pela Escola de Baden.

Com a Escola de Marburgo, o Neokantismo estabeleceu o entendimento de que é preciso haver a conciliação entre o direito positivo e o direito ideal, ou seja, direito e justiça. Por idealizar que a ciência jurídica opera por meio da relação entre o meio e o fim, seria preciso que o Direito promovesse uma ciência de fins humanos. Contrariando a ciência natural, que preocupa com as "causas", a ciência do Direito preocupa com os "fins". Mesmo havendo uma independência entre esses dois aspectos, o Direito teria que promover a construção de uma ciência baseada nos fins humanos.

Por outro lado, a Escola de Baden dava destaque a uma realidade cultural. Nesse sentido, não se pode esquecer que o Direito representa uma realidade cultural com referência direta aos valores.

Tendo em vista o aspecto cultural ser uma das características do Direito, fica fácil vislumbrar uma linha de trabalho absolutamente teleológica, pois há referência a valores que buscam certos fins. A Escola de Baden ou Escola Ocidental-Sul Alemã representou uma vertente do Neokantismo que, sem renunciar à pretensão de cientificidade, permitiu uma fundamentação metodológica que admitiu uma visualização dos institutos jurídico-penais com base em conceitos valorativos.

Com o pensamento neokantiano, houve uma preocupação em oferecer ao Direito Penal um conteúdo de cunho material e valorativo, o que gerou uma mudança considerável no sistema penal. O processo de conhecimento das categorias sistemáticas passou a ser condicionado por valores decorrentes de circunstâncias sociais, culturais e históricas de cada corpo social.

A inserção de valores na estrutura do Direito Penal trouxe várias mudanças, por exemplo:

a) a compreensão do aspecto valorativo da causalidade (que antes era física);

b) a introdução de elementos normativos e subjetivos no tipo (que antes era objetivo);

c) a possibilidade de análise de conteúdo material na antijuridicidade (que antes era basicamente formal);

d) a elaboração da concepção normativa da culpabilidade (antes entendida como relação de causalidade psicológica);

e) houve a adoção da teoria psicológico-normativa, revestindo, desse modo, a culpabilidade com o juízo de reprovabilidade;

f) houve a possibilidade de graduar o injusto de uma conduta praticada, com base na gravidade da lesão produzida pelo agente;

4 • EVOLUÇÃO EPISTEMOLÓGICA DA DOGMÁTICA PENAL

g) a conduta passou a ter um significado social e deixou de ser mero movimento corporal.

Não obstante a profunda contribuição do modelo valorativo, indicando o rumo a ser seguido no processo de desenvolvimento dogmático-penal, o Neokantismo não oferecia um conteúdo normativo preciso, necessário para que o Direito Penal representasse um sistema jurídico seguro.

Em suma, a fase neokantiana revelou um desenrolar de um processo em que se encontra a transformação do sistema clássico de Franz von Liszt e Ernst von Beling, estes como principais expositores para um método teleológico, que desencadeou uma orientação das categorias vinculada a valores. A antijuridicidade, por exemplo, deixou de ser entendida como uma expressão da contradição entre conduta e lei, com sentido formal, para ser vista como danosidade social.

Daí dizer que a metodologia neokantiana apresentou uma linha subjetivista epistemológica, que significa que os valores estão na mente de quem conhece, e um relativismo ou neutralismo valorativo, no sentido de que as coisas não possuem valor por si mesmas, pois os valores são considerados por quem interpreta. Os valores não residem nos objetos, mas na mente das pessoas, ou seja, a matéria é neutra, contudo, os valores decorrem de um entendimento particular.

Hans Welzel[5], no Finalismo, irá criticar justamente os dois pilares do Neokantismo que são: o subjetivismo epistemológico e o neutralismo valorativo.

Além disso, é importante que fique registrado que a contribuição neokantiana foi uma das mais importantes para a dogmática penal, quando possibilitou entender que o núcleo da tipicidade não pode ser outro que não a ação. A ação, como modificação do mundo exterior dominado pela vontade, era um "fantasma sem sangue", porque não integrava a tipicidade. Max Ernst Mayer, no Neokantismo, possibilitou enquadrar, no plano da tipicidade, a conduta, sendo sua maior contribuição. No Neokantismo, a tipicidade foi tratada dentro da esfera dos valores. As relações entre tipicidade e antijuridicidade são semelhantes entre a fumaça e fogo. A tipicidade é indicio da presença de antijuridicidade. Não pode haver neutralidade valorativa no plano da tipicidade, porque, quando ocorre a tipificação de uma conduta, na verdade, se faz um juízo de desvalor dessa conduta, considerando-a como digna de sanção penal.

4.3 FINALISMO DE HANS WELZEL

A doutrina finalista foi desenvolvida por Hans Welzel[6] entre 1930 e 1960. Surgiu como movimento sucessor em resposta à visão teórica-cognoscitiva do Neokantismo. Foi fundamentada no método fenomenológico da investigação, o que significa que o método adotado sustenta a construção de um conceito pré-jurídico de pressupostos materiais, a exemplo da conduta humana.

---

5. WELZEL, Hans. *Teoría de la acción finalista*. Buenos Aires: Editorial Depalma, 1951. p. 9.
6. WELZEL, Hans. *El nuevo sistema del derecho penal*. Montevideo: BdF, 2002. p. 41;57.

É importante saber que o sistema finalista não é somente uma teoria da ação, nem uma simples reorganização de elementos dogmático-penal, que coloca o dolo no tipo do injusto dos crimes dolosos. É muito mais do que isso. Significa uma nova atitude epistemológica de cunho objetivo que constrói uma nova teoria do conhecimento com base na prioridade do objeto, em face do subjetivismo neokantiano. No Finalismo, é o objeto que condiciona o método. Não o contrário. Ou seja, os valores estão na essência das coisas, e não no entendimento do intérprete. Assim, "o Finalismo manteve a estrutura idealizada pela concepção tripartida do sistema de Liszt e Beling, mas fez adequação no conceito de conduta, compreendendo-a como uma ação consciente e finalisticamente orientada".[7]

Por criticar o subjetivismo epistemológico e o relativismo valorativo do Neokantismo, Hans Welzel visualizou um objetivismo metodológico que concebe a ideia de que os valores residem nas coisas em si e não no intérprete, sendo o objeto condicionador do método.[8]

Hans Welzel considerou que não é o indivíduo, com a colaboração de suas categorias imaginárias, quem determina a ordem da realidade das coisas. Contudo, é o próprio indivíduo que se encontra dentro de uma ordem real, correspondente a estruturas lógico-objetivas. O Finalismo foi idealizado no sentido de que o objeto fundamental da dogmática jurídico-penal sobre o qual se constrói as categorias sistemáticas do delito são suas estruturas lógico-objetivas, que pertencem ao mundo da realidade, ou seja, ao mundo ontológico, que acaba por significar que o legislador está vinculado a algumas premissas básicas.[9]

As estruturas lógico-objetivas integram a natureza constante e permanente das coisas. Por isso, vincula o legislador e a ciência do Direito, sem depender de como o indivíduo venha a perceber as coisas.

Houve uma tentativa de determinar pré-verdades, conceitos ou realidades pré--jurídicas, ou seja, as estruturas lógico-objetivas da natureza das coisas que pudessem limitar o legislador. Nesse sentido, para Hans Welzel, são estruturas lógico-objetivas: a natureza final da ação humana, no sentido de que toda conduta humana seja finalista, e a autodeterminação do ser humano. A partir de tais estruturas lógico-objetivas, são construídas as categorias do Direito Penal, onde há formação da dogmática-penal finalista.[10]

A direção finalista de Hans Welzel a respeito da dogmática jurídico-penal foi a figura de uma mudança radical ao se posicionar de maneira diferente das colocações

---

7. PEREIRA, Henrique Viana. *A função social da empresa e as repercussões sobre a responsabilidade civil e penal dos empresários*. 2014. 214f. Tese (Doutorado). Programa de Pós-Graduação em Direito, Pontifícia Universidade Católica de Minas Gerais, Belo Horizonte, 2014. p. 112.
8. WELZEL, Hans. *Derecho penal*: parte geral. Traducción de Carlos Fontán Balestra. Buenos Aires: Roque Depalma Editor. 1956. p. 1;21
9. WELZEL, Hans. *Derecho penal*: parte geral. Traducción de Carlos Fontán Balestra. Buenos Aires: Roque Depalma Editor. 1956. p. 25;28
10. WELZEL, Hans. *Derecho penal*: parte geral. Traducción de Carlos Fontán Balestra. Buenos Aires: Roque Depalma Editor. 1956. p. 35.

4 • EVOLUÇÃO EPISTEMOLÓGICA DA DOGMÁTICA PENAL

do Positivismo Jurídico formalista e do relativismo axiológico neokantiano, e que até hoje é utilizada pela doutrina clássica.[11]

O finalismo rejeita a base de raciocínio do positivismo que acentua o estudo do Direito positivo como o objeto essencial da dogmática penal. Também é contrário ao entendimento neokantiano quanto à volatilidade e insegurança das suas considerações metodologicamente subjetivistas e valorativas.

Ainda em oposição ao Neokantismo, é preciso dar atenção ao fato de Hans Welzel não ter criticado o necessário conceito valorativo de que o Direito Penal seja obrigado a utilizar, ao importar para seu conhecimento os fatos. Na verdade, o objeto da crítica de Welzel ao modelo neokantiano é a simples consideração do método subjetivista como ponto de partida da dogmática. Isso porque o caráter valorativo de um fato não estaria no fato em si mesmo, mas na atribuição conferida pelo indivíduo sobre o fato.[12]

Hans Welzel acreditava que o significado dos fatos era oriundo da sua forma de ser. Para ele, a forma como os indivíduos conhecem a realidade não tem a função de configurar o próprio objeto do conhecimento. O objeto de conhecimento é o que determina o método. Os neokantianos enxergavam exatamente o oposto. Visualizavam que o método de conhecimento tinha a função de configurar o próprio objeto do conhecimento.[13]

Por causa dessa evolução metodológica, houve repercussão na elaboração da dogmática jurídico-penal, entendida a partir do significado da ação humana, que é admitida como uma estrutura lógico-objetiva guiada pela finalidade humana.

Hans Welzer bateu na tecla de que a ação humana é o exercício de atividade final. Ou seja, a ação é um acontecer "final", e não um acontecer "causal" puro. Contudo, vale lembrar, que a ação para o autor é causal e final, tendo em vista a ação ser interesse no sentido de fenômeno no mundo natural e para o Direito, tendo um aspecto final.[14]

O caráter final da ação tem fundamento no saber causal do homem, que pode fazer uma previsão, dentro de determinados limites, das possíveis consequências das suas condutas. O agente, diante do saber causal prévio, tem o poder de direcionar sua conduta de forma que alinhe o acontecimento causal exterior de acordo com um fim. A atividade final é guiada de forma consciente em razão de uma finalidade. Por outro lado, o acontecer causal não é dirigido em razão do fim em si mesmo. É, na verdade, resultante causal do apanhado de causas existentes em cada caso.

Do pensamento finalista de Hans Welzel, houve uma consequente garantia de segurança jurídica das decisões judiciais, levando em consideração a matéria penal. Admite-se que, no modelo finalista do autor, o fundamento metodológico da teoria do delito desenvolvido foi constituído pela passagem do subjetivismo ao objetivismo.[15]

---

11. WELZEL, Hans. *El nuevo sistema del derecho penal*. Montevideo: BdF; 2002. p. 41;57.
12. WELZEL, Hans. *Teoría de la acción finalista*. Buenos Aires: Editorial Depalma, 1951. p. 18;24.
13. WELZEL, Hans. *Derecho penal*: parte geral. Traducción de Carlos Fontán Balestra. Buenos Aires: Roque Depalma Editor. 1956. p. 39.
14. WELZEL, Hans. *El nuevo sistema del derecho penal*. Montevideo: BdF; 2002. p. 41;49.
15. WELZEL, Hans. *El nuevo sistema del derecho penal*. Montevideo: BdF; 2002. p. 41;57.

Há, no Finalismo, uma vinculação da construção dogmática, ao considerar a identificação das estruturas lógico-objetivas por meio do método fenomenológico, característico do ontologismo, de forma que o caráter vinculante de tais predeterminações limitam o legislador, não sendo apenas formas de interpretação do direito positivado, o que gera, por consequência, a devida segurança jurídica.

As estruturas lógico-objetivas, seja da ação ou da culpabilidade, limitam a escolha do legislador, deixando de ser absolutamente livre. Aliás, o legislador poderá ter liberdade na eleição do conteúdo dos tipos, somente. Nunca poderá adentrar na estrutura final do comportamento humano ou na capacidade de autodeterminação do indivíduo. Ou seja, o legislador poderá permitir ou não a prática de homicídio, mas não a ação ou a escolha do homem.

Diante disso, há grande importância em perceber que o Finalismo pretendeu superar o Positivismo Jurídico, configurando uma axiologia material. Determinou previamente ao Direito algumas verdades eternas, estruturas lógico-objetivas que funcionaram como limites ao legislador e salvaram o sistema jurídico da direção livre do Estado. Além disso, conclui-se também que, encontradas as estruturas lógico-objetivas permanentes do ser, o método de produção do conhecimento terá que ser de natureza dedutivo-abstrata.

Há que ser analisado, ademais, que Hans Welzel[16] partiu de um objetivismo essencialista, significando que o finalismo ontológico não pode desconhecer que os conceitos formados não sejam reflexos da pura realidade. É preciso considerar as construções humanas fundamentadas de um consenso social. Diante de tais aspectos valorativos, o legislador admite a realidade ou conceito pré-jurídico para criar e regular as normas. Junto ao aspecto fático, há também o aspecto normativo na construção da dogmática jurídico-penal.

Além disso, não se pode olvidar a necessidade de um fundamento empírico nos fatos considerados relevantes para o Direito Penal e nem a absoluta necessidade de considerar as condicionantes da realidade, para que o aspecto normativo influa no comportamento humano e em suas relações com a coletividade.

É interessante lembrar que um dos grandes méritos do Finalismo de Hans Welzel[17] decorre do favorecimento da inserção no sistema penal de princípios e valores que foram colocados independentes da vontade estatal. Além disso, foi o modelo ontológico de Welzel que colocou respeito nos limites à liberdade de decisão do legislador, com base na natureza das coisas.

Fica claro, no Finalismo de Hans Welzel,[18] que a consistência da construção dogmática jurídico-penal se revela após identificadas as estruturas lógico-objetivas, por meio do método fenomenológico que é próprio do ontologismo, assim como o significado da ação humana ser representado pelo exercício da atividade final, além da relevância do

---

16. WELZEL, Hans. *Teoría de la acción finalista*. Buenos Aires: Editorial Depalma, 1951. p. 09;18.
17. WELZEL, Hans. *Derecho penal*: parte geral. Traducción de Carlos Fontán Balestra. Buenos Aires: Roque Depalma Editor. 1956. p. 1;08.
18. WELZEL, Hans. *Derecho penal*: parte geral. Traducción de Carlos Fontán Balestra. Buenos Aires: Roque Depalma Editor. 1956. p. 1;19.

poder de autodeterminação do indivíduo. Ademais, registra-se que o Finalismo buscou a superação do Positivismo Jurídico, buscando sistematizar uma axiologia material previamente utilizada pelo Direito, baseada em verdades eternas, ligadas na essência das coisas, que trabalharia como função de limite ao próprio legislador.[19]

É importante situar que o Finalismo foi contemporâneo da Escola de Kiel, representada pelo irracionalismo e pelo Direito como ordem concreta, uma vez que esta corrente tentou fundamentar e justificar um Direito Penal nacional socialista, ou seja, um Direito Penal do nazismo. O significado político da Escola de Kiel foi base para o desenvolvimento das ideias nazistas. Claro que não tem qualquer relação com o Finalismo de Hans Welzel. Os representantes da Escola de Kiel rejeitavam a fenomenologia, adaptando somente o que lhes era conveniente, com apoio no irracionalismo. Aplicavam o método intuitivo. Por outro lado, o sistema finalista, apesar de buscar inspiração na fenomenologia, também a rejeitava. Contudo, trabalharam ao lado do racionalismo da filosofia de Immanuel Kant[20], aplicando o método lógico-dedutivo.

Por fim, cabe registrar que o Finalismo não criou um sistema dogmático fechado, intocável, sem condições de inserção de novos valores e princípios. Muito longe disso, o finalismo é um sistema aberto, que permite a inserção de novos conceitos e valores, mas agarrado à segurança jurídica. Os valores de um Direito Penal Constitucional, com respeito ao Estado Democrático de Direito, em que se busca a efetividade de normas fundamentais ao homem, são injetados na dogmática finalista pela ponte de ouro do princípio da legalidade, da adequação social e da antinormatividade, o que dá sustentação a um sistema penal seguro e passível de inserção de princípios que atendem à adequação social em contínua evolução.

4.4 FUNCIONALISMO

O sistema funcionalista busca ir além de estruturar elementos do conceito analítico do crime, visando construir um sistema penal que consiga atender a função do Direito Penal. Para tanto, se desvincula do finalismo, ao considerar que as questões político-criminais têm conexão com a teoria do delito. Há rompimento no entendimento de que o jurista deve cuidar exclusivamente da dogmática, e o legislador da definição da política criminal. Os elementos do crime, tipicidade, antijuridicidade e culpabilidade, são trabalhados sob o prisma da função político-criminal do Direito Penal.

4.4.1 Pós-finalismo e introdução ao Funcionalismo

Até agora os três momentos mais significativos da evolução foram o Direito Positivo (Escola técnico-jurídica), o Neokantismo (valores) e a esfera ontológica (Finalismo de Welzel[21]), momentos que se apresentaram como o centro de gravidade da evolução epis-

---

19. WELZEL, Hans. *Derecho penal*: parte geral. Traducción de Carlos Fontán Balestra. Buenos Aires: Roque Depalma Editor. 1956. p. 25.
20. KANT, Immanuel. *Crítica da razão pura*. 5. ed. Lisboa: Fundação Calouste Gulbenkian, 2001. p. 106.
21. WELZEL, Hans. *Teoría de la acción finalista*. Buenos Aires: Editorial Depalma, 1951. p. 10.

temológica. Considerando a evolução dessa dogmática-penal, verificou-se um aspecto metodológico puro em relação às etapas de desenvolvimento. Vejamos:

a) quanto ao positivismo jurídico, caracterizou-se pela exclusiva exegese e sistematização do Direito positivo;

b) de acordo com o Neokantismo, ocupou-se com a dimensão axiológica da elaboração jurídica;

c) na construção da dogmática, o finalismo ficou adstrito ao ontologismo e ao método dedutivo-abstrato.

Em que pese todas as propostas apresentarem aspectos bastante positivos, que merecem ser levados em consideração como necessário objeto de estudo na dogmática jurídico-penal, é comum existir problemas. Diante disso, ficou fácil perceber que os pensamentos dogmáticos que vieram após o Finalismo têm características conciliatórias e ecléticas da evolução metodológica apresentada. A evolução das correntes dogmáticas puras foi marcada por pontos comuns, que são:

a) tendência de normatização de conceitos;

b) orientação da máquina sistemática do Direito penal;

c) finalidades com apoio na política criminal.

A partir de 1970, na Alemanha, ocorreu uma forte inquietação dos principais penalistas, quanto à evolução da dogmática penal. O objetivo foi o surgimento da ideia de submeter a dogmática penal aos fins específicos do Direito Penal como um todo. Foi um movimento que ocorreu logo após o aprofundamento do Finalismo de Hans Welzel. Tendo aproveitado bastante seus fundamentos, foi denominado como movimento pós-finalista. O tecnicismo jurídico, com enfoque na adequação típica, foi desenvolvido para possibilitar a evolução no sentido do tipo penal desempenhar a efetiva função de manter a paz social, desde que observasse a Política Criminal.

Diante da busca da efetividade do sistema penal, surgiu o nome Funcionalismo Penal, para identificar a procura do desempenho do Direito Penal no cumprimento de uma de suas primordiais tarefas, qual seja, a tentativa de alcançar o adequado funcionamento da sociedade. Nesse sentido, o operador da lei deve interpretá-la para alcançar a sua real vontade, e dessa forma, conduzi-la em prol da sociedade, deixando de lado uma aplicação fria da legislação, sem qualquer sentido social.

Com as marcas iniciais registradas na segunda metade do século XX, trata-se de uma caminhada epistemológica que se apresenta até os dias de hoje, tendo como referência duas correntes do normativismo funcionalista. São duas orientações, sendo uma moderada, representada por Claus Roxin, e outra radical, sustentada pelo funcionalismo-sociológico de Günther Jakobs[22]. As diferenças entre elas são marcantes, como se pode ver a seguir:

---

22. JAKOBS, Günther. *La imputaticón objetiva en derecho penal*. Madrid: Civitas, 1996. p. 25.

4 • EVOLUÇÃO EPISTEMOLÓGICA DA DOGMÁTICA PENAL 51

a) o funcionalismo moderado, dualista ou de política criminal de Claus Roxin[23], da escola de Munique, se preocupava com os fins do Direito Penal, com o norteamento das finalidades, com a base apoiada na Política Criminal e a atenção devida aos princípios e valores garantistas. Percebeu, no sistema penal, a existência de instrumento de proteção de bens jurídicos imprescindíveis ao homem e à coletividade, desde que haja o respeito aos limites colocados pelo ordenamento jurídico. O desejo de Claus Roxin consistiu na superação de fortes resistências entre o Direito Penal e a Política Criminal, transformando o sistema penal em um verdadeiro instrumento de satisfação dos reais e práticos problemas da sociedade. Dessa forma, as categorias do sistema penal, como a tipicidade, a antijuridicidade, a culpabilidade, seriam redefinidas sob o aspecto da Política Criminal, levando em consideração suas exigências. Tentou virar a página de uma interpretação dogmática entendida como impecável, mas que, do ponto de vista da Política Criminal, não apresenta soluções viáveis. Por isso, a ideia de uma ampla normativização das categorias, aliando dogmática e Política Criminal, em vez de uma aceitação unicamente vinculativa ontológica, como no Finalismo;

b) o funcionalismo radical, monista ou sistêmico de Günther Jakobs[24], da escola de Bohn, se dedicou basicamente aos fins da pena, levando em consideração necessidades sistêmicas, uma vez que o Direito Penal deveria se ajustar a elas. Há uma reafirmação da autoridade do Direito, que encontra somente limites internos. Ou seja, não há limites. Sustentou uma nova fundamentação da dogmática jurídico-penal, tentando fazer uma ligação entre a missão do Direito Penal por prevenção geral e a perspectiva sociológica-funcionalista. Acreditou na teoria dos sistemas de Niklas Luhmann para buscar a renormativização das categorias. Visualizava uma orientação, no sentido de que somente seriam decisivas as necessidades sistêmicas que eram direcionadas para a função do Direito Penal, utilizando, dessa forma, a prevenção-integração por meio do reforço da norma. Diante disso, o indivíduo passa a não ser mais um subsistema físico-psíquico, mas o centro de imputação de responsabilidade. O Direito é utilizado como instrumento de estabilização social e de institucionalização de expectativas. E o Direito Penal passou a representar instrumento de fabricação de segurança da confiança institucional. Destarte, diante de um crime, há uma consideração a uma disfunção social, não por causa da lesão a determinado bem jurídico, mas por existir uma afronta à credibilidade institucional.

De qualquer modo, o Funcionalismo, em si, sustenta que a dogmática penal necessita ser dirigida à finalidade principal do Direito criminal, ou seja, o respeito à Política Criminal. Pois foi exatamente nesse ponto, que foi dada origem à maior crítica do sistema funcionalista. Houve, desse modo, críticas ao Funcionalismo, por ter dado elevado destaque à Política Criminal, que resultou na fusão com a dogmática jurídico-

---

23. ROXIN, Claus. *Política criminal y sistema del derecho penal.* Traducción e introducción de Francisco Muñoz Conde. 2. ed. 1ª reimpressión. Buenos Aires: Hammurabi, 2002d. p. 17;29. (Colección Claves del derecho penal, v. 2).
24. JAKOBS, Günther. MELIÁ, Manuel Cancio. *Derecho penal del enemigo.* Madrid: Thonson Civitas, 2003. p 94.

-penal, gerando, por conseguinte, a confusão entre o objeto de trabalho do legislador e o do aplicador da lei.

4.4.2 Sistema funcionalista moderado de Claus Roxin

Trata-se do sistema teleológico-funcional de Direito Penal proposto por Claus Roxin, em 1970, por meio da publicação da obra *Kriminalpolitik and Strafrechtssystem*, traduzida para a língua portuguesa por Luís Greco e publicada com o título *Política criminal e sistema jurídico-penal*.

Por meio desse trabalho, Claus Roxin[25] aponta o valor fundamental da construção sistemática de conceitos para a dogmática penal. Contudo, ao mesmo tempo em que realça esse valor de construção sistemática de conceitos, destaca os problemas que apareceram no decorrer do processo de sistematização da dogmática jurídico-penal. Por fim, contribui para o mundo jurídico, apontando qual o caminho a ser seguido, indicando que o correto seria deixar as decisões valorativas político-criminais serem introduzidas no Direito Penal, de modo que haja adequação aos propósitos da política criminal e a submissão ao Direito, representando uma unidade sem contradição entre eles.

Nesse sentido, Claus Roxin pretende iluminar o Direito Penal com os efeitos que geram na coletividade. Isso significa que, diante de um caso concreto, se eventualmente ocorrer insatisfação com a simples aplicação de conceitos abstratos na solução do caso, devem os princípios garantistas e a Política Criminal corrigirem qualquer desvio para atingir a justiça adequada. Assim, conclui que a organização do Direito Penal passa a ser atendida teleologicamente, alcançando as finalidades valorativas.

Com isso, a dogmática passa a incorporar, em termos valorativos, as finalidades que o Direito Penal tenta atingir, permitindo, no final das contas, que a solução de um caso se amolde às finalidades do sistema penal. Há uma busca pela aplicação dos princípios garantistas e o alcance dos fins político-criminais.

A proposta de abrir o sistema penal aos fins que o Direito Penal procura atingir, a caracteriza como teleológico-funcional. Essa proposta teleológico-funcional é vista como instrumento de valoração político-criminal, permitindo, desse modo, ocorrer uma direta repercussão na teoria geral do delito.

O sistema funcionalista proposto por Claus Roxin é um sistema aberto, com aptidão para remodelar-se em função de eventuais consequências político-criminais, além de considerar a evolução natural dos conhecimentos. A finalidade é a geração de um modelo de conteúdo mais explicativo e racional da dogmática jurídico-penal para que seja alcançado, como ponto mais alto, a aplicação justa, segura e confiável do Direito, além de reduzir a intervenção das iras do Direito Penal ao ponto estritamente necessário, diante dos princípios garantistas e as diretivas da Política Criminal.

---

25. ROXIN, Claus. *Política criminal y sistema del derecho penal*. Traducción e introducción de Francisco Muñoz Conde. 2. ed. 1ª reimpressión. Buenos Aires: Hammurabi, 2002d. p. 17;29. (Colección Claves del derecho penal, v. 2).

4 • EVOLUÇÃO EPISTEMOLÓGICA DA DOGMÁTICA PENAL **53**

Diante disso, é necessário fazer as seguintes considerações quanto ao sistema de Claus Roxin[26]:

1ª) a abertura do sistema para admitir o aspecto valorativo representa um certo resgate de característica do modelo neokantista. Contudo, há uma atenção aos princípios constitucionais garantistas que limitam o *ius puniendi* e a finalidade preventivo-geral das penas;

2ª) há ampla normatização dos conceitos, com grande flexibilização do conteúdo das categorias sistêmicas do delito. Com isso, ocorreu um distanciamento do aspecto ontológico do método finalista;

O fato de o Funcionalismo atender a valores e fins que se modificam de acordo com as transformações sociais e culturais, retira do sistema de Claus Roxin, certo rigor e cientificidade, pois se distancia naturalmente da imutabilidade e neutralidade das construções dogmáticas.

4.4.3 Funcionalismo sistêmico ou radical de Günther Jakobs

Para Günther Jakobs, o Direito Penal é direcionado pela função que cumpre no sistema social. Acredita que o Direito Penal, tendo suas próprias regras e submetendo-se a elas mesmas, representa um sistema autônomo, autopoiético e autorreferente que vigora dentro de um outro sistema bem mais amplo do corpo social. Com a teoria da imputação normativa, adaptou o Direito Penal à teoria dos sistemas sociais de Luhmann.[27]

Há um afastamento radical da neutralidade e imutabilidade das construções dogmáticas, de acordo com a linha de pensamento de Günther Jakobs. Reconhece, conforme Hans Welzel[28], que o Direito Penal tem como função assegurar os valores éticos e sociais da ação. Contudo, faz-se um corte com a metodologia finalista, ao admitir a existência da missão do Direito Penal e não a essência dos objetos da dogmática.

Em 1983, Günther Jakobs[29] idealizou um entendimento normativista do Direito Penal, contudo, com características diferentes do que foi levantado por Claus Roxin e contrárias ao ontologismo finalista de Hans Welzel. A diferença é mais bem descrita da seguinte forma:

a) Normativismo dualista teleológico-funcional de Roxin: ao elaborar os conceitos jurídico-penais, o Direito penal se submete a alguns limites materiais de fora do sistema penal, ou seja, admite-se que a lógica objetiva do sistema seja acrescida por uma razão prática, em que valores protegidos estejam restringidos por um objeto material fático externo.

O normativismo de Claus Roxin[30] encontra limites na realidade empírica e nos critérios valorativos que adotar diante dos casos em concreto. O aspecto valorativo

---

26. ROXIN, Claus. *Derecho penal*: parte general: fundamentos. la estructura de la teoria del delito. Traducción de Diego-Manuel Luzón Peña, Miguel Díaz y García Conlledo, Javier de Vicente Remesal. Madrid: Civitas, 1997. p. 51;67. t. 1.
27. JAKOBS, Günther. *La imputaticón objetiva en derecho penal*. Madrid, Civitas, 1996. p. 95.
28. WELZEL, Hans. *Teoría de la acción finalista*. Buenos Aires: Editorial Depalma, 1951. p. 20.
29. JAKOBS, Günther. *Dogmática de derecho penal y la configuracción normativa de la sociedad*. Madrid: Thonson Civitas. 2004. p. 51.
30. ROXIN, Claus. *Estudos de direito penal*. 2. ed. Trad. Luís Greco. Rio de Janeiro: Renovar, 2002a. p. 70.

condiciona as soluções jurídicas. Há ainda que observar uma dogmática penal aberta às considerações de princípios político-criminais, interpretando as normas jurídico--positivas nesse sentido.

b) Normativismo monista funcional-sistêmico de Jakobs: os limites necessários para a evolução da estrutura do sistema penal estão no interior do próprio sistema, não admitindo os limites externos, de modo que não há como não notar uma radicalização do critério funcional.

Günther Jakobs[31] admitiu que o Direito Penal representa um sistema normativo fechado, ou seja, exclui a possibilidade de qualquer inserção empírica exterior e não normativa no Direito Penal. Por causa disso, limitou a dogmática jurídico-penal à análise normativo-funcional do direito positivado. Não admitiu, assim, considerações empíricas não normativas e de valorações externas ao direito positivo. O crime, diante da presente orientação, é uma expressão simbólica da extrema falta de fidelidade ao Direito, sendo também uma real ameaça para a integridade e estabilidade social. Daí o enfoque sistematológico que procura proteger funções e bens jurídicos, pretendendo, no final das contas, fazer valer a confiança dos indivíduos no aspecto institucional.

Quanto à pena no Direito Penal, para Günther Jakobs[32], é mera reação diante de uma violação à norma penal, que é a função de prevenção-integração, devendo ser definida positivamente. Trata-se de uma forma de demonstração da vigência da norma, na medida em que, havendo infração a esta, haverá consequência já positivada.

Nessa linha, o Direito Penal tem como real "bem jurídico" merecedor de proteção à validez fática das normas. Entendia que somente com a aplicação da pena se podia esperar o devido respeito aos bens de interesse da sociedade e dos indivíduos. Por exemplo, no caso do crime de homicídio, a provocação da morte não representa lesão propriamente dita do bem jurídico-penal. Em que pese significar uma lesão a um bem, a conduta de matar alguém somente deve ser punida porque representa uma oposição à norma.

Assim, em vez de o criminoso escolher praticar uma conduta sem valor jurídico, atua com dolo ou culpa e escolhe realizar um comportamento que gera consequências jurídicas. Trata-se de um normativismo radical, que confere enorme dificuldade em qualquer tentativa de limitar o poder punitivo estatal. Por causa disso, o que realmente importa é deixado de lado em prol de um símbolo de Direito Penal duro.

O sistema de Günther Jakobs é perigoso porque abre portas para justificar e tornar legítimo qualquer sistema político, podendo, inclusive, validar um sistema de máxima e ilimitada intervenção do Estado, sem violar a legítima base jurídica.

4.4.4 Apontamentos comparativos – Claus Roxin x Günther Jakobs

O desentendimento que envolve uma justificação normativa ou ontológica do sistema jurídico-penal, após a contribuição de Claus Roxin e Günther Jakobs, não ficou

---

31. JAKOBS, Günther. *Dogmática de derecho penal y la configuracción normativa de la sociedad.* Madrid: Thonson Civitas. 2004. p. 97.
32. JAKOBS, Günther. *La imputaticón objetiva en derecho penal.* Madrid, Civitas, 1996. p. 94.

4 • EVOLUÇÃO EPISTEMOLÓGICA DA DOGMÁTICA PENAL **55**

definitivamente resolvido em favor do normativismo de natureza político-criminal ou sistêmico. Por quê? Por um único motivo, os aprofundamentos normativistas afastaram o sistema jurídico-penal dos dados ontológicos e das estruturas lógico-reais, bases da fundamentação do Finalismo. É importante destacar que, mesmo havendo críticas contra o idealismo de um sistema baseado em leis ontológicas, é absolutamente necessário reconhecer a resistência desse sistema às arbitrariedades, o que garantia liberdade individual.

O normativismo teleológico de Claus Roxin é mais moderado e busca a justificativa do sistema penal apoiado em caracteres teleológicos e axiológicos. Política Criminal.

O normativismo sistêmico de Günther Jakobs, por outro lado, é mais radical e pretende que prevaleça a total renormatização do sistema penal por um fundamento sistêmico. Günther Jakobs distancia-se dos referenciais ontológicos e rejeita limitações externas ao Direito Penal. Desse modo, o Direito Penal passa a ser aplicado conforme sua ideologia interna, em prol de uma eficácia simbólica, de modo que, embora possa vir a atingir os direitos fundamentais do indivíduo, ainda assim seria admitido como legítimo. Reside, a insegurança desse pensamento, no modelo político adotado. O grande perigo do sistema de Jakobs encontra-se nos ordenamentos jurídicos de ideologia de linha autoritária.

A distinção entre eles, basicamente, aparece em vista do tipo de renormatização do sistema, suas categorias e pela característica do método funcionalista. Contudo, a diferença mais significativa se encontra nas referências funcionais pelas quais atribuem conteúdo a determinados conceitos. O normativismo teleológico de Claus Roxin procura atender aos fins do Direito Penal. O normativismo sistêmico de Günther Jakobs se satisfaz com os fins da pena, ou seja, com as consequências do Direito Penal. Em suma, o pensamento teleológico funcional tem embasamento nas finalidades político-criminais, dando prioridade aos valores e princípios garantistas. Por outro lado, a orientação funcionalista sistêmica de Günther Jakobs pretendeu considerar somente necessidades sistêmicas e, como consequência, o Direito Penal que se ajuste a elas, sem se importar com o que se considera justo do ponto de vida do ser humano.

Henrique Viana Pereira destaca que "Jakobs entende que não é missão do Direito Penal proteger bens jurídicos, mas sim garantir a vigência e o respeito às normas. Em outro sentido, para Roxin, o Direito Penal serve para proteger bens jurídicos"[33].

Claus Roxin parte da ideia de que as categorias do sistema jurídico-penal têm fundamento em princípios que regem a linha normativa político-criminal. Diante disso, observando a estrutura ontológica, conforme a ação finalista, é verificável que há necessidade de ser complementada por critérios valorativos de acordo com a finalidade do Direito Penal. Significa dizer que a finalidade do agente, anexada ao complemento político-criminal, é de grande importância para saber se sua conduta foi baseada em um risco proibido ou permitido.

---

33. PEREIRA, Henrique Viana. A *função social da empresa e as repercussões sobre a responsabilidade civil e penal dos empresários*. 2014. 214 f. Tese (Doutorado). Programa de Pós-Graduação em Direito, Pontifícia Universidade Católica de Minas Gerais, Belo Horizonte, 2014. p. 113.

A crítica que se faz à Claus Roxin é a consideração no sentido de que nem sempre a política-criminal conduz à justiça ideal. Nem todas as vezes, o legislador produz normas com base em uma Política Criminal adequada, uma vez que dependerá do modelo de Estado e o momento político da produção do Direito. Por isso, é possível que uma decisão com apoio nesse sistema possa bater de frente com garantias fundamentais do Direito Penal de um Estado Democrático de Direito. Salvo se a Constituição impedir qualquer movimentação político-criminal que viole os direitos fundamentais do cidadão e garanta tais direitos com força quase absoluta. Aí sim, o sistema de Claus Roxin não apresentaria a falha levantada.

Uma das contribuições de Claus Roxin é definida pela sua pretensão de superar os entraves existentes entre o Direito Penal e a Política Criminal, de modo que faça do sistema penal um instrumento válido e eficaz para a solução dos reais problemas da sociedade à luz da Política Criminal. Ou seja, as categorias do sistema penal, tipicidade, antijuridicidade e culpabilidade seriam redefinidas em função do aspecto político-criminal.[34] Dessa forma, aplicando a ideia de Claus Roxin, evitaria uma perfeita e sem solução prática construção dogmática do Positivismo Jurídico, de modo que utilizando a Política Criminal junto da dogmática, o problema concreto se resolveria de forma mais adequada e satisfatória. Por isso, dizer que Roxin aderiu a uma ampla normativização das categorias do sistema penal. O Funcionalismo moderado de Roxin tende a orientar as categorias do sistema penal de acordo com as finalidades da Política Criminal.

Por outro lado, Günther Jakobs[35] buscou uma nova fundamentação da dogmática jurídico-penal, melhor dizendo, do sistema penal. Ele pretendeu atrelar um dos objetivos do Direito Penal, mais especificamente a prevenção geral, com uma perspectiva sociológico-funcionalista, ao buscar na teoria dos sistemas de Luhmann a renormativização das categorias dogmáticas. Jakobs vê absolutismo no critério funcional e, por causa disso, rejeita o âmbito ontológico. Para ele, somente são decisivas, as necessidades sistêmicas dirigidas a um princípio maior, que é a função do Direito Penal de acordo com a prevenção e a integração via reforço da norma.

A teoria sistêmica apresenta maior preocupação com a manifestação de um fato disfuncional do que com as causas que possam gerar um crime. Isso porque busca a confiança institucional no sistema, bem como a impressão dos indivíduos no bom funcionamento da instituição Direito Penal. Por isso, é possível perceber que as categorias jurídico-penais, como a tipicidade e a antijuridicidade, experimentam uma certa revisão. Um exemplo disso é como se vê uma violação à norma na teoria sistêmica. Pois bem, havendo um crime, considera-se que há uma disfunção social. Não há enfoque no motivo e na lesão ou no perigo de lesão de determinados bens jurídicos, mas porque o crime colocou em xeque a confiança institucional do sistema. O crime representa uma expressão simbólica da completa falta de respeito e fidelidade ao ordenamento, ou seja, é uma ameaça para a estabilidade social. Por isso, dizer que a teoria de Günther Jakobs

---

34. ROXIN, Claus. *Derecho penal*: parte general: fundamentos. la estructura de la teoria del delito. Traducción de Diego-Manuel Luzón Peña, Miguel Díaz y García Conlledo, Javier de Vicente Remesal. Madrid: Civitas, 1997. p. 32. t. 1.

35. JAKOBS, Günther. *La imputaticón objetiva en derecho penal*. Madrid, Civitas, 1996. p. 59.

4 • EVOLUÇÃO EPISTEMOLÓGICA DA DOGMÁTICA PENAL **57**

tem um foco sintomatológico. O Funcionalismo radical não admite a existência de critérios ontológicos considerados *a priori*, que acabem por permitir haver distinção entre condutas desviadas, ou seja, o delito representa uma conduta desviada, de qualidade idêntica a qualquer outro comportamento admitido como desviado. O que se observa é a existência da disfuncionalidade. Além disso, não cabem interferências externas no sistema, inclusive valorativas. O Direito Penal, visto e considerado como um subsistema penal, obriga-se a assegurar a confiança dos indivíduos na instituição, de forma que trata de uma função de integração no sistema social.

Nesse sentido, há também uma concepção simbólica da culpabilidade, uma vez que, para comprovar a culpabilidade e dar sua correta dosagem, não importa se o agente podia e devia se comportar de um ou outro modo. Seria necessário verificar a exigência funcionalista de restabelecer a confiança no Direito, perante as consequências de uma sanção penal. Diante disso, verifica-se que essa concepção normativista deixa de lado o conteúdo psicológico-cognoscivo no juízo de reprovação, ao aferir a culpabilidade.

Veja que a pena acaba cumprindo uma função de prevenção integradora, ou seja, se eventual crime viola a regra da coletividade, a pena irá simbolizar a necessária reação social, fazendo o criminoso se tornar mais fiel ao sistema, confiando na sua infalibilidade. A teoria sistêmica radical de Günther Jakobs atribui uma função integradora à pena, muito distante dos objetivos ressocializadores atribuídos pela dogmática tradicional.

Portanto, diante da incoerência do Funcionalismo como um sistema ordenadamente seguro, entendemos que a segurança necessária para aplicar o Direito Penal, como *ultima ratio*, com apoio no Direito Penal constitucionalizado, pela caracterização do Estado Democrático de Direito, dando a eficácia devida e apontada pelo Neoconstitucionalismo às normas fundamentais, é o sistema finalista de Hans Welzel.

4.4.5 Funcionalismo do controle social de Hassemer

Winfried Hassemer[36] tinha um conceito funcionalista que concebia o Direito Penal como um sistema formal de defesa e aplicação de garantias, uma vez considerado como um dos sistemas de controle mais formalizados existentes. Levando em conta que há um formal controle do corpo social, realizado por um conjunto de instrumentos que asseguram ou tentam assegurar a manutenção da ordem social, o Direito Penal admite a postura do instrumento mais formal até então construído, admitido como aquele dotado de várias garantias penais e processuais.

Winfried Hassemer via o crime como uma conduta desviada, sendo que a pena era concebida também como uma reação social formal, vinda do sistema penal em vigor. Contudo, a pena somente poderia ser aplicada sob o âmbito das garantias inerentes do Estado Democrático de Direito.

Desse modo, o Direito Penal, como instrumento formal de proteção da sociedade, existe para cumprir garantias e, nesse mesmo sentido, as categorias do crime, como ti-

---

36. HASSEMER, Winfried. *Crítica al derecho penal de hoy*: norma, interpretacción, procedimento: límites de la prisión preventiva. Traducción de Patricia S. Ziffer. Buenos Aires: AD-HOC, 2003. p. 23;27.

picidade, antijuridicidade, culpabilidade, têm o escopo de assegurar garantias em favor dos indivíduos pertencentes ao corpo social no qual estão inseridos.

4.4.6 Funcionalismo reducionista ou contencionista de Eugenio Raul Zaffaroni

Pelo Funcionalismo reducionista de Eugenio Raul Zaffaroni, Alejandro Slokar e Alejandro Alagia,[37] há a concepção de que o Estado de Direito não pode ter outro significado que não seja a estrita contenção do Estado de Polícia. Existe a consideração de que haja um diálogo entre o Estado de Direito e o Estado de Polícia contínuo, de modo que, existindo uma maior contenção do Estado de Polícia, mais próximo do ideal fica o Estado de Direito. Dentro dessa dialética, o Direito Penal tem a função de ser instrumento do Estado de Direito. Nesse sentido, o Direito Penal é concebido para reduzir a violência do Estado de Polícia.

Veja que, quanto mais incrementada for a criminalização de condutas, mais arbitrário será o sistema penal vigente, principalmente por causa da seletividade. Admite-se, contudo, que há clara função do Direito Penal, consistente em reduzir e conter o poder punitivo dentro dos limites admitidos pela racionalidade.

O Direito Penal, de acordo com o Funcionalismo reducionista, tem a função política de influenciar no fortalecimento de todos os demais meios de contenção de iniciativa absolutistas.

---

37. ZAFFARONI, Eugenio Raúl; ALAGIA, Alejandro; SLOKAR, Alejandro. *Manual de derecho penal*: parte general. Buenos Aires: Ediar, 2005. p. 123.

5
TIPO E TIPICIDADE

Considerando que a estrutura significativa de Tomás Salvador Vives Antón representa uma nova construção da dogmática penal, em que a tipicidade deixa de ser vista como elemento do crime, e, em seu lugar, surge o tipo de ação, baseado numa ação com sentido de relevância construída pelo corpo social, em atenção à filosofia da linguagem do segundo Wittgenstein e a teoria da ação comunicativa de Jürgen Habermas é preciso adentrar no estudo da tipicidade, até por que será preciso esmiuçá-la para explicar a grande modificação do sistema significativo.

Para que uma conduta seja considerada típica, é preciso que se adéque a um modelo estrutural descrito na lei. O fato que encaixa no molde legal é um fato típico. Nesse sentido, para que uma conduta humana seja típica, basta ocorrer a subsunção entre ela e a moldura legal. A tipicidade existe quando ocorre a conformidade com o fato decorrente da conduta do agente, com o molde abstrato prescrito na lei. É a correspondência entre o fato e o delito contido na lei penal. Trata-se do encaixe da ação ou omissão do agente ao modelo contido na lei. Assim, a conduta de matar uma pessoa corresponde ao tipo "matar alguém", descrito no art. 121 do CP.

É importante frisar que a tipicidade decorre do princípio da legalidade, aos moldes da expressão *nullum crimen nulla poena signe praevia lege*, princípio de essência garantista, que dá a devida segurança exigida pelo Estado Democrático de Direito, aos moldes do Finalismo. A tipicidade, conforme ensina Fernando Galvão[1], é a "qualidade conferida à conduta que encontra precisa descrição no modelo abstrato."

É bom deixar clara a diferença entre tipo e tipicidade. Conforme menciona Henrique Viana Pereira, "a tipicidade corresponde ao amoldamento de um fato a um determinado tipo penal e tipo é o conjunto dos elementos do fato punível"[2]. O tipo é o modelo abstrato que representa genericamente o comportamento proibido. O tipo é uma estrutura modular, um padrão legal, de conduta proibida. Trata-se de um instrumento legal descritivo de comportamento proibido e individualização de conduta penalmente relevante. Desse modo, na medida em que se tem por objetivo proteger a vida, foi criado o tipo do art. 121 do CP, que prescreve o seguinte:

---

1. GALVÃO, Fernando. *Direito Penal*: parte geral. 7. ed. Belo Horizonte: Editora D'Plácido, 2016. p. 263.
2. PEREIRA, Henrique Viana. *A função social da empresa e as repercussões sobre a responsabilidade civil e penal dos empresários*. 2014. 214 f. Tese (Doutorado). Programa de Pós-Graduação em Direito, Pontifícia Universidade Católica de Minas Gerais, Belo Horizonte, 2014. p. 110.

"Art. 121. Matar alguém:

Pena: reclusão, de seis a vinte anos."

O legislador descreve, com precisão, a conduta que pretende proibir, por meio do modelo abstrato acima. Se algum indivíduo resolve matar alguém, ocorrendo a subsunção da conduta à estrutura legal, ocorrerá o fenômeno da tipicidade. A conduta humana que se adapta ao tipo gera a tipicidade. Diante disso, verifica-se que o tipo é o modelo legal abstrato, e a tipicidade é o fenômeno de subsunção do comportamento humano que se adapta perfeitamente ao modelo estrutural.

No momento em que o intérprete faz a análise de adequação do fato da vida aos modelos legais, se ocorrer a perfeita subsunção, ocorrerá a tipicidade. Esse exercício intelectual é denominado juízo de tipicidade. Caso se faça o juízo de tipicidade e não encontre respaldo de adequação, o fato será considerado atípico.

O tipo pode ser formal ou material. O tipo formal é caracterizado por descrever legalmente o comportamento proibido, por meio de um modelo estrutural de conduta. O tipo material apresenta o significado de um modelo de conduta que seja valorado no âmbito social e ético, de modo que o comportamento proibido visa proteger bens juridicamente relevantes.

A adequação típica, do fato ao tipo, poderá ser imediata ou mediata. A adequação típica imediata é aquela em que o comportamento humano se subsume perfeitamente à prescrição do modelo legal. Se algum indivíduo mata alguém, haverá adequação típica imediata aos moldes do tipo descrito no art. 121 do CP. Por outro lado, na eventualidade do agente tentar matar alguém, haverá adequação típica mediata, pois será necessária a conjugação do art. 14, inciso II, com o art. 121 do CP. Na tentativa de homicídio, o comportamento do agente não se adéqua perfeitamente ao modelo do art. 121 do CP, necessitando de uma norma extensiva, art. 14, inciso II do CP, para que haja a devida adequação.

É importante registrar ainda, que o tipo penal não se confunde com o tipo legal. O tipo penal, ou tipo de injusto, é mais abrangente, no sentido de representar o conjunto integral das características que determinam uma conduta ofensiva ao bem jurídico. Existem vários elementos que pertencem ao tipo penal e que não são descritos no tipo legal. O tipo legal do homicídio, traduzido pelo art. 121 do CP, não abrange o que o tipo penal contempla desse mesmo crime, posto que é preciso verificar vários outros requisitos, como a análise do bem jurídico, da dimensão subjetiva, da desaprovação da conduta, do resultado e outros elementos, para identificar o tipo penal na integralidade do seu conceito.

Na estrutura significativa de Tomás Salvador Vives Antón o elemento tipicidade não é isolado como elemento do crime. Existe, nessa teoria, o tipo de ação composto por dois outros subelementos, quais sejam, a tipicidade formal (pretensão conceitual de relevância) e a antijuridicidade material (pretensão de ofensividade).

5 • TIPO E TIPICIDADE

5.1 EVOLUÇÃO DA TEORIA DO TIPO

O termo "tipo" constitui tradução do vocábulo *Tatbestand*, que, por sua vez, é a tradução da expressão latina *corpus delicti*. Cláudio Brandão[3] ensina que foi no ano de 1805, no parágrafo 133, da Ordenança Criminal da Prússia, que se utilizou do vocábulo *Tatbestand* pela primeira vez. *Tat* significa ato e *bestand* representa existência. *Tatbestand* significa fato produzido por conduta humana individualizada. Apesar da tradução mencionada, a que prevaleceu foi aquela entendida por Luiz Jiménez de Asúa[4], apresentando o termo tipicidade da seguinte forma: "permitam-nos que, não por obstinação, mas sim motivado por simplicidade, mantenhamos a tradução que faz tantos anos fizemos, denominada 'tipicidade' a característica do delito que se expressa no alemão com a voz do Tatbestand."

Apesar de, nos dias de hoje, o vocábulo *Tatbestand* ter expressa ligação com a tipicidade, sua origem decorre do âmbito processual penal, notadamente, do procedimento inquisitorial da idade média, em especial ao conceito de *corpus delicti*, ou corpo de delito, uma vez que fazia referência a sentido exclusivamente probatório. Considerando o ponto inicial da existência da palavra, significa o conjunto probatório que apoiava a existência do delito.

O Código Penal alemão de 1871, denominado código penal do império, prescreveu, no parágrafo 59, a expressão *Tatbestand*, da seguinte forma: "1. Quando alguém pratica uma ação apenada ignorando as circunstâncias de fato pertencentes ao ato existente (Tatbestand) legal, ou que aumentam a pena, essas circunstâncias não se lhes imputa"[5]

Da origem do termo ao seu significado atual, evidencia-se enorme distância, afastando seu conteúdo do Direito Processual Penal, para o conteúdo do Direito Penal. Mas, foi somente com Ernst von Beling, que houve a inserção da tipicidade na dogmática, como elemento da teoria do crime. Ressaltou a importância do princípio da legalidade e delimitou os elementos da construção da figura do delito, independentes e construídos de forma harmônica, sendo eles a tipicidade, a antijuridicidade e a culpabilidade.

Nesse sentido, perante o significado da tipicidade, considerando sua função dogmática, há conexão com o princípio da legalidade, que traduz uma relação de adequação entre o fato e o modelo legal. Percebe-se que há uma característica sistêmica da tipicidade, que se conecta com os outros elementos do delito.

Diante da evolução da teoria do tipo, identifica-se, na fase causalista, que o tipo penal tinha o caráter objetivo, ausente de valores, e somente isto. O tipo, para Ernst

---

3. BRANDÃO, Cláudio. *Tipicidade penal*: dos elementos da dogmática ao giro conceitual do método entimemático. 2. ed. Editora Almedina, 2014. p. 41.
4. ASÚA apud BRANDÃO, Cláudio. *Tipicidade penal*: dos elementos da dogmática ao giro conceitual do método entimemático. 2. ed. Editora Almedina, 2014. p.40.
5. BRANDÃO, Cláudio. *Tipicidade penal*: dos elementos da dogmática ao giro conceitual do método entimemático. 2. ed. Editora Almedina, 2014. p. 44.

von Beling[6] é isolado de avaliação subjetiva e de característica valorativa. O tipo penal de Franz von Liszt e Ernst von Beling, da era do Causalismo, era puramente objetivo. Exercer o juízo de tipicidade significava a simples identificação da adequação objetiva do fato à norma penal incriminadora. Para Ernst von Beling, o tipo tinha a função de definir delitos, apenas, tendo conteúdo eminentemente objetivo e neutro. O que era proibido traduzia-se em não praticar conduta descrita no tipo. A antijuridicidade e culpabilidade se ocupavam de critérios valorativos e subjetivos. Em 1930, publicou a obra *La doctrina del delito tipo,* vindo a reformular sua teoria do tipo, apesar de manter o caráter de independência e descritivo do tipo, estabeleceu a diferença entre *Tatbestand* ou *Leitbild* e *Deliktypus.* O *Tatbestand* representa uma figura ideal, uma estrutura de conceito retirada de um fato. O *Deliktypus,* como figura de delito, representa as figuras externas e internas de um tipo. Os tipos, nesse sentido, são puramente descritivos, diante da ausência de valores que os qualificam como antijurídicos. Tomás Salvador Vives Antón[7] ensina o seguinte: "O tipo de delito é, pois, *prima facie,* tipo de ação, composto por um conjunto de elementos de diferentes naturezas, uns objetivos e outros subjetivos, que precisam de uma representação conceitual unitária, uma figura reitora (Leitbild)"[8] (Tradução nossa).

Nesse sentido, Ernst von Beling[9] afirma que a morte de um homem constitui o *Leitbild,* estabelecendo, tanto o aspecto objetivo, quanto subjetivo da teoria do delito. "A morte de um homem constitui, pois, o "Leitbild" que considera tanto o lado objetivo quanto o lado subjetivo do tipo de delito." [10]

Numa segunda fase, etapa neokantiana, entendida por *ratio cognoscendi,* com origem no Tratado de Direito Penal de Max Ernst Mayer, em 1915, há consideração de que a tipicidade constitui indício da antijuridicidade, não tendo, o tipo, função meramente descritiva, de conteúdo absolutamente objetivo, como era entendido por Ernst von Beling. Havendo adequação do fato ao tipo, há indício de que aquele fato é antijurídico. Mayer caracterizou a tipicidade e antijuridicidade como elementos independentes, mas, uma vez identificada uma conduta típica, esta seria indício de antijuridicidade, tendo em vista a consideração da função indiciária. Ocorrendo fato típico, seria indício de que aquele fato era contrário ao Direito. Nesse sentido, havendo a presença de causa de justificação, esta afastaria a antijuridicidade, mesmo que o fato seja típico, posto que são elementos independentes.

Numa terceira fase, estabelecida pelo entendimento de Edmund Mezger, em seu Tratado de Direito Penal de 1931, entendeu-se que a tipicidade seria a *ratio essendi* da antijuridicidade. A tipicidade passou a ser não mais indício da antijuridicidade, mas sua

---

6. BELING, Ernst von. *Esquema de derecho penal*: la doctrina del delito tipo. Trad. Carlos M. De Elía. Buenos Aires: Libreria El Foro, 2002. p. 89.
7. VIVES ANTÓN, Tomás Salvador. *Fundamentos del sistema penal.* 2. ed. Valencia: Tirant lo Blanch, 2011. p. 274;275.
8. "El tipo de delito es, pues, prima facie, tipo de acción, compuesto por un conjunto de elementos de diversa naturaleza, unos objetivos y otros subjetivos, que precisan una representación conceptual unitaria, una figura rectora (Leitbild)."
9. BELING apud VIVES ANTÓN, Tomás Salvador. *Fundamentos del sistema penal.* 2. ed. Valencia: Tirant lo Blanch, 2011. p. 275.
10. "La muerte de un hombre constituye, pues, el "Leitbild" que rige tanto el lado objetivo como el lado subjetivo del tipo de delito"

essência, de forma que a tipicidade foi incluída na antijuridicidade. Por causa disso, o crime foi entendido como a ação tipicamente antijurídica e culpável. Há uma vinculação entre a tipicidade e a antijuridicidade. A tipicidade é a razão de ser da antijuridicidade. Assim, a causa que nega a antijuridicidade também negará a tipicidade.

Com o Finalismo de Hans Welzel, o tipo passou a ser complexo. Houve evolução no conceito para adequar a presença do tipo doloso e o tipo culposo, de forma que a parte objetiva é composta pela descrição legal, e a parte subjetiva é construída pelo dolo e a culpa. O apogeu desse entendimento ocorreu entre 1945 e 1970, quando houve o deslocamento do dolo e da culpa da culpabilidade para a tipicidade.

Com o Funcionalismo moderado de Claus Roxin, o tipo penal passou a ser caracterizado pelo conceito normativo, no sentido de que as categorias do delito vinculam-se em função da finalidade da pena ou da norma. Em 1970, com o Funcionalismo de Claus Roxin, o tipo penal passou a ter três dimensões, a dimensão objetiva, a dimensão normativa e a dimensão subjetiva. A imputação objetiva faz parte da dimensão normativa. Com isso, a tipicidade penal passou a ser verificada pela tipicidade formal, com a descrição do fato; pela tipicidade normativa, com a desvaloração da conduta, com a imputação objetiva do resultado; pela tipicidade subjetiva, quando ocorrerem os crimes dolosos.

A doutrina causalista tinha o tipo penal com uma única dimensão, a objetiva. O dolo e a culpa pertenciam à culpabilidade. Com a doutrina finalista de Hans Welzel, houve o deslocamento do dolo e da culpa da culpabilidade para a tipicidade, de modo que o tipo passou a ser complexo, contando com duas dimensões, a objetiva e a subjetiva. Com Claus Roxin, o fato típico passou a contar com a dimensão formal, a dimensão normativa e a dimensão subjetiva.

5.2 TIPICIDADE FORMAL E TIPICIDADE MATERIAL

A tipicidade, como elemento do fato típico, após verificação ideal do fato ocorrido com o tipo abstrato, é dividida em tipicidade formal e tipicidade material. Verificada a existência da tipicidade formal e da tipicidade material, tem-se a tipicidade penal.

A tipicidade formal ocorre ao realizar o juízo de subsunção entre a conduta praticada e o modelo desenhado pelo tipo penal. Ao realizar a operação de verificação entre a conduta realizada no mundo real e o tipo penal, identificando a exata correspondência entre esse fato e a estrutura do tipo, encontra-se a tipicidade formal. Por exemplo, na eventualidade de um indivíduo matar uma outra pessoa, haverá tipicidade formal, pois o art. 121 do CP prescreve que: "Matar alguém" a pena de reclusão será de 6 a 20 anos. O fato, decorrente da conduta humana praticada, adéqua-se perfeitamente ao tipo descrito na lei penal, registrando, assim, a tipicidade formal. Assim, a tipicidade formal é o juízo de subsunção entre a conduta humana e a estrutura modelo descrita pelo tipo penal. O fato do mundo real encaixado ao modelo legal gera a tipicidade formal.

Por outro lado, a tipicidade material, também denominada tipicidade substancial, ocorre quando houver lesão ou perigo de lesão ao bem jurídico tutelado pela norma penal, em vista da conduta praticada pelo agente criminoso. É importante considerar que nem todas as condutas humanas que sejam tipificadas formalmente, por adequação perfeita do fato ao tipo, ofendem bem jurídico tutelado pela norma penal. Nesse caso, não haveria tipicidade material. É possível que haja uma conduta formalmente típica, que, por não violar bem jurídico, não seja materialmente típica. Nesse sentido, para que ocorra a tipicidade material, é preciso que a conduta do agente se encaixe perfeitamente no tipo penal abstrato e que viole bem jurídico penalmente tutelado.

Uma conduta que se adeque perfeitamente ao modelo abstrato descrito na lei, em que seja considerado o princípio da bagatela, não terá violação de bem jurídico, e dessa forma, não haverá a tipicidade material. Para existir tipicidade material, o bem jurídico penalmente tutelado deve ser violado ou posto em perigo.

A tipicidade material ou substancial se relaciona com o princípio da lesividade, ou ofensividade, que exige, para existência de infração penal, ao menos que a conduta ofereça perigo de lesão a bem jurídico. Se não existir lesão ou perigo de lesão a bem jurídico, não haverá tipicidade material e não haverá crime.

Diferentemente é a estrutura significativa, que aloca a ofensividade ao bem jurídico na casa do tipo de ação, sendo expressão da pretensão de ofensividade, ou seja, da antijuridicidade material.

5.3 TIPO, NORMA E ANTINORMATIVIDADE

O tipo é uma estrutura legal abstrata que individualiza conduta humana proibida sob ameaça de uma sanção penal. A exemplo disso, considerando o modelo do art. 121 do CP, "Matar alguém" com pena de 6 a 20 anos de reclusão, é possível identificar o tipo e diferenciá-lo da norma penal.

O tipo é a construção legal, "Matar alguém", por outro lado, a norma penal é o dever que o indivíduo tem de não matar qualquer pessoa. A norma abstrata proibitiva determina que os indivíduos tenham a obrigação de atender a um comportamento negativo ou positivo imposto pela lei. Existindo conduta humana que encaixa perfeitamente ao tipo, há tipicidade. No instante em que o agente realiza uma conduta típica, viola a norma penal. Se mata, viola a norma não matar. Se furta, viola a norma proibitiva furtar.

Ao violar o comando normativo penal, o agente realiza uma conduta antinormativa. A conduta antinormativa é aquela que entra em contradição com a norma proibitiva. Concretiza-se, a antinormatividade, com a prática de uma conduta que se amolda ao tipo, uma vez que a conduta típica viola a norma penal, e consequentemente, o bem jurídico. Realizar fato típico, teoricamente terá também uma conduta antinormativa, se violar a norma penal, e o bem jurídico. A conduta antinormativa, é aquela que viola a norma penal, que fica por detrás do tipo, ou seja, que representa um imperativo legal positivo ou negativo, sem se confundir com a própria lei, pois a norma é extraída do tipo. Assim, para conhecer a antinormatividade, é preciso identificar o tipo e a norma que se extrai dele.

Antinormatividade e antijuridicidade não se confundem. A antijuridicidade é a contradição da conduta humana com o ordenamento jurídico. Por outro lado, a antinormatividade é percebida na contradição da conduta em relação a norma proibitiva, seja ela positiva ou negativa, violadora de bem jurídico.

A antijuridicidade como contradição do comportamento humano em relação ao ordenamento jurídico leva em consideração normas proibitivas e permissivas. Nesse sentido, quem mata em legítima defesa, pratica conduta típica e antinormativa, uma vez que viola a norma "não deve matar", contudo, não será antijurídica, posto que existe preceito permissivo autorizando matar alguém em circunstancias determinadas. Eugenio Raul Zaffaroni e José Henrique Pierangeli[11] ensinam que a "antijuridicidade surge da antinormatividade (tipicidade penal) e da falta de adequação a um tipo permissivo, ou seja, da circunstância de que a conduta antinormativa não esteja amparada por uma causa de justificação."

A antinormatividade trabalha com a norma penal extraída do tipo. Já a antijuridicidade, é verificada perante o ordenamento jurídico como um todo. Cláudio Brandão[12] explica o seguinte:

> "Não podemos confundir antinormatividade da conduta com a antijuridicidade da conduta. Com efeito, o direito penal não somente contém mandamentos de proibição de comportamentos, extraídos dos tipos penais, mas também contém preceitos permissivos. Neste panorama, os preceitos permissivos dão a autorização para a realização das condutas típicas. Tomando o mesmo exemplo decorrente de tipo supracitado (matar alguém) e da norma dele decorrente (não se deve matar), existem preceitos no ordenamento jurídico que autorizam a realização da morte de um ser humano em determinadas circunstâncias, como é o caso da morte provocada em decorrência da legítima defesa. Nesta última hipótese a conduta concreta que se verificou no tempo e no espaço e produziu a morte de alguém será antinormativa, mas não será antijurídica. Em síntese, enquanto a relação entre a tipicidade e a antinormatividade é necessária, a relação entre a tipicidade e a antijuridicidade é contingente. Esta dita relação contingente que se verifica entre a tipicidade e a antijuridicidade se fundamenta no fato da antijuridicidade ser a contradição da ação que realiza um tipo penal com o ordenamento jurídico em seu conjunto, não apenas com o comando da norma proibitiva, conhecido a partir do tipo penal especificamente realizado. Caso exista, portanto, uma causa de justificação autorizando a realização da conduta típica, a antijuridicidade é excluída, enfatize-se, porque ela é um juízo de contradição daquela com o ordenamento jurídico em seu conjunto. Como alertou Welzel, cabe ressaltar que a antijuridicidade é sempre vinculada a uma ação: A antijuridicidade é sempre a contradição entre a conduta real e o ordenamento jurídico."

É interessante que, ao compreender que a antinormatividade ocorre com a violação da norma extraída do tipo, verifica-se também a relação entre ela e a culpabilidade. Apesar da antinormatividade não ser elemento do delito, exerce influência na exclusão da culpabilidade por erro de proibição. Isso ocorre porque a antinormatividade se verifica com a presença da tipicidade, que por sua vez se relaciona com a culpabilidade. Ao considerar que o erro de proibição ocorre com o desconhecimento da norma proibitiva, se o agente que tenha praticado uma conduta típica e antijurídica não tiver conhecimento do caráter da norma proibitiva, haverá

---

11. ZAFFARONI, Eugenio Raul; PIERANGELI, José Henrique. *Manual de direito penal brasileiro*: parte geral. 7. ed. São Paulo: Ed. RT, 2007. p. 397. v.1.
12. BRANDÃO, Cláudio. *Tipicidade penal*: dos elementos da dogmática ao giro conceitual do método entimemático. 2. ed. Coimbra: Almedina, 2014. p. 64-65.

exclusão da culpabilidade. Ainda, conforme as orientações de Cláudio Brandão[13], ao explicar Hans Welzel, a antinormatividade pode ser vista como a ponte que dá luz à dogmática finalista, fazendo conexão entre os elementos da dogmática e os princípios constitucionais, por exemplo.

5.4 TEORIA DA TIPICIDADE CONGLOBANTE

A teoria da tipicidade conglobante, de Eugenio Raúl Zaffaroni, expõe entendimento de que todo fato típico se reveste de antinormatividade.

Tipicidade legal não tem o mesmo significado que tipicidade penal, sendo esta de maior abrangência que aquela. A tipicidade penal pressupõe a tipicidade legal. A tipicidade penal requer, além da tipicidade legal, a presença da antinormatividade, ou seja, conduta contrária à norma proibitiva.

Eugenio Raul Zaffaroni e José Henrique Pierangeli[14] esclarecem que no caso de determinado oficial de justiça cumprir ordem judicial para penhorar e sequestrar quadro valioso em residência de executado, seria mais adequado não admitir o estrito cumprimento de dever legal como causa de exclusão da antijuridicidade para considerar ausência de responsabilidade penal, uma vez que parte do pressuposto de que a tipicidade implica antinormatividade. Não se pode admitir que há no ordenamento norma que ordena e outra que proíba determinada conduta. As normas não existem de forma isolada, devendo coexistirem de modo coerente e hormônico.

Na ordem normativa, uma norma não pode ignorar a presença de outra, sendo contraditórias, com ordens de conduta opostas, uma em relação a outra. Existe ordem entre as normas. Ordem que impede que uma norma proíba o que outra norma determina. Não pode haver, no ordenamento, tipo penal que proíba o que a norma permite, incentiva ou fomenta. A norma proibitiva de conduta, que permite a existência do tipo, não está isolada, mas em harmonia dentro da ordem normativa, que não aceita que uma norma proíba o que outra fomenta ou ordena.

Ao levar em conta que o tipo não pode proibir o que a norma permite, ou incentiva ou fomenta, o juízo de tipicidade não pode ser um simples juízo de tipicidade legal, exigindo que haja um juízo de tipicidade realizado com maior profundidade, ou seja, que seja um juízo de tipicidade conglobante.

Este juízo de tipicidade conglobante não observa somente a conduta proibida perante a norma supostamente violada, mas, além disso, leva em conta a ordem normativa como um todo. Se diante de fato tipicamente formal, ao observar a ordem jurídica, for permitido, incentivado ou fomentado pela própria norma, será este fato tipicamente formal ausente de tipicidade penal. Se houver a verificação de que a conduta seja permitida

---

13. BRANDÃO, Cláudio. *Tipicidade penal*: dos elementos da dogmática ao giro conceitual do método entimemático. 2. ed. Coimbra: Almedina, 2014. p. 64-65.
14. ZAFFARONI, Eugenio Raul; PIERANGELI, José Henrique. *Manual de direito penal brasileiro*: parte geral. 7. ed. São Paulo: Editora Ed. RT, 2007. p. 474;486. v. 1.

pela ordem jurídica, não haverá crime, pois não terá ocorrido a tipicidade conglobante. Eugenio Raul Zaffaroni e José Henrique Pierangeli[15] dizem que

> "A tipicidade conglobante é um corretivo da tipicidade legal, posto que pode excluir do âmbito do típico aquelas condutas que apenas aparentemente estão proibidas, como acontece no caso exposto do oficial de justiça, que se adequa ao "subtrair, para si ou para outrem, coisa alheia móvel" (art. 155, caput, do CP)".

A tipicidade conglobante corrige a tipicidade legal por que adentra com maior profundidade no ordenamento jurídico para averiguar a existência ou inexistência de norma permissiva da conduta típica, de modo que se houver permissão normativa para a conduta típica, não haverá tipicidade penal. Excluem do âmbito do típico, as condutas que somente pela aparência estão proibidas, pois existe na ordem jurídica, permissão ou fomento da conduta.

Isso posto, fazendo o juízo da tipicidade penal, reduzindo-se o que a norma realmente proíbe, ao levar em conta as normas permissivas, exclui da tipicidade penal, as condutas que somente são consideradas pela tipicidade legal.

A tipicidade legal, como adequação da conduta ao tipo, é visualizada como a individualização que a lei faz da conduta diante dos elementos descritivos e valorativos. Com a tipicidade legal, verifica-se adequação do fato com a norma penal, do ponto de vista exclusivamente formal. A simples adequação formal do fato ocorrido, na realidade, com a estrutura legal, ou tipo, ou modelo abstrato da lei, gera ocorrência da tipicidade legal. O encaixe entre a conduta humana e o tipo significa que há tipicidade legal. Por exemplo, havendo conduta de médico que gere como consequência lesão corporal em seu paciente, nos termos do art. 129 do CP, considera a presença da tipicidade legal. Mas existe tipicidade conglobante? Existe tipicidade penal? Sabemos que para existir tipicidade penal, terá que existir tipicidade conglobante. Para que ocorra tipicidade conglobante, é preciso que identifique ausência de norma permissiva ou fomentadora da conduta tipicamente legal.

Com a tipicidade conglobante, verifica a antinormatividade, representando a comprovação de que a conduta legalmente típica também é proibida pela norma. Não pode haver norma permissa ou fomentadora da conduta típica para haver a tipicidade conglobante. Para analisar a existência da tipicidade conglobante é necessário atender a identificação de que a conduta legalmente típica também seja proibida pela norma, não havendo outra que a permite, na ordem normativa. Para existir tipicidade conglobante, não pode haver adequação do fato com normas permissivas, mesmo que sejam extrapenais, daquele fato aparentemente proibido pela existência de modelo legal. Tem que investigar se aquele fato formalmente típico tem ou não permissão por outra norma, perante o ordenamento. Considerando o exemplo acima, o médico que pratica lesão corporal em seu paciente para lhe entregar saúde, para lhe salvar a vida, não responderá criminalmente, por ausência da tipicidade conglobante, e consequentemente, por ausência da tipicidade penal. Através da tipicidade conglobante, fatos considerados típicos,

---

15. ZAFFARONI, Eugenio Raul; PIERANGELI, José Henrique. *Manual de direito penal brasileiro*: parte geral. 7. ed. São Paulo: Ed. RT, 2007. p. 396. v. 1.

contudo envolvidos com normas permissivas ou fomentadoras da conduta, passam a ser admitidos como atípicos. Veja que o médico atua conforme determina a norma, mesmo que sua conduta seja formalmente típica. A tipicidade conglobante é constatada quando a conduta humana praticada pelo agente é considerada contrária à norma penal (antinormativa) e não seja imposta ou fomentada por outra norma.

A tipicidade penal é o resultado da soma da tipicidade legal com a tipicidade conglobante.

Tipicidade penal = Tipicidade legal + Tipicidade conglobada

A tipicidade penal tem maior amplitude que a tipicidade legal (adequação ao modelo legal), devendo estar presente proibição do ponto de vista do ordenamento como um todo, de modo que verifique proibição da conduta à luz da análise conglobada da norma.

Por isso, é possível afirmar que a tipicidade penal identifica-se com a tipicidade legal corrigida pela tipicidade conglobante. Assim, com a tipicidade conglobante, há analise da proibição da norma por detrás do tipo, diante da ordem normativa. Quando existir uma norma que ordena ou fomenta conduta humana típica, que parece ser proibida pela tipicidade legal, configurando atipicidade conglobante, não haverá tipicidade penal.

5.5 DA EVOLUÇÃO DA RELAÇÃO ENTRE A TIPICIDADE E A ANTIJURIDICIDADE ATÉ A TEORIA DOS ELEMENTOS NEGATIVOS DO TIPO

A evolução existente entre a tipicidade e a antijuridicidade ocorreu em fases, desde o momento em que a doutrina do Direito Penal não tinha conhecimento da tipicidade, até fase posterior à doutrina finalista de Hans Welzel.

A primeira fase, etapa de Ernst von Beling e a teoria da tipicidade neutra, levou em conta que até 1906 ainda não existia na doutrina a tipicidade penal, quando estava em vigor a doutrina causal naturalista. O crime era dividido pela parte objetiva e subjetiva. A parte objetiva era composta pela tipicidade e antijuridicidade, de forma que não havia elemento subjetivo nestes dois elementos. A parte subjetiva era identificada pelo requisito da culpabilidade, que tinha em seu conteúdo o dolo e culpa. Tem-se que Beling foi de suma importância para identificar com clareza os elementos do crime. Com isso, a tipicidade tinha a função de definir o crime e a antijuridicidade se identificava com a contradição da conduta humana em relação ao direito. A tipicidade era neutra, livre de elementos subjetivos, sem conteúdo valorativo, sendo descritiva apenas. Para Ernst von Beling, a tipicidade e a antijuridicidade não tinham qualquer relação entre si, sendo elementos exclusivamente independentes, sem ligação, sem conexão.

Com Mayer e Edmund Mezger[16], já numa segunda fase de evolução entre a tipicidade e antijuridicidade, passou-se a entender que havia relação entre elas. Primeiro, veio à tona a idealização de uma relação indiciária. A tipicidade não era considerada mais como elemento absolutamente independente da antijuridicidade. A tipicidade não

---

16. MEZGER, Edmund. *Derecho penal libro de studio*: parte general. Buenos Aires: Editorial Bibliografica Argentina, 1958. p. 133.

era mais percebida como um elemento neutro, abstrato, livre de requisitos normativos. Nesta etapa, com o Tratado de Max Ernst Mayer[17], de 1915, a tipicidade foi vista como a *ratio cognoscendi* da antijuridicidade, o que significa dizer que a tipicidade é indício da antijuridicidade. Uma vez verificada a tipicidade, como *ratio cognoscendi* da antijuridicidade, como indício da antijuridicidade, tem-se que havendo fato típico, seria também antijurídico, exceto se comprovar causa de justificação (legitima defesa, estrito cumprimento do dever legal, estado de necessidade etc.).

A terceira etapa da evolução da relação entre a tipicidade e a antijuridicidade identifica uma conexão de essência entre os dois elementos. A tipicidade não tem autonomia, fazendo parte da antijuridicidade. Trata-se, ainda, do período neokantista, de Edmund Mezger, do ano de 1931[18]. Com isso, o tipo passou a ser o tipo de injusto, ou seja, o espelho de um fato contrário ao direito. A tipicidade é muito mais do que indício da antijuridicidade, sendo, na verdade, sua essência, fazendo parte dela. A tipicidade é visualizada dentro da antijuridicidade, de forma que não há distinção entre ambos os elementos. O delito é visto como a ação tipicamente antijurídica e culpável. A relação entre a tipicidade e antijuridicidade é de essência, não existindo antijuridicidade sem tipicidade. A tipicidade perde sua autonomia, antes identificada no causalismo com Ernst von Beling, passando a pertencer ao âmbito do conceito da antijuridicidade.

Ainda com os olhos voltados para a terceira fase, em que a tipicidade é a *ratio essendi* da antijuridicidade, é importante apontar a diferença destes elementos quando se tem em vista a teoria dos elementos negativos do tipo.

Pela teoria dos elementos negativos do tipo, não é a tipicidade que perde a autonomia, por ser a essência da antijuridicidade, mas o contrário. Com a teoria dos elementos negativos do tipo, a antijuridicidade que perde sua autonomia para fazer parte da tipicidade. A antijuridicidade incorpora o conceito da tipicidade. Com isso, as causas que excluem a antijuridicidade, com a teoria dos elementos negativos do tipo, passam a ser excludentes da tipicidade. A legitima defesa, por exemplo, seria causa de exclusão da tipicidade, e não da antijuridicidade apenas. As causas de exclusão da antijuridicidade seriam requisitos negativos do tipo. Nesse sentido, o modelo legal do art. 121 do CP, teria que ser identificado da seguinte forma: matar alguém, exceto quando houver causas excludentes de antijuridicidade, como legitima defesa etc. Ao considerar que as justificantes eliminam a tipicidade, pois ao agregarem o tipo de injusto o negam, verifica-se que a teoria dos elementos negativos do tipo apresentou o denominado tipo total de injusto.

É interessante notar que a teoria dos elementos negativos do tipo, na sua origem, excluía o próprio crime, e não a tipicidade, pois o tipo era identificado com o crime em si mesmo. Cláudio Brandão[19] ensina que:

---

17. MAYER apud BITENCOURT, Cezar Roberto. *Tratado de direito penal*: parte geral 1. 20. ed. São Paulo: Saraiva, 2014. p. 340.
18. MEZGER apud BITENCOURT, Cezar Roberto. *Tratado de direito penal*: parte geral 1. 20. ed. São Paulo: Saraiva, 2014. p. 341.
19. BRANDÃO, Cláudio. *Tipicidade penal*: dos elementos da dogmática ao giro conceitual do método entimemático. 2. ed. Coimbra: Almedina, 2014. p. 161.

"Observe-se que, como insistentemente apontado no estudo sobre o histórico da tipicidade, não se deveu a Beling a criação do termo *Tatbestand*, mas se deveu a ele somente a reinterpretação deste termo, que não foi mais identificado como o próprio crime, mas teve uma redução na sua conceituação e, com isso, passou a ocupar uma função efetiva na dogmática penal. Assim, no seu surgimento, a significação dos elementos negativos do tipo era voltada para a negação do próprio crime, e não da tipicidade, já que o tipo era identificado com o delito em si mesmo.

Foi com a concepção da tipicidade como *ratio essendi* da antijuridicidade que essa teoria ganhou grande eco. Se a tipicidade possui uma relação essencial com a antijuridicidade, isto é, se ela representa a antijuridicidade legalizada, não se pode no plano conceitual fazer uma diferença entre elas, já que a essência representa a substancia do ser, na linguagem da filosofia aristotélica: aquilo que faz com que o ser seja ele e não outro. Se a tipicidade e a antijuridicidade são conceitualmente identificadas, a exclusão da tipicidade também. Por isso, as causas de exclusão da antijuridicidade também tornam, para essa concepção, a conduta atípica, anulando a relação de adequação entre a conduta e o tipo penal que abstratamente a modelou."

Em suma, com a teoria dos elementos negativos do tipo, ao considerar que a antijuridicidade faz parte da tipicidade, as justificantes negam o tipo. Desse modo, a tipicidade seria anulada pelas causas de exclusão da antijuridicidade.

Numa quarta etapa, a doutrina finalista de Hans Welzel[20] vislumbra a tipicidade como mero indício da antijuridicidade, retornando ao entendimento de Mayer. Significa dizer que quando alguém pratica um fato típico, é bastante provável que este fato será também antijurídico. Francisco Muñoz Conde[21] afirma que a tipicidade não implica essencialmente a antijuridicidade, mas apenas um indício de que a conduta típica praticada pode ser antijurídica. Hans Welzel coloca ordem nos elementos que compõem o delito, realocando o dolo e culpa na conduta e transferindo os para a tipicidade. Com a teoria finalista de Welzel, houve evolução no âmbito da tipicidade para considerar que existem duas partes, a objetiva e a subjetiva. A parte subjetiva da tipicidade no finalismo é composta pelo dolo e culpa. Além disso, o finalismo retornou à consideração admitida por Mayer, para admitir que a relação entre a tipicidade e a antijuridicidade seja indiciária, sendo a tipicidade indício da antijuridicidade. No finalismo, portanto, a tipicidade é a *ratio cognoscendi* da antijuridicidade.

Considerando, em tese, uma quinta etapa, levando em conta a teoria constitucionalista do delito, verifica-se que a tipicidade não é mais vista como indício da antijuridicidade, mas sim sua *ratio essendi*, em casos excepcionais, ou a sua expressão provisória. Esta teoria não admite que a tipicidade seja indício da antijuridicidade. Ou a tipicidade é a essência da antijuridicidade, excepcionalmente, ou é sua expressão provisória, como regra. A tipicidade será a *ratio essendi* da antijuridicidade quando esta fizer parte da descrição típica. Nesse sentido, expressões como "sem justa causa", "indevidamente" admitem a presença da antijuridicidade dentro da tipicidade, fazendo com que uma seja essência da outra. Fora destes casos, por ser regra, a tipicidade seria

---

20. WELZEL apud BITENCOURT, Cezar Roberto. *Tratado de direito penal*: parte geral 1. 20. ed. São Paulo: Saraiva, 2014. p. 342-343.
21. MUÑOZ CONDE, Francisco. *Teoria geral do delito*. Trad. Juarez Tavares e Luiz Régis Prado. Porto Alegre: Sérgio Antônio Fabris, 1988. p. 43.

expressão provisória da antijuridicidade. Assim, ensinam Luiz Flávio Gomes, Antonio García Pablos de Molina e Alice Bianchini: [22]

> "Dissemos que em regra a tipicidade é expressão provisória da antijuridicidade. Em regra porque em muitas figuras delitivas o conteúdo da antijuridicidade já vem descrito no próprio tipo penal. Expressões como indevidamente, sem justa causa, sem autorização legal etc. denotam a presença da antijuridicidade dentro da própria descrição típica. Nessas situações, se o fato é típico naturalmente é também antijurídico. Cabe então concluir, nesses casos excepcionais, que a tipicidade é a *ratio essendi* (a razão de ser) da antijuridicidade. Fora deles, a tipicidade desempenha a função de expressão provisória da antijuridicidade. Em regra, portanto, a tipicidade não se confunde com a antijuridicidade. A primeira é expressão provisória da segunda. Excepcionalmente, a antijuridicidade se confunde com a tipicidade, não sendo independente. Quando? Quando ela (antijuridicidade) faz parte da descrição típica (Exemplo: CP, art. 151: devassar correspondência indevidamente...). Em suma: a tipicidade ou é a *ratio essendi* da antijuridicidade (em casos excepcionais) ou é sua expressão provisória (essa é a regra geral), mas não mero e simples indício."

É interessante apontar que o conceito analítico do delito teve origem sem a presença da tipicidade, sendo crime a conduta antijurídica e culpável. Com a evolução, desde o causalismo até a teoria da estrutura significativa de Vives Antón, verifica-se que novamente há ausência da tipicidade na construção de um conceito analítico do crime. Em seu lugar, a criação do tipo de ação, como pretensão de relevância, ao verificar que a ação humana interessa ao Direito Penal. A relação entre a tipicidade e antijuridicidade, na estrutura significativa do delito, será melhor analisada no capítulo 7.

5.6 ELEMENTOS DO TIPO PENAL

O tipo penal é composto por elementos objetivos e elementos subjetivos. Na categoria dos elementos objetivos do tipo, existe a subdivisão entre os elementos descritivos e os elementos normativos. A categoria dos elementos objetivos e subjetivos surgiu com o advento do finalismo de Hans Welzel, que retirou o dolo e a culpa da culpabilidade, colocando-os na tipicidade. Por isso, antes da teoria finalista, não havia a subdivisão objetiva-subjetiva do tipo.

Observa-se que a tipicidade, na sua origem, simplesmente fazia uma descrição objetiva, sendo apenas uma estrutura abstrata. Aliás, a ação não fazia parte do tipo, que somente veio a integrá-lo após Max Ernst Mayer, que inseriu a ação no tipo. Com a colocação da ação no tipo penal, o núcleo do tipo será expresso por um verbo. Nesse sentido, a ação somente é realizada no mundo exterior, perceptível pelos sentidos, e o verbo será elemento de ordem objetiva que compõe o tipo. O verbo, então, passa a ser o centro do tipo objetivo. Com isso, o elemento que faz a conexão entre o verbo e o sujeito é o nexo de causalidade. Importa registrar que integram a tipicidade, os demais elementos descritos na estrutura abstrata legal.

Antes de adentrar na categoria de cada elemento, é bom lembrar que a tipicidade é construída através do conceito do tipo, uma vez que ela identifica-se com a relação

---

22. GOMES, Luiz Flavio; MOLINA, Antonio García-Pablos de. *Direito penal*: parte geral: São Paulo: Ed. RT, 2007. p. 243.v. 2.

de subsunção ao tipo. Tanto que, se houver modificação nos elementos do tipo penal, haverá interferência direta na tipicidade. Para ver a tipicidade, é preciso que se faça a subsunção perfeita da conduta humana realizada ao modelo estrutural abstrato previsto na lei, que é o tipo penal.

Hans Welzel[23] afirma que a tipicidade é elemento do crime e que a ação integra este elemento. Considera que a ação é direcionada para determinada finalidade. Considera ainda que a vontade é dirigida para uma específica finalidade, e por isso o dolo se localiza na ação. A ação representa o núcleo do tipo, portanto, o dolo encontra-se no tipo.

Os elementos descritivos têm por finalidade viabilizar a tradução do tipo penal, evidenciando os dados que podem ser perceptíveis. Os elementos objetivos-descritivos são verificados pela percepção dos sentidos, com simples constatação sensorial, não havendo dificuldade de identificação. Desse modo, é fácil perceber objetos, seres, coisas que são postos no tipo. No art. 121 do CP, a palavra "alguém" pode ser identificada como elemento descritivo. Percebe-se que este "alguém", para ser reconhecido como elemento descritivo do tipo, necessitando apenas de um juízo cognitivo, pois podem ser percebidos pelos sentidos.

Os elementos normativos, por outro lado, não são meramente descritivos, pois exigem que seja feito juízo de valor. São criados por uma norma, e para que sejam compreendidos, é preciso que o intérprete faça uma valoração, tanto ética quanto jurídica, a respeito do elemento. Por exemplo, o art. 140 do CP, descreve os termos "dignidade" e "decoro". Estes termos podem variar seu conceito de acordo com a interpretação realizada.

O elemento subjetivo identifica-se com a vontade, tratando-se de elemento anímico. O dolo é o elemento subjetivo por excelência do tipo. A culpa também faz parte do elemento subjetivo, apesar de não haver direcionamento de conduta para determinado fim. Isto porque o legislador não aprova a utilização pouco cuidadosa dos meios voluntariamente escolhidos para atingir determinado fim. E são com estes meios previamente escolhidos que ocorrem os crimes culposos.

Além do dolo, existem modelos abstratos que exigem elementos subjetivos específicos, como intenções especiais ou tendências determinadas de desenvolvimento de ação. É o especial fim de agir vislumbrado como prescrito no art. 159 do CP: "Sequestrar pessoa com o fim de obter, para si ou para outrem, qualquer vantagem, como condição ou preço do resgate". Os elementos subjetivos especiais integram o tipo subjetivo, que exigem a identificação da sua adequação. O tipo não exige apenas o sequestro, mas também o especial fim de agir, que é expresso com a finalidade extra de "obter vantagem".

Os elementos subjetivos pertencem ao campo psíquico do agente. O elemento subjetivo geral é o dolo. Mas existem elementos subjetivos especiais, como atentado acima.

A presença dos elementos objetivos e subjetivos preenchem o tipo penal, pois a descrição da conduta típica de forma integral revela o tipo sistemático. Assim, o tipo sistemático é formado pela presença dos elementos objetivos e subjetivos.

---

23. WELZEL, Hans. *Teoría de la acción finalista*. Buenos Aires: Editorial Depalma, 1951. p. 26.

O núcleo do tipo é o verbo que aponta a conduta proibida pela lei, e que tem o objetivo de destacar a ação proibitiva. Os sujeitos ativo e passivo do delito, também fazem parte dos elementos específicos dos tipos penais, bem como o objeto material. O objeto material é a coisa ou pessoa contra os quais podem recair a conduta praticada pelo criminoso.

O tipo, portanto, é composto pelo tipo objetivo e tipo subjetivo. Contém no tipo objetivo elementos que identificam o conteúdo da proibição imposta pela lei, tal como sujeito ativo e passivo, conduta proibida, objeto da conduta, as formas da ação, relação de causalidade, resultado e outros. O tipo subjetivo envolve os elementos anímicos, abrangendo os aspectos subjetivos do tipo. Convém ainda destacar que o tipo doloso aponta diferenças em relação ao tipo culposo. O tipo culposo é baseado em punição de conduta mal direcionada, sem destino finalístico ao ilícito. Para caracterizar o crime culposo é preciso que haja conduta voluntária, seja comissiva ou omissiva; ausência de observância de um dever objeto de cuidado, ou seja, negligência, imperícia ou imprudência; resultado danoso não assumido ou não querido por quem praticou a conduta; nexo de causalidade; previsibilidade, ao verificar possibilidade de ocorrência do dano; tipicidade. O tipo doloso, por outro lado, pune conduta dirigida a um fim ilícito.

5.7 CONDUTA PUNÍVEL

O crime é resultado da ação humana. Pela conduta humana, significando comportamento humano, é possível afirmar que a conduta integra o fato típico. Pode a conduta compreender o comportamento humano comissivo ou omissivo, sendo doloso ou culposo. A conduta dolosa exige que o agente deseje produzir o resultado, ou assuma o risco de produzi-lo. A conduta culposa ocorre no momento em que o agente viola o seu dever de cuidado, ao dirigir seus atos com negligência, imprudência, imperícia. O Código Penal tem como regra o crime doloso. Por exceção, nos termos do art. 18, parágrafo único, somente punirá a conduta culposa quando houver previsão legal expressa. Além disso, a conduta poderá ser comissiva ou omissiva. Será comissiva quando o agente direcionar sua conduta para uma finalidade criminosa. Por outro lado, os crimes omissivos identificam abstenção de conduta previamente imposta pela lei, de forma que, havendo atividade exigida legalmente, há omissão do agente.

A conduta possui elementos essenciais que são exigidos desde a teoria clássica até a funcionalista, quais sejam, a exteriorização do conteúdo psíquico, consciência e voluntariedade.

O pensamento, exclusivamente, não é punido pelo Direito Penal. Somente sua exteriorização é passível de sanção penal mediante movimento corpóreo ou abstenção juridicamente indevida do movimento exigido previamente pela lei. Pensar em praticar crime não é conduta punível. É preciso exteriorizar esse pensamento.

A consciência é elemento imprescindível para existir a conduta penal, pois se alguém pratica conduta sem consciência do que faz, será penalmente irrelevante. Aquele que mata em estado de sonambulismo não pratica crime, por ausência de consciência.

O ato voluntário também é exigido como elemento essencial para existir conduta sancionável pelo Direito Penal. Nesse sentido, a conduta penalmente relevante deve ser reflexo de ato voluntário, como produto da vontade consciente do agente. A coação física irresistível, *vis absoluta*, por exemplo, é irrelevante penalmente, pois não existe voluntariedade na conduta do agente.

A conduta criminosa é praticada com a verificação do comportamento do verbo descrito no tipo. Ex: "matar" do art. 121 do CP. Os atos, diferentemente da conduta, são apenas frações da conduta. A conduta penalmente relevante poderá ser praticada com apenas um ato ou vários atos.

Existem duas formas de praticar a conduta. Poderá ser por ação ou por omissão. A ação exige movimento corpóreo, sendo uma conduta positiva. A omissão, por outro lado, é a conduta negativa, consistente numa indevida abstenção de movimento corpóreo no sentido exigido pela lei.

5.8 TIPO COMO CONTINENTE DA AÇÃO

No sistema finalista, é possível afirmar que tipicidade, antijuridicidade e culpabilidade são elementos que transformam uma ação realizada por uma pessoa em crime, sendo que um elemento pressupõe a presença do outro. A tipicidade deve ser analisada em primeiro plano, de modo que somente após verificar seus requisitos, poderão ser analisados os elementos antijuridicidade e culpabilidade. Posto isso, é absolutamente evidente que o conteúdo da tipicidade irradia nos demais elementos, ao analisar a extensão do juízo do desvalor da ação e da reprovação do agente que a realizou, após passar pela tipicidade.

Com isso, no Estado Democrático de Direito, levando em consideração o princípio da legalidade, não é possível que haja tipos penais gerais e abertos a ponto de aplicar sanções sem definir com exatidão qual a conduta proibida pela lei penal. A tipicidade advém do fato referente ao tipo penal, que por sua vez, descreve, por meio do núcleo do tipo, que é o verbo, a ação proibida. Nesse sentido, conclui-se que o tipo é instrumento que materializa uma ação proibida, seja ela positiva ou negativa.

O que impede a violação ao Estado Democrático de Direito é a individualização da ação[24], no tipo penal, devendo ser o elemento nuclear do tipo. O conteúdo proibitivo do tipo penal deve ser individualizado, para que seja possível a coerência no Estado Democrático de Direito, ao considerar o princípio da legalidade. Não pode o tipo deixar de descrever matéria de proibição, sob ameaça de pena, que seja individualizada. O tipo penal deve identificar o conteúdo proibitivo individualizando a ação da forma mais objetiva possível. Consequentemente, o tipo penal terá um modelo de conduta proibitiva individualizada, aos moldes do que exige o princípio da legalidade. Por isso, o tipo penal é continente da ação.

---

24. Ação como sinônimo de conduta que abrange a ação propriamente dita e a omissão.

É com fundamento no Estado Democrático de Direito, no princípio da legalidade e nos limites da ação que será analisada a viabilidade da ação significativa diante do Direito Penal brasileiro. Nesse ponto de análise, nasce uma possível crítica à estrutura significativa, que tem uma teoria do delito fundamentada na ação significativa, que por sua vez é baseada em signos sociais e atos de fé. Resta indagar se a filosofia da linguagem tem o poder de dar a devida segurança, nos termos que exige o Estado Democrático de Direito.

6
TEORIAS DA AÇÃO

É importante verificar o caminho evolutivo do conceito de ação, identificando a importância do caminho perpetrado do conceito na teoria causal valorativa, na teoria final da ação, na teoria social da ação, na teoria funcionalista da ação, na teoria negativa da ação, até a teoria significativa da ação. Com isso, é possível perceber a importância de como uma nova teoria da ação, baseada no pensamento do segundo Wittgenstein e no pensamento teórico de Harbermas, consegue atingir toda uma estrutura do delito.

6.1 INTRODUÇÃO

No Brasil, o conceito de ação foi deixado à incumbência da doutrina, uma vez que o Legislador não a delimitou no Código Penal Brasileiro. A dificuldade da Ciência Criminal, diante do assunto, foi encontrada na elaboração de um conceito amplo de ação que pudesse ser capaz de englobar a omissão. É possível encontrar registro de que, em 1904, Radbruch[1] foi o primeiro a apontar a impossibilidade de elaboração de um conceito amplo de ação. Houve, também, na Alemanha, tentativa de formulação de um conceito abrangente da ação, que fosse possível admitir a omissão.

Não há dúvidas de que a ação possui relevantes funções na teoria do crime, obtendo suas primeiras linhas de atenção em 1840, na obra de Luden, que acabou por ganhar definição mais precisa no Manual de Berner[2], no ano de 1857. Trata-se de uma época em que a ação antijurídica e culpável era levada em consideração como elementos do crime. Não havia grandes traços para diferenciar o que poderia distinguir um elemento do outro, somente vindo a apontar certa diferença com Ihering, no Direito civil, ao reconhecer a antijuridicidade como elemento objetivo que representa contrariedade entre uma conduta e a norma.

Em 1881, Franz von Liszt[3] trouxe para o Direito Penal, o conceito de antijuridicidade juntamente com o de culpabilidade, uma vez que no Direito Penal, impera a regra da responsabilidade subjetiva.

Hans Welzel[4] destacou que, somente em 1884, na 2ª edição do Tratado de Franz von Liszt, veio aparecer de forma clara, a separação entre a antijuridicidade e a culpabilidade.

---

1. RADBRUCH apud CEREZO MIR, José. *Curso de derecho penal español*. Madrid: Tecnos, 1985. p. 290. v. 1.
2. LUZÓN PEÑA, Diego-Manuel. *Derecho penal parte general I*. Madrid: Ed. Universitas S.A, 1996, p. 225; JESCHECK, Hans-Heinrich. *Tratado de derecho penal*: parte general. Tradução da 4. ed. por José Luis Manzanares Samaniego. Granada: Comares, 1993. p.197.
3. LISZT, Franz von. *Tratado de direito penal alemão*. Trad. José Hygino Duarte Pereira. Rio de Janeiro: F. BRIGUIET & C. Editores, 1899, p. 183. t.1.
4. WELZEL, Hans. *El nuevo sistema del derecho penal*. Montevideo: BdF, 2002. p. 78.

José Cerezo Mir[5] já ensinou que a ação deve cumprir uma função de conexão entre a tipicidade, antijuridicidade e culpabilidade, devendo ser valorativamente neutra para não prejudicar tais elementos. Significa dizer que a função da ação como elemento básico, não gera a necessidade de pertencerem à ação ou omissão, todos os elementos do tipo de injusto, sendo dolosos ou culposos. Afirma-se, também, que existe a necessidade de a ação preencher todas as formas de condutas relevantes para o Direito Penal, como ação, omissão e condutas dolosas ou culposas. Além disso, é possível afirmar que a ação representa uma função limitadora, uma vez que exclui as formas de condutas que são ausentes de relevância para a matéria criminal.

Pode-se dizer que a ação e a omissão, em sentido estrito, representam a constituição de duas formas básicas do fato considerado punível, sendo que a ação, ao gerar um crime comissivo, viola uma proibição, e a omissão, nesse mesmo sentido, descumpre uma ordem normativa.

Não podemos esquecer que o crime existe somente enquanto ação humana, fortalecendo a posição de que o Direito Penal do fato deve prevalecer, sobretudo no Estado Democrático de Direito, em vista de um Direito Penal constitucionalizado. Assim, não se pode cobrar penalmente de alguém, por condições de estado, condição social ou qualquer característica pessoal, sob pena de aplicação do Direito Penal do autor, o que é inadmissível no Estado Democrático de Direito. Além do mais, é importante lembrar o valor do princípio da materialidade, que determina a exigência do delito de uma ação ou omissão decorrente da conduta do homem, para que haja existência de desvio. Por este princípio, há o entendimento de que nenhuma lesão poderá ser considerada penalmente relevante se não for resultado de uma conduta humana.

A discussão entre o modelo causal e o modelo final de ação dominou a primeira metade do século XX. Na segunda metade, houve o surgimento de outras teorias de ação inviabilizando qualquer consenso sobre o assunto. Por isso, há grande relevância no estudo das teorias da ação desde a teoria causal-naturalista da ação até a teoria da ação significativa de Tomás Salvador Vives Antón.

6.2 TEORIA CAUSAL-NATURALISTA DA AÇÃO

O modelo causal de ação teve como grandes expoentes Franz von Liszt[6] e Ernst von Beling[7], no final do século XIX, sendo posteriormente aprofundado por Radbruch[8-9], em virtude de influência do pensamento científico-natural da ciência criminal.

---

5. CEREZO MIR, José. *Curso de derecho penal expañol*. Madrid: Tecnos, 1985. p. 273. v. 1.
6. LISZT, Franz von. *Tratado de direito penal alemão*. Trad. José Hygino Duarte Pereira. Rio de Janeiro: F. BRIGUIET & C. Editores, 1899, p. 197.
7. BELING, Ernst von. *Esquema de derecho penal*: la doctrina del delito tipo. Tradução de Carlos M. De Elía. Buenos Aires: Libreria El Foro, 2002. p. 42-43.
8. RADBRUCH, Gustav. *El concepto de acción y su importancia para el sistema del derecho penal*. Buenos Aires: Editorial IB de IF, 2011. p. 99
9. WELZEL, Hans. *Derecho penal aleman*. Trad. Juan Bustos Ramirez e Sergio Yáñez Pérez. Santiago: Ed. Jurídica de Chile, 1970. p. 61.

A teoria causal surgiu no século XIX, em um contexto de ideias positivistas. Nesse sentido, o termo causalista deriva da mesma causalidade que rege as ciências da natureza, baseando-se na relação causa-efeito. Buscava-se, o Direito, a explicação pela explicação das coisas, ao invés de compreender as coisas.

Pelo modelo causal da ação, considera-se que a ação seja o movimento corporal voluntário que causa uma modificação no mundo exterior. Melhor dizendo, a ação consiste numa modificação causal externa, produzida por uma manifestação de vontade, mais especificamente, por uma ação ou omissão voluntária. Neste modelo, percebe-se que a manifestação de vontade, o nexo causal e o resultado são elementos da ação. Neste modelo teórico, o dolo e a culpa, como conteúdo volitivo, ainda estão alocados na culpabilidade.

O conceito causal da ação fracionou a ação, de tal forma que a dividiu no processo causal externo e interno. O externo, representado pela ação e resultado, foi denominado objetivo. O processo interno, subjetivo, foi preenchido pelo conteúdo da vontade. Dessa forma, satisfez-se a separação entre a antijuridicidade e a culpabilidade.

Edmund Mezger[10] afirmou que, pela "teoria jurídico-penal da ação", houve a limitação em perguntar o que foi causado pelo querer do agente e quais os efeitos produzidos por este querer, pois, todos os efeitos pelo querer do delinquente são considerados partes integrantes da ação. Para confirmar a existência de uma ação, basta a certeza de que o agente agiu com voluntariedade. O conteúdo da vontade é irrelevante, somente sendo levado em consideração pelo elemento culpabilidade.

Há uma diferença de pensamentos entre Edmund Mezger e Franz von Liszt. Por influência do neokantismo, Edmund Mezger admite que o conceito causal da ação não é inteiramente neutro, livre de valores, uma vez que carrega, implicitamente, o elemento valorativo, no momento em que exige que a ação ou omissão sejam voluntários.

Assim, pela teoria causal da ação, esta é a produção causal de um resultado no mundo exterior, por meio de um comportamento humano voluntário. Somente para esclarecer, a voluntariedade significa, neste ponto de análise, apenas ausência de coação física.

A teoria causalista da ação é falha por que cria o esvaziamento do conteúdo da vontade. Os causalistas acreditavam na separação absoluta das características objetivas e subjetivas. Tentaram imputar toda análise objetiva na ação típica e antijurídica, e a observação subjetiva na culpabilidade, sem ligação entre elas. Nesse caso, a exigência da análise subjetiva somente na culpabilidade, desloca-se o conteúdo da vontade da ação para a culpabilidade, esvaziando o conteúdo da própria ação, como consequência obrigatória desta linha de pensamento. Como já exposto, a contribuição de Max Ernst Mayer, no neokantismo, foi demasiada importante, carregando seus benefícios até os

---

10. MEZGER, Edmund. *Tratado de derecho penal*. Trad. José Arturo Rodriguez Muñoz. Buenos Aires: Ed. Bibliográfica Argentina, 1935. t.1. p. 220-221; WELZEL, Hans. Derecho penal aleman. Trad. Juan Bustos Ramirez e Sergio Yáñez Pérez. Santiago: Ed. Jurídica de Chile, 1970. p. 62; JAKOBS, Günther. El concepto jurídico penal de acción. *Estudios de derecho penal*. Trad. Enrique Peranda Ramos, Carlos J. Suárez Gonzáles e Manuel Cancio Meliá, Madrid: UAM Editores, Civitas, 1997. p. 160.

DIREITO PENAL & AÇÃO SIGNIFICATIVA • Pedro H. C. Fonseca

dias de hoje, pois conseguiu aderir o aspecto subjetivo na ação, fazendo com que a ação deixe de ser um "fantasma sem sangue".

6.3 TEORIA CAUSAL – VALORATIVA DA AÇÃO

Em um momento posterior ao desenvolvimento da teoria causal-naturalista da ação, verificou-se a presença da influência da filosofia neokantiana, obtendo, a partir daí, um conceito valorativo da ação, mesmo sem deixar de ser causal. Nesse sentido, conceitua-se a ação como um comportamento humano voluntário manifestado no mundo exterior. Nesse ponto, o conceito de ação deixa de ser simplesmente naturalista para ser normativo, redefinindo o comportamento humano voluntário. O tipo de injusto, melhor entendido como antijuridicidade típica, perde a característica de neutralidade, tendo a inclusão de elementos normativos. Em seguida, a culpabilidade modifica sua estrutura para um conceito psicológico-normativo, lembrando a reprovação do agente pela vontade contrária ao dever.

É importante lembrar que, no Neokantismo, o crime é necessariamente uma ação tipicamente antijurídica. A tipicidade não constitui um elemento livre da antijuridicidade. Nesse sistema, analisa-se, em primeiro lugar, a antijuridicidade como injusto objetivo, e somente depois como injusto típico. Por isso dizer que verifica-se uma antijuridicidade tipificada. As características subjetivas do fato estão na culpabilidade. Nesse sentido, crime seria um comportamento antijurídico e culpável.

De todo modo, o importante é lembrar que houve uma evolução do sistema clássico para o neoclássico do fato punível, havendo uma reorganização teleológica do modelo causal de ação com uma injeção de valores na estrutura penal, além da consideração do aspecto subjetivo no âmbito da ação.

6.4 TEORIA FINAL DA AÇÃO

Para a elaboração da teoria finalista da ação, foi importante a presença da teoria da ação desenhada por Samuel von Puffendorf, que concebia a ação como aquela unicamente direcionada pelo homem, e caracterizada por ter a presença do intelecto e da vontade. Conforme Cláudio Brandão[11], as primeiras ideias sobre a teoria finalista da ação, surgiram em 1931, com a obra Kausalität und Handlung (Causalidade e Ação), além do discurso exposto pela obra *Naturalismus und Wertphilosophie im Strafrecht* (Naturalismo e Filosofia dos Valores em Direito Penal), de 1935. Hans Welzel desembrulha à público a doutrina completa somente em 1939 na obra *Studien zur System des Strafrechts* (Estudos para o Sistema de Direito Penal).

Cezar Roberto Bittencourt[12] vem acrescentar que Hans Welzel não baseou sua doutrina em pensamentos de Nicolai Hartmann, mas sim na psicologia do pensamento,

---

11. BRANDÃO, Cláudio. *Curso de Direito penal*: parte geral. 2. ed. Rio de Janeiro: Forense, 2010. p. 139.
12. BITTENCOURT, Cezar Roberto. *Tratado de direito penal*: parte geral. 20. ed. rev. ampl. atual. São Paulo: Saraiva, 2014. p. 289.

notadamente na obra *Bases de la filosofía del pensamento* de Richard Honigswald. O conceito finalista se opôs ao conceito causal de ação, sobretudo à insustentável separação entre a vontade e o seu conteúdo. Houve evolução, com a teoria finalista, no sentido de superação da antiga ruptura entre os aspectos objetivos e subjetivos da ação e do próprio injusto, revelando a mudança do injusto naturalístico para o injusto pessoal.

Apesar de ter sido concebida por Hans Welzel[13] na primeira metade de século XX, a teoria finalista da ação foi aperfeiçoada após a segunda guerra mundial, objetivando quebrar a sistema penal nazista, sendo a teoria reflexo de uma tentativa de modificação da dogmática. Nesse sentido, a teoria finalista surgiu dando valor no caráter ético-social do Direito Penal.

Hans Welzel[14] entendeu que a ação humana seria o exercício da atividade final, considerando a ação final e não causal. Pela teoria finalista, considera-se que, dentro de certa razoabilidade, o homem prevê as consequências possíveis de uma conduta praticada. Trata-se do saber causal do homem, levado em consideração, de modo que a prática de uma conduta é direcionada a um fim. A vontade representa o ponto central da teoria.

Com efeito, a finalidade é baseada na capacidade de vontade de prever, dentro de certa delimitação, as consequências da conduta após o curso causal ser dirigido para alcançar um fim. É preciso observar a vontade para considerar a causa fruto de uma conduta dirigida a uma finalidade. Esta vontade finalística, fator do acontecimento real, pertence à ação.

Vieram à tona consequências na estrutura do delito, com a presença da concepção finalista da ação. Houve a inclusão do dolo e da culpa nos tipos de injustos dolosos e culposos, revelando-se uma culpabilidade puramente normativa. Além disso, diante do desvalor da ação, há o correspondente desvalor do resultado. O desvalor pessoal da ação do agente se revela pelo dolo do tipo ou pela culpa, ou seja, desvalor doloso – tipo de injusto doloso e desvalor culposo – tipo de injusto culposo.

Diante do exposto, é possível considerar a ação como o comportamento humano voluntário e consciente direcionado a uma finalidade. No momento em que se afirma que a ação humana tem em sua estrutura uma vontade direcionada a um fim, trata-se, na verdade, de uma conclusão, qual seja, o dolo reside na ação. No causalismo, o dolo não tem domicílio na ação, devendo aquele ser estudado na culpabilidade.

A ação é composta por um comportamento externo e o movimento corporal dirigido a um fim. O comportamento exterior tem conteúdo psicológico, com a vontade direcionada a um ponto, levando em conta a antecipação mental do resultado procurado, a escolha dos meios e a aceitação dos efeitos da conduta pretendida. Nesse sentido, admite-se duas fases na teoria finalista da ação, tratando-se da fase subjetiva e objetiva.

A fase subjetiva é fruto do aspecto intelectual. Nesta etapa, ocorre, em primeiro lugar, a revelação do objetivo pretendido pelo agente; em segundo, a escolha dos meios de execução; e em terceiro, a consideração das consequências da relação meio e fim.

---

13. WELZEL, Hans. *Teoría de la acción finalista*. Buenos Aires: Editorial Depalma, 1951. p. 18;24.
14. WELZEL, Hans. *Teoría de la acción finalista*. Buenos Aires: Editorial Depalma, 1951. p. 18;24.

A etapa objetiva se desenvolve não mais no mundo intelectivo, mas sim no mundo real, em que acontece efetivamente a execução da ação selecionada pelos meios destacados, direcionada para determinado fim, após a estruturação intelectual do acontecimento pelo autor. Significa dizer que o indivíduo coloca o plano intelectual em prática para alcançar um fim, com sua conduta, os meios e a finalidade previamente escolhidos por ele. Na eventualidade de não acontecer o fim desejado, ocorrerá o fenômeno da tentativa.

Hans Welzel sofreu duras críticas com a teoria finalista da ação quanto a análise dos crimes culposos, no sentido de que possuem resultado que se produz de modo puramente causal, sem abrangência da vontade do autor. No âmbito da análise dos crimes culposos, destaca-se a direção finalista da ação realizada com o direcionamento finalista exigido pelo Direito. Nesse sentido, observa-se que o fim buscado pelo autor da conduta é, geralmente, irrelevante juridicamente. Contudo, os meios escolhidos ou a forma de utilização dos meios tem relevância jurídica penal. Exemplo disso revela-se claramente na análise de um acidente de motocicleta em que o motociclista imprime velocidade alta e não permitida, por diversão, acabando por matar um pedestre após perder o controle do meio de transporte. O fim da ação e o meio escolhido não tem relevância jurídica penal, pois o fim é o transporte de um lugar para outro. O meio de transporte escolhido é lícito e sem importância jurídica quanto ao aspecto criminal. No entanto, a forma de utilização do meio (motocicleta em alta velocidade) é jurídico penalmente relevante, nesse ponto. Portanto, não concordamos com a crítica. Há sim o elemento vontade com direção de opções na escolha entre os meios em oferta ou o modo de utilização dos meios ofertados. A relevância jurídico penal encontra fim nos meios ou forma de utilização dos meios.

6.5 TEORIA SOCIAL DA AÇÃO

A teoria social da ação tem origem nos esforços de Eberhard Schmidt[15] para distanciar do conceito causal da ação a enorme influência do positivismo naturalista. A teoria tem origem no ano de 1932, sendo resultado de uma tentativa de atualização do tratado de Franz von Liszt, por Eberhard Schmidt.

A direção da ação não acaba na causalidade e na determinação individual. É necessário fazer o questionamento da direção da ação de modo objetivo e genérico, de forma que leve em consideração que a teoria social da ação busca ser uma solução adequada entre a consideração ontológica e a normativa, sem deixar de lado os conceitos da ação causal e final. Perceba que a teoria social da ação representa, com clareza, uma via intermediária entre a teoria causalista e a teoria finalista. Talvez esta via mediana seja o motivo pelo qual se pode afirmar que o discurso social da ação possui outras vertentes, ora defendendo o causalismo, ora apoiando o finalismo. É importante, ainda, apontar que a teoria social da ação teve origem no causalismo, apesar de Hans Welzel entender que o conteúdo da ação social não se opõe ao finalismo.

---

15. BITENCOURT, Cezar Roberto. *Tratado de direito penal*: parte geral I. São Paulo: Saraiva, 2014. p. 291.

6 • TEORIAS DA AÇÃO

Pela teoria social da ação, entende-se por ação o comportamento socialmente relevante. É preciso visualizar a relação entre o comportamento do ser humano e o contexto mundano em que se realiza a conduta, considerando esta, tanto positiva, traduzida pela ação, quanto negativa, traduzida pela omissão.

Importante crítica feita por Cláudio Brandão[16] a respeito da teoria social da ação é revelada no sentido de que o discurso desta teoria tem conteúdo valorativo de ação, de forma que valora a relevância social. Levando em conta que o conceito de ação se presta como ponto de conexão entre os elementos do crime, é preciso que o discurso da ação seja neutro. O motivo da necessidade de ser neutro, refere-se ao fato de que os juízos de valor devem ser realizados na tipicidade e antijuridicidade. Na eventualidade de se utilizar um conceito de ação que não seja neutro, estaria antecipando um julgamento da tipicidade e antijuridicidade, contrariando um Direito Penal liberal.

Além disso, vale a pena destacar que a relevância social é admitida, pela teoria social da ação, como elemento valorativo para apreender ação e omissão de ação, representando um atributo axiológico do tipo de injusto, sendo responsável pela escolha de ações e omissões de ação no tipo legal. Se a relevância social for retirada, não desaparecerá a ação, mas sim seu significado social. Diante disso, conclui-se que a relevância social tem natureza de propriedade da ação, que revela sua importância no âmbito social.

Não há confusão com a ação considerada e levada em conta por Tomás Salvador Vives Antón na estrutura significativa. A ação significativa é baseada em signos, dentro da filosofia da linguagem de Ludwig Wittgenstein e a teoria da ação comunicativa de Jürgen Habermas. A ação significativa é revelada pelo contexto social no âmbito da filosofia da linguagem. Diferente é a ação na teoria social da ação, que não leva em conta a base filosófica de Wittgenstein e Habermas, mas a importância da ação diretamente na sociedade, o que faz toda a diferença.

6.6 TEORIA FUNCIONALISTA DA AÇÃO

A teoria funcionalista da ação trabalha a ação conforme os fins da pena e do Direito, de tal forma que não admite que a ação tenha viés pré-jurídico, mas sim normativo. A ação é caracterizada por extrair conteúdo nas normas jurídicas.

Levando em consideração a posição de Claus Roxin, o funcionalismo busca aproximar a dogmática penal da política criminal. Toda a sistematização da dogmática penal é instrumentalizada de valoração política-criminal, inclusive a ação. Sem negar o conceito de ação, o funcionalismo a admite carregada de juízo normativo. Nesse sentido, diante de inúmeras interpretações da realidade, pelo funcionalismo, uma interpretação valorativa gera um sentido mais adequado ao conceito de ação.

Entendendo que a política criminal pode ser vista como programa legal de prevenção e reprovação de delitos, o funcionalismo pretende esclarecer que a política criminal não é feita somente pelo legislador, mas também pelos operadores do direito diante de

---

16. BRANDÃO, Cláudio. *Curso de direito penal: parte geral*. 2. ed. Rio de Janeiro: Forense, 2010. p. 139.

DIREITO PENAL & AÇÃO SIGNIFICATIVA • Pedro H. C. Fonseca

um caso concreto. Essa linha de pensamento funcionalista promove a defesa de que a tipicidade, antijuridicidade, culpabilidade e demais elementos da estrutura do delito sejam trabalhados por meio de um ponto de vista alinhado com a política-criminal. Como a ação faz parte do sistema dogmático, deverá ela ser admitida como um conceito orientado para as finalidades político-criminais. Nesse ponto, não podemos concordar, apontando, ao nosso ver, a teoria finalista como opção mais segura.

Pelo posicionamento funcionalista, Claus Roxin[17] apoia-se em dizer que a ação é o conjunto de dados fáticos e normativos que retratam a figura da personalidade humana. Assim, é preciso que a ação seja expressão da personalidade do homem, excluindo atos reflexos, força física absoluta, convulsões, por exemplo, por não pertencerem a manifestações por meio de atos de personalidade do ser humano. O conceito de ação funcionalista aparece no momento em que há o entendimento de que a ação é a expressão da personalidade. A ação na teoria funcionalista, na vertente de Claus Roxin, é tida como manifestação da personalidade, sendo um conceito capaz de abranger todo acontecimento atribuível ao centro de ação psíquico-espiritual do ser humano.

No Funcionalismo, a ação deixa de ser protagonista do conceito analítico de crime, pois o que importa, é a definição de critérios jurídicos para imputação de resultado a uma conduta. Isto porque o objetivo é identificar a responsabilidade penal atendendo a função do Direito Penal. O funcionalismo racional-teleológico de Claus Roxin tem por função a promoção da proteção de bens jurídicos. No funcionalismo sistêmico de Günther Jakobs a função do Direito Penal é reafirmar o Direito, tendo a pena como elemento para reforçar a importância de não violar a norma.

6.7 TEORIA NEGATIVA DA AÇÃO

A teoria negativa da ação[18] foi elaborada por Herzberg, Behrendt, Harro Otto, além da contribuição de outros, apresentando um conceito de ação dentro da categoria do tipo do injusto, de tal modo que passou a rejeitar definições ontológicas expressas pelos conceitos causalista e finalista.

Pela teoria negativa da ação, entende-se que ação é a evitável não evitação de um resultado na posição de garantidor. O autor da conduta realiza aquilo que não deve realizar, ou não realiza o que deve realizar. Assim, atribui-se um resultado ao agente se a norma manda sua evitação e este não evita, embora possa evitar.

O ponto inicial de análise do conceito negativo de ação seria o estudo desta dentro do tipo de injusto. Dessa forma, teria possibilidade de saber se o agente influenciaria o curso causal para atingir o resultado, por meio de conduta dirigida pela vontade do autor.

---

17. ROXIN, Claus. *Derecho penal*: parte general: fundamentos: la estructura de la teoria del delito. Traducción de Diego-Manuel Luzón Peña, Miguel Díaz y García Conlledo, Javier de Vicente Remesal. Madrid: Civitas, 1997. p. 62. t.1.
18. SANTOS, Juarez Cirino dos. *Direito penal*: parte geral. 4. ed. rev., ampl. Florianópolis: Conceito Editorial, 2010. p. 92;94.

Perceba que o fundamento da teoria negativa da ação é o princípio da evitabilidade do tipo de injusto definido pelo Código Penal Alemão[19] nos seguintes termos:

§ 13 – Comissão por omissão – Quem omite evitar um resultado que pertence ao tipo de uma lei penal, somente é punível conforme esta lei, se ele é juridicamente responsável pela não ocorrência do resultado, e se omissão corresponde à realização do tipo legal por um fazer. (Tradução nossa).

Em suma, a teoria negativa da ação revela o entendimento de que a ação gera resultado para o autor que não evita o que o direito ordena, isto é, sua evitação, embora seja possível evitar a conduta destacada como proibida. O autor realiza o que não deve realizar, ou não realiza o que deve realizar, considerando a conduta comissiva ou omissiva como infração penal.

6.8 TEORIA SIGNIFICATIVA DA AÇÃO

O conceito significativo da ação foi formulado por Tomás Salvador Vives Antón[20], a partir da análise da filosofia da linguagem de Ludwig Wittgenstein, e da teoria da ação comunicativa de Habermas. A teoria significativa da ação trouxe uma nova roupagem conceitual da ação, visando um novo paradigma do conceito da conduta penal.

Além de Tomás Salvador Vives Antón, George Patrick Fletcher[21] também chegou à conclusão de que há um conceito significativo da ação, denominado por ele de "intersubjetivo". Fletcher acredita que entender a ação é como entender uma linguagem, da mesma forma que entende-se o significado de uma frase pelo contexto que a utiliza. Assim seria a ação, pois entende-se seu significado pelo contexto em que ocorre. Nesse sentido, expõe Paulo César Busato[22]:

"Desde outra perspectiva, conectada com o desenvolvimento de um aspecto dogmático das lições de Welzel que culminou esquecido por seus seguidores, George Fletcher também alcançou um conceito que se pode denominar 'significativo' de ação, ainda que ele prefira a denominação 'intersubjetivo'. De qualquer modo, o próprio Fletcher identificou os pontos comuns entre sua proposta e a proposta de Vives, o que nos permite a conclusão de que se trata de concepções bastante coincidentes."

George Patrick Fletcher, expressa pensamento que converge ao de Tomás Salvador Vives Antón. Contudo, por ter origem no Direito americano, em que pese acreditar na identificação da ação como sentido, o vínculo ao *common law* o deixa livre de apresentar um esquema dogmático que envolve a teoria da ação significativa e a teoria do delito. Fletcher entende a ação em um delimitado contexto, admitindo a ação estruturada aos moldes do seu significado social.

---

19. Quien omita evitar un resultado que pertenezca al tipo de una ley penal, sólo incurre en un hecho punible conforme a esta ley, cuando debe responder jurídicamente para que el resultado no se produciera, y cuando la omisión corresponde a la realización del tipo legal mediante una acción. Código Penal Alemán: del 15 de mayo de 1871, con la última reforma del 31 de enero de 1998. Trad. Claudia López Diaz. Verlages C.H. Beck, München, 1998. p. 8.
20. VIVES ANTÓN, Tomás Salvador. *Fundamentos del sistema penal*. Valencia: Tirant lo Blanch, 2011. p. 121.
21. BUSATO, Paulo César. *Direito penal e ação significativa*. Rio de Janeiro: Lumen Juris, 2010. p. 145;150.
22. BUSATO, Paulo César. *Direito penal e ação significativa*: uma análise da função negativa do conceito de ação em direito penal a partir da filosofia da linguagem. Rio de Janeiro: Lumen Juris, 2010. p. 144.

George Patrick Fletcher[23], professor da Universidade de Columbia, nos Estados Unidos da América, defende o apoio dado pela filosofia da linguagem ao conceito significativo da ação. Sua crença no âmbito do conceito de ação é clara quanto a troca da ideia de explicação cartesiana da ação para uma outra direção, qual seja, a compreensão do ponto de vista da filosofia da linguagem, que permite ter a ação por compreensão humana de um significado cercado por contexto social. Deve ser considerado o conjunto de fatores sociais e culturais que envolvem a conduta realizada pelo agente. Por exemplo, o contexto que dá significado à conduta, permite interpretar o motivo pelo qual uma pessoa mata outro indivíduo.

Há uma compreensão humanista da ação, sem ter como única preocupação a consideração de ter a ação como explicação científica decorrente de consequente forças causais. Pois, a conduta humana, inclusive aquela que gera vinculo ao Direito Penal, deve ser compreendida, e não explicada por conceitos científicos. Acreditam que não é somente pela finalidade que se identifica uma ação humana. É preciso que haja compreensão de outros fatores que dirigem a vontade. Ação é identificada por elementos que a envolvem, numa procura intensa da compreensão humana, que permite ver o significado comunicado por ela.

A proposta de George Patrick Fletcher procura ter a ação em um contexto interpretativo da mesma, o que o aproxima de Tomás Salvador Vives Antón, apesar de ter denominado sua teoria de intersubjetiva da ação.

A teoria da ação significativa vislumbra a hipótese de ter uma compreensão humanista em diálogo com o âmbito do contexto social que a envolve, levando sua consequência ao crivo do Direito Penal. A ação é caracterizada por ser percebida e compreendida, ao invés de ser explicada cientificamente. Paulo César Busato[24], de forma clara e objetiva ensina o seguinte.

> "Em realidade, o que se faz é tentar uma compreensão humanista do fenômeno da ação através da consideração em seu âmbito do contexto geral onde tem lugar o fato que se põe à apreciação do Direito Penal. Assim, estes elementos circundantes da ação servem para sua percepção e compreensão mais do que para explicação social. Inclusive a própria identificação da existência ou não de uma conduta depende do seu entorno, que dizer, das circunstâncias em que ela se realiza.
>
> Por exemplo, um indivíduo que jaz completamente estático, sem fazer nada, simplesmente olhando para a parede ou pela janela. Dependendo das circunstâncias esta atitude pode ou não representar uma ação (lato sensu). Se o fato se produz em sua residência, em um aborrecido final de semana em que o personagem se encontra só, pode-se considerar ausente qualquer conduta. Mas esta mesma pessoa atuando da mesma maneira, ou seja, ficando imóvel, olhando pela janela todo o dia, no escritório onde trabalha com funcionário público, em pleno dia e horário laboral, pode representar a atuação positiva de fazer parte de uma greve de protestos por melhores salários."

Tomás Salvador Vives Antón questiona o modelo tradicional da ação. Pela concepção cartesiana até então desenvolvida, o entendimento é o de que a ação se apresenta pelo

---

23. FLETCHER, George Patrick. *Aproximación intersubjetiva al concepto de acción*: conferencia proferida na Universidad Pablo de Olavide, Sevilla, España, em 1998. Trad. Francisco Muñoz Conde, Sevilla: Universidad Pablo de Olavide, 1998. p. 8.

24. BUSATO, Paulo César. *Direito penal e ação significativa*. Rio de Janeiro: Lumen Juris, 2010. p. 181.

movimento corporal em conexão com a vontade, ou seja, um aspecto físico e mental. Diante disso, distingue-se fatos humanos de fatos naturais e de fatos de animais, pois somente as condutas humanas possuem aspecto mental, representado pela vontade.

O conceito tradicional, sobretudo o de Hans Welzel[25], trata de ação de cunho cartesiano com concepção eminentemente ontológica, permitindo-nos tirar a conclusão de que a ação tradicionalmente percebida é traduzida pelo que as pessoas fazem ou algo que ocorre, ontologicamente. A evolução teórica que o conceito significativo da ação traz é nítida, pois quebra a regra afirmando que a ação deve ser entendida, não mais como "o que as pessoas fazem", com viés ontológico, mas sim pelo "significado do que as pessoas fazem". As ações significativas representam algo, tem um sentido, um significado social, exigindo sua interpretação diante de um determinado contexto.

Pela teoria significativa, não é possível ter um conceito universal de ação, que seja uma regra básica e ontológica distribuída pelo universo de peso igualitário. A ação não existe antes das normas que as definem. Não apenas normas legais, mas também normas sociais. Diante disso, cada ação praticada significa algo já valorado pelo corpo social dentro da filosofia da linguagem. Cada ação já possui um significado prévio. Nesse sentido, praticar o ato de lesão corporal em determinado local do mundo, terá seu respectivo significado, representando ou não a reprovação social.

A teoria significativa da ação contesta o entendimento de que existe uma ideia de ação geral, que possa atender a todas as espécies de situações, como se fosse uma regra incontestável. Acredita-se, neste conceito, que não é possível existir a ideia de ação prévia às normas. Nesse sentido, para que alguém seja responsabilizado pela conduta sequestrar, seria necessária a existência prévia de uma norma admitindo a conduta como relevante para a matéria penal. As normas trazem um significado jurídico, social, cultural para as ações posteriormente praticadas. Veja que é possível perceber que os fatos humanos somente podem ser entendidos através das normas, de modo que o significado das condutas existe em virtude das normas.

O conceito significativo da ação, pela exposição de Jürgen Habermas[26] vislumbra que existe uma forma de agir comunicativo que vem a ser a

> [...] "disponibilidade que existe entre falantes e ouvintes a estabelecer um entendimento que surge de um consenso sobre algo no mundo. Nossas ações situam-se em um mundo da vida compartilhado subjetivamente que, permeado por um pano de fundo consensual, nos possibilita um entendimento prévio."

O conceito significativo da ação trouxe uma mudança de referencial filosófico, representando a aceitação de um plano ocupado pela interpretação, de ordem social, e um segundo plano de intenção exclusivamente subjetiva, que é caracterizado pelo aspecto individual.

Trata-se de um conceito que injetou novidade no âmbito de análise da conduta. Veja que o modelo clássico do delito foi fundamentado no pensamento jurídico do positivismo científico. Mais adiante, a estrutura neoclássica foi apoiada na teoria do

---

25. WELZEL, Hans. *Teoría de la acción finalista*. Buenos Aires: Editorial Depalma, 1951. p. 18.
26. HABERMAS, Jürgen. *Facticidad y validez*. Trad. Manuel Jiménez Redondo. Madrid: Ed. Trotta, 2001. p. 122-123.

conhecimento do neokantismo. Hans Welzel, com suas contribuições filosóficas, teceu o sistema finalista. Após o finalismo, modernas teorias funcionalistas divulgaram suas linhas de pensamento teleológica ou sistêmica. O conceito significativo de ação traz um novo panorama metodológico. Nesse sentido, Tomás Salvador Vives Antón, sem dúvidas, apresenta ideia de evidente originalidade quanto aos fundamentos do sistema de Direito Penal, ao começar pelas bases filosóficas que aderiu, quais sejam, a filosofia da linguagem de Wittgenstein e a teoria da ação comunicativa de Habermas.

A teoria significativa da ação retira do centro das atenções o aspecto meramente subjetivo desta, caracterizado por ser impenetrável, residente apenas na mente do ser humano, e ilumina o plano social do agir humano. A ação praticada pelo ser humano, sem poder ser meramente ontológica, passa a ser percebida por meio de um significado. Além disso, a ação não poderá ser axiológica, uma vez que não é totalmente vista no mundo do dever ser. É necessário que seja entendido que a percepção do significado não tenha origem unicamente na realidade interna do indivíduo, nem no objeto externo, mas sim, na inter-relação entre o aspecto interno e o aspecto externo.

Nesse sentido, confirma Tomás Salvador Vives Antón apontando, que para falar de ação, seria necessário que os sujeitos tivessem capacidade de formar e expressar intenções; contudo, as ações que realizam não dependem das intenções que pretendem expressar, mas do significado que socialmente se atribua a o que evidentemente façam. Diante disso, é possível dizer que, mesmo que a ação de um indivíduo seja direcionada a um fim específico, considerando que há uma consciência quanto ao propósito da ação, somente será considerado o conteúdo social daquela ação, para efeitos penais. Fica clara a dependência da interpretação das ações, pois o significado social é que dá sentido a elas.

Entende-se que a concepção significativa da ação traz uma linha mais humanista, respeitando os direitos fundamentais. Dentro da linha de pensamento de Tomás Salvador Vives Antón, admitindo o ato de fé que representa, a crença nos valores revelados pela filosofia da linguagem, pode-se dizer que é verdade.

Nesse sentido, o Direito Penal atual deve corresponder a um modelo de Estado Democrático de Direito, em que as normas penais devem ser aplicadas em completa sintonia com a Constituição da República. A linguagem com que o Estado se comunica com os indivíduos sob sua guarda, é completa de garantias fundamentais que devem ser respeitadas. Assim, as condutas selecionadas como típicas e antijurídicas, bem como os ritos processuais considerados instrumentos de aplicação da lei penal, necessariamente, observam garantias também pinceladas sob a sombra do Estado Democrático de Direito, tendo como foco de proteção o jurisdicionado. A ação é construída e valorada com respeito a regras sociais que expressam um significado, dentro do âmbito do segundo Wittgenstein. Nesse ponto, há dúvida na opção desta teoria apresentar-se como melhor opção, pois, na hipótese da estrutura significativa de Tomás Salvador Vives Antón ser utilizada sem a observação dos atos de fé, nos signos sociais, considerando a filosofia da linguagem, reputa-se uma teoria com abalada segurança jurídica.

Perceba que duas pessoas paradas, diante de uma janela, viradas para a rua às 10 horas da manhã, sem apresentar qualquer movimento, aparentemente não reflete a presença de crime. Dependendo do contexto da conduta praticada, representa ou não representa uma ação penalmente relevante. Tudo dependerá da leitura do sentido da ação ou omissão.

Na eventualidade de tais pessoas estarem na própria casa apreciando a vista, seria difícil identificar responsabilidade de viés criminal, apesar de possível.

Contudo, se, por acaso, a conduta for realizada por funcionário público, em pleno horário de serviço, considerando que há situação de emergência por calamidade pública, e havendo legislação tipificando omissão quanto à conduta mencionada, tal ação teria relevância penal, uma vez que representa um significado penal diante de um contexto momentâneo de um corpo social exigente de delimitada conduta não praticada.

O que importa para a teoria da ação significativa é o sentido da ação, considerando a filosofia da linguagem, dentro do contexto social.

7
TEORIA DA AÇÃO SIGNIFICATIVA

O Direito Penal evolui constantemente. A teoria da ação significativa é a identificação mais atual desta evolução. No presente capítulo, será desenvolvido o estudo da teoria da ação vislumbrada por Tomás Salvador Vives Antón, com base no segundo Wittgenstein e na teoria da ação comunicativa de Jürgen Habermas, que acaba por permitir a criação de uma nova estrutura conceitual analítica de crime, onde encontra-se não mais os elementos tipicidade, antijuridicidade e culpabilidade, mas sim, o tipo de ação (pretensão de relevância), a antijuridicidade formal (pretensão de ilicitude), culpabilidade (pretensão de reprovação) e a punibilidade (pretensão de necessidade de pena). Trata-se de uma ação que deve ser compreendida pelo intérprete à luz de atos de fé, diferentemente da estrutura finalista, que exige a explicação científica dos elementos do crime.

7.1 AÇÃO SIGNIFICATIVA – INTRODUÇÃO

Tomás Salvador Vives Antón[1], com base na linha de pensamento do segundo Wittgenstein, quanto à filosofia da linguagem, e diante da análise da teoria da ação comunicativa de Jürgen Habermas, formulou o conceito significativo da ação. No mesmo sentido, George Patrick Fletcher, em conexão com o desenvolvimento do aspecto dogmático dos ensinamentos de Hans Welzel, também atingiu o conceito significativo da ação, em que pese ter escolhido o nome "intersubjetivo" para o mesmo conteúdo de pensamento.

Esta nova concepção, baseada nos pilares da ação e da norma, procura atender uma dogmática penal alinhada aos direitos e garantias fundamentais do ser humano. Em *Fundamentos del sistema penal*, Tomás Salvador Vives Antón[2] questiona o significado da ação sob o aspecto cartesiano, ou seja, a ação como fato baseado no movimento corporal e na vontade, somente. É importante registrar que a análise da ação ocorre sob um ponto de vista diferente, ou seja, perante o significado da conduta. Observa-se, pela teoria, que, o que importa, não é o que o agente faz, mas o significado dos seus atos. Com isso, a ação humana deve ser interpretada segundo as normas, segundo os sentidos. A admissão do conceito significativo da ação, por consequência, leva ao reconhecimento da linguagem na interpretação. Pela teoria de Tomás Salvador Vives Antón, tem-se a ação como resultado de comunicação, dos sentidos, da interpretação dos sentidos.[3]

---

1. VIVES ANTÓN, Tomás Salvador. *Fundamentos del sistema penal*. Valencia: Tirant lo Blanch, 2011. p. 208.
2. VIVES ANTÓN, Tomás Salvador. *Fundamentos del sistema penal*. Valencia: Tirant lo Blanch, 2011. p. 343-344.
3. BUSATO, Paulo César. *Direito penal e ação significativa*: uma análise da função negativa do conceito de ação em direito penal a partir da filosofia da linguagem. Rio de Janeiro: Lumen Juris, 2010. p. 152-153.

Paulo César Busato[4] ensina que: "Sai do centro de atenção a perspectiva do impenetrável aspecto subjetivo, residente na mente do homem para destacar a dimensão social da atuação humana"

Trata-se, esta teoria, de uma nova luz na doutrina penal, ao considerar o modelo de conduta penalmente relevante. De acordo com esta linha de pensamento, não existe um modelo universal de ação, como fórmula básica para todas as ações passíveis de serem praticadas pelas pessoas. O que significa dizer que para que a ação tenha relevância, é importante que, antes dela, tenha a existência de normas. Por exemplo, a ação matar exige que antes exista uma norma a definindo.

A importância da análise da conduta deve ser contida com base nas características específicas da lei penal, deixando de lado a preocupação com um conceito geral de ação, cabível para todo comportamento humano, pois o que interessa é a verificação da conduta do agente nos moldes da lei penal. Por isso, a conduta penal relevante identifica-se com a ideia de conduta típica.

As ações relevantes para o Direito Penal exigem que existam prévias composições normativas a respeito de específicas ações. A conduta direcionada para furtar objeto de outrem, tem antes da ação, uma norma a definindo. A ação de furtar somente existirá se existir norma a definindo. Não existe a ação sequestrar se antes não existir a norma dando aquela conduta relevância penal. Previamente, as normas definem o que o corpo social entende pelas ações penalmente relevantes. Por causa disso que se pode concluir que matar alguém para roubar objeto é latrocínio. Há, dessa forma, um significado jurídico, cultural e social na prática do latrocínio. Nesse sentido, a teoria da ação significativa identifica que os fatos criminosos somente podem ser verificados através das normas. O significado das condutas penalmente relevantes somente existe em decorrência das normas. Desse modo, o significado da conduta não pode ser prévio à norma. A ação significativa pede um significado da conduta, para conexão com a norma prévia. O novo conceito de ação requer a interpretação da ação, baseada nos signos sociais, no significado social, além da avaliação perante uma norma prévia. Não é simplesmente uma ação fundada nos requisitos do movimento corporal voluntário, para todo e qualquer ato. Uma ação baseada em signo social, dependendo do meio praticado, é justificada perante o direito, descaracterizando eventual ação negativa para norma previamente adotada pelo poder legislativo como conduta penalmente relevante. Há, com a teoria da ação significativa, o registro de uma mudança do plano cartesiano e geral para um plano de sentidos, com avaliação social do significado da ação praticada e suas consequências.

7.2 BASE TEÓRICA DO CONCEITO SIGNIFICATIVO DA AÇÃO

A ação significativa apresenta contornos que decorrem de fenômenos jurídicos serem parte da luz irradiada pela filosofia da linguagem. A teoria da ação significativa faz parte de novas respostas para a evolução do pensamento jurídico baseado na racio-

---

4. BUSATO, Paulo César. *Direito penal e ação significativa*: uma análise da função negativa do conceito de ação em direito penal a partir da filosofia da linguagem. Rio de Janeiro: Lumen Juris, 2010. p. 147.

7 • TEORIA DA AÇÃO SIGNIFICATIVA

nalidade pós-moderna, que identifica-se com rígidos sistemas fechados para explicar as coisas. Nessa linha, verifica-se que o Direito Penal, diante de rígidos sistemas, se desenvolve com intensa repressão perante conflitos decorrentes de condutas penalmente relevantes. Conforme ensina Fernando Galvão[5], "a perspectiva teórica da ação significativa foi elaborada para atender a tal necessidade."

A teoria da ação significativa, do ponto de vista de Tomás Salvador Vives Antón, foi estruturada com apoio nas bases de pensamentos de Ludwig Wittgenstein, Jürgen Habermas, Robert Alexy[6].

Paulo César Busato[7] expõe que

> [...] Vives Antón, partindo de uma análise da filosofia da linguagem de Wittgenstein e da teoria da ação comunicativa Habermas, chegou a um conceito significativo de ação identificando-a, como vamos ver em seguida, com o "sentido de substrato normativo".

Ludwig Wittgenstein[8] expõe que as palavras em seus variados sentidos influenciam na construção da linguagem social. O instrumento de comunicação do ser humano, partindo da linguagem envolvida, tem relação direta com o desenvolvimento social, que por sua vez, funciona por meio dos significados dados às palavras e gestos. Diante disso, o Direito Penal, como instrumento de soluções de questões relevantes do corpo social, se instrumentaliza no sentido dogmático, ao ter como fonte os sentidos atribuídos às ações humanas diante do significado existente no sistema social em que está inserido. Tomás Salvador Vives Antón[9] identifica o sentido da ação de acordo com as práticas realizadas e reconhecidas na sociedade, aos moldes do pensamento de Ludwig Wittgenstein.

Jürgen Habermas[10], em posição similar, ao evidenciar a teoria da ação comunicativa, admitiu o Direito como um sistema organizador de ações direcionadas e que se justifica através de um discurso corretivo. Afirma que no sistema social existem normas decorrentes de acordo prévio quanto a comportamentos dos indivíduos que a compõe. Havendo pacto sobre comportamentos, há também expectativas dos indivíduos para que sejam cumpridas as regras acordadas. Nesse sentido, obedecer a norma jurídica é também cumprir a expectativa social. Com a teoria da ação comunicativa verifica-se revelação de uma racionalidade comunicativa, que acaba por influenciar no âmbito jurídico. Esta racionalidade comunicativa se envolve na perspectiva jurídica como fonte de

---

5. GALVÃO, Fernando. *Direito penal*: parte geral. 7. ed. Belo Horizonte: Editora D'Plácido, 2016. p. 111.
6. ROCHA, Fernando Antônio Nogueira Galvão da. *Resistência à imposição tributária ilícita e crime contra a ordem tributária: na perspectiva da teoria da imputação objetivo-comunicativa do crime*. 2014. Tese (Doutorado). Universidade Federal de Minas Gerais, Belo Horizonte, 2014. p. 130;138.
7. BUSATO, Paulo César. *Direito penal e ação significativa*: uma análise da função negativa do conceito de ação em direito penal a partir da filosofia da linguagem. Rio de Janeiro: Lumen Juris, 2010. p. 143-144.
8. WITTGENSTEIN, Ludwig. *Investigações filosóficas*: pensamento humano. 4.ed. São Paulo: Editora Vozes, 2005. p. 194.
9. VIVES ANTÓN, Tomás Salvador. *Fundamentos del sistema penal*. Valencia: Tirant lo Blanch, 2011.p. 208.
10. HABERMAS, Jürgen. *Direito e democracia*: entre facticidade e validade. Trad. Flávio Beno Siebeneichler. Rio de Janeiro: Tempo Brasileiro, 1997. p. 257-258. v. 1.

legitimação da norma. Jürgen Habermas[11] dá importância a uma intervenção valorativa no consenso social, adequando-se às premissas do Estado Democrático de Direito.

Paulo César Busato[12] adere à mesma conclusão, da seguinte forma:

> "A ideia de um conceito significativo de ação no âmbito da Ciência Penal, expressa principalmente pelo trabalho de Vives Antón, tem suas raízes situadas na Teoria da Ação Comunicativa proposta por Habermas, que por seu turno, refere que as bases de sua teoria partem do interacionismo simbólico de Mead, do conceito de jogos de linguagem de Wittgenstein, da teoria dos atos de fala de Austin e da hermenêutica de Gadamer. Segundo Martínez-Buján Pérez, VIVES acolhe efetivamente as ideias básicas do pensamento wittgensteiniano e orienta a reflexão filosófica à ação e à linguagem no lugar de fazê-lo ao sujeito."

A racionalidade comunicativa, permitida pela teoria da ação comunicativa, vislumbra desenvolvimento do Direito partindo de uma próxima observação entre os sujeitos que fazem parte da comunicação e ação no sistema social. Há observância direta dos participantes da comunidade de comunicação. O que significa dizer que não se considera a existência de um juiz ou legislador distantes como observador da ação humana. Muito diferente da racionalidade prática que trabalhou com uma posição diferente, qual seja, a consideração de um observador distante do seu objeto de estudo, que é a conduta humana. Nesta perspectiva, o sujeito observador decide sobre o que deve ser considerado comportamento relevante.

Com base na racionalidade comunicativa se cria precedente para considerar, na construção de ideias normativas de forma democrática, a relação entre os sujeitos, pois há possibilidade de rever suas pretensões de validade. Com isso percebe-se permissão para que haja um desenvolvimento cíclico e constante dos significados dos comportamentos humanos no âmbito social, se modificando em um processo de interpretação.

É possível agora dizer que a mudança no paradigma, da racionalidade prática para a racionalidade comunicativa permite observar o Direito com apoio em um consenso racional entre os participantes do ambiente social[13]. A normatividade é construída por meio de consenso decorrente da melhor argumentação. Com a adoção da racionalidade comunicativa, não se verifica mais a normatividade imediata decorrente de um corpo normativo pronto por fonte de autoridade, mas uma normatividade mediata construída com a mais convincente argumentação. Há respeito ao destaque daqueles que participam da comunicação.

Com a teoria da ação significativa, há proximidade com o destaque da dimensão social da atuação do homem. Tomás Salvador Vives Antón adota a ideia de que a ação deve ser observada perante interpretação da conduta pública, com base na compreensão do seu sentido. Nesse sentido, a ação é tida como algo que expõe e transmite um significado.

---

11. HABERMAS, Jürgen. *Direito e democracia*: entre facticidade e validade. Trad. Flávio Beno Siebeneichler. Rio de Janeiro: *Tempo Brasileiro*, 1997. p. 257-258. v. 1.

12. BUSATO, Paulo César. *Direito penal e ação significativa*. Rio de Janeiro: Lumen Juris, 2010. p. 146.

13. ROCHA, Fernando Antônio Nogueira Galvão da. *Resistência à imposição tributária ilícita e crime contra a ordem tributária: na perspectiva da teoria da imputação objetivo-comunicativa do crime*. 2014. Tese (Doutorado). Universidade Federal de Minas Gerais, Belo Horizonte, 2014. p. 130;138.

A ação comunicativa promove interação entre os participantes e o sistema, tendo a comunicação como instrumento de ação estratégica para regulamentar relações entre as pessoas e atingir os fins desejados. O que Jürgen Habermas[14] percebe, é que o Direito, em si, é a ação estratégica que procura inserir soluções no mundo da vida. Nesse sentido, a comunicação operada no sistema é restrita ao ordenamento jurídico, uma vez que ao delimitar regras de convivência social, somente os operadores do direito considerados especialistas tem permissão para construir os preceitos normativos levados a todo o corpo social.

Robert Alexy reinterpretou a teoria do discurso de Habermas com o objetivo de aplicá-la ao Direito. Apoiou entendimento no discurso prático diante do sentido de ter a ordem jurídica como sistema que estrutura ações teleológicas. O discurso jurídico se apresenta como estrutura passível de ser fundamentada racionalmente, aos moldes do ordenamento jurídico em vigor, sem pretensão de esclarecer que determinada proposição seja mais racional do que outra proposição.[15].

Considera-se que a linguagem utilizada no direito ajuda a construir a realidade jurídica. Nesse sentido, a teoria da linguagem permitiu a realização da noção da relevância jurídica das condutas, uma vez que permite juízo de valoração por ação realizada.

Nesse contexto, Fernando Antônio Nogueira Galvão da Rocha[16] observa o seguinte:

> "No contexto de uma teoria comunicativa do crime, é o observador ativo – participante da roda de comunicação – que realiza a distinção linguística do que deva ser considerado um fato penalmente relevante. O comportamento humano não é um dado natural que deva ser necessariamente reconhecido como penalmente típico. É a distinção de quem o observa como tal que permite a atribuição de tipicidade para a conduta examinada. O juízo positivo de adequação da conduta examinada ao tipo penal incriminador é mais um problema de compreensão de seu significado do que de subsunção. Nesse contexto, a decisão judicial que reconhece o fato típico deve ser fundamentada sob a ótica do participante, e não do observador."

Com isso, ao pensar na teoria comunicativa, é possível conceber o delito penal dentro de um sistema jurídico de maior amplitude, qual seja, o Direito Penal como sistema, mas também como subsistema de outro mais amplo, que é o sistema social. Diante disso, do ponto de vista da teoria comunicativa, tanto o Direito Penal, quanto a teoria do crime estão inseridos no âmbito do sistema social.

Considerando a mudança de paradigma na teoria do crime, permitida pela teoria da ação comunicativa de Jürgen Habermas e a teoria da argumentação jurídica de Alexy, além do pensamento de Ludwig Wittgenstein, Tomás Salvador Vives Antón[17] demonstrou

---

14. HABERMAS, Jürgen. *Direito e democracia*: entre facticidade e validade. Trad. Flávio Beno Siebeneichler. Rio de Janeiro: Tempo Brasileiro, 1997, v. 1. p. 257-258.
15. ROCHA, Fernando Antônio Nogueira Galvão da. *Resistência à imposição tributária ilícita e crime contra a ordem tributária: na perspectiva da teoria da imputação objetivo-comunicativa do crime*. 2014. Tese (Doutorado). Universidade Federal de Minas Gerais, Belo Horizonte, 2014.p. 130;138.
16. ROCHA, Fernando Antônio Nogueira Galvão da. *Resistência à imposição tributária ilícita e crime contra a ordem tributária: na perspectiva da teoria da imputação objetivo-comunicativa do crime*. 2014. Tese (Doutorado). Universidade Federal de Minas Gerais, Belo Horizonte, 2014. p. 130;138.
17. VIVES ANTÓN, Tomás Salvador. *Fundamentos del sistema penal*: estudio preliminary: acción significativa y derechos constitucionales. Trad. M. Jiménez Redondo. 2. ed. Tirant lo blanch. Valencia, 2011. p. 41;48.

em *Fundamentos del Sistema Penal* viabilidade da introdução do paradigma linguístico na teoria do crime. Vives Antón fundamentou expressamente seu trabalho na filosofia da linguagem de Wittgenstein e na teoria da ação comunicativa de Habermas. Houve forte influência da teoria do significado no conceito da relevância jurídica.

Tomás Salvador Vives Antón apoia-se na ideia de que a teoria do crime deve ser elaborada partindo do significado da conduta das pessoas, considerando o paradigma interpretativo e valorativo. Há direcionamento para não considerar o aspecto descritivo da conduta humana, mas sim valorativo, interpretativo, de modo que se dê valor ao significado do que os indivíduos fazem, evidenciando a interpretação diante das ações, como manifestações dotadas de significado social. Dá ênfase na relação norma/ação reconstruindo a teoria do crime, mas antes de tudo, admitindo a ação penal com significado.

A repercussão da ação valorada, com significado, tem repercussão na tipicidade. O paradigma comunicativo adotado para compreender a ação "reposiciona a perspectiva valorativa que se realiza no juízo de tipicidade"[18]. A ação significativa passa a ter sentido regido por normas. Não é mais entendida como substrato material de significado proibido.

Tomás Salvador Vives Antón procurou construir sua argumentação com base na racionalidade comunicativa, levando em consideração a relação estabelecida entre os sujeitos da comunicação e a ação no ambiente social para compreender o crime do ponto de vista do significado da conduta revelado no tipo de ação. Com isso Vives Antón supera a racionalidade prática, segundo a qual se desenvolve por meio da relação sujeito-objeto.

Assim, o doutrinador espanhol deixa de lado a racionalidade prática (relação sujeito-objeto) para adotar a racionalidade comunicativa (inter-relação estabelecida entre indivíduos e ação no âmbito social).

Tomás Salvador Vives Antón, diante da racionalidade comunicativa, admite que a teoria do crime precisa ser trabalhada com a ideia de consenso racional entre os participantes da interação social a respeito do significado da conduta relevante para o Direito Penal.

Nesse sentido, completa Fernando Antônio Nogueira Galvão da Rocha[19] o seguinte:

"A perspectiva discursiva adotada por Vives, por outro lado, impõe, com racionalidade comunicativa, mudar o modo de conceber e de aplicar a teoria do crime, uma vez que pressupõe a necessidade de estabelecer um consenso racional entre os participantes da interação social sobre o sentido do comportamento proibido. A normatividade conforme a racionalidade comunicativa é concebida de maneira imediata, na medida em que se sustenta no consenso obtido sobre as pretensões de validade apresentadas durante o processo de comunicação. O consenso que legitima a normatividade é sempre provisório, porque as pretensões de validade são sempre passíveis de problematização no processo de comunicação e se sustentam unicamente pela força dos melhores argumentos apresentados. O

---

18. ROCHA, Fernando Antônio Nogueira Galvão da. *Resistência à imposição tributária ilícita e crime contra a ordem tributária: na perspectiva da teoria da imputação objetivo-comunicativa do crime.* 2014. Tese (Doutorado). Universidade Federal de Minas Gerais, Belo Horizonte, 2014. p. 130;138.

19. GALVÃO, Fernando. *Direito penal tributário*: imputação objetiva do crime contra a ordem tributária. Belo Horizonte: Editora D'Plácido, 2015. p. 117.

processo comunicativo permite a articulação e rearticulação de valores, bem como o questionamento permanente das pretensões de validade no ambiente democrático."

A análise da ação significativa identifica a ideia de percepção da ação, no sentido de que existe transmissão de significado como consequência da interação entre o sujeito e o objeto. O conceito da ação significativa não pode ser ontológico e também não pode ser axiológico. Não está estruturado no "ser" nem no "dever ser", mas sim na percepção. Com efeito, há sentido em afirmar que há significado no que os homens fazem. Este entendimento descarta a consideração de que a ação seja decorrente de um fato composto pelo movimento do corpo diante da vontade humana. Assim, a ação não é entendida como algo que os indivíduos fazem, mas sim como o significado daquilo que realizam. Há interpretação nas ações realizadas a partir do regramento social, de modo que a ação humana passa a ser percebida não mais como um acontecimento isolado, mas como fruto do exercício da interpretação.

Nesse sentido, percebe-se uma ação relevante dentro de um contexto em que é realizada. Por isso que é possível concluir que a ação significativa se relaciona com a linguagem na interpretação. A partir daí, as ações são valoradas juridicamente, ou seja, conforme o seu significado no contexto social.

Posto isto, importa apontar, conforme já exposto, que a teoria do crime teve suas primeiras linhas desenhadas no âmbito do positivismo científico, buscando nas ciências naturais a lógica do conceito da ação, implicando no conceito causal-naturalista da ação. Este conceito, com origem em Franz von Liszt[20], vinculava a ação como algo que modificava o mundo exterior, visualizada pelos sentidos, movimentada pela manifestação de vontade, pela realização ou omissão voluntária do movimento corporal. Nesse ponto, a ação foi caracterizada por ser um processo causal decorrente da soma do movimento corporal humano (fase externa ou objetiva da ação) com o aspecto volitivo (fase interna – subjetiva da ação). Nesse sentido, para identificar a existência da ação, seria necessário apenas que fosse verificada a presença dos elementos objetivo e subjetivo. A estrutura dogmática admitida é ontológica, estanque, meramente descritiva, mecânica. A evolução para o Neokantismo trouxe o elemento valorativo. Com isso, a tipicidade era meramente objetiva e descritiva; da mesma forma a antijuridicidade; e a culpabilidade subjetiva. A causalidade é vista como ontológica, viabilizada pelo "ser" e não "dever ser".

A injeção de valores na dogmática veio impulsionar um segundo passo dado pela dogmática. Com o neokantismo, não mais prevaleceu a relação de causa e efeito, havendo direcionamento para um método valorativo. Houve enfraquecimento das certezas absolutas vislumbradas no positivismo científico, de modo que pelo Neokantismo, não houve alteração da estrutura do crime, mas transformação dos seus elementos.

Com o finalismo de Hans Welzel, veio à tona a concepção da ação vinculada à consciência. Houve nova proposta de ação com a busca da superação do delito causal.

---

20. LISZT, Franz von. *Tratado de direito penal alemão*. Trad. José Hygino Duarte Pereira, Rio de Janeiro: F. BRIGUIET & C. Editores, 1899, p. 193. t.1.

Ocorre que há estrita vinculação da teoria da ação de Welzel ao positivismo científico, notadamente ao que tange a pretensão da assimilação dos componentes ontológicos pelo direito. Este posicionamento foi baseado numa nova proposta metodológica com claro apoio no método fenomenológico e ontológico da ação de Nicolai Hartmann e da Psicologia do Pensamento de Hönisgswald[21], além da teoria da ação trabalhada por Samuel von Pufendorf. Significa afirmar que Hans Welzel acredita numa ordem ontológica, além de ser natural e objetiva. A ação requer análise prévia à valoração. A ação de Welzel decorre de uma finalidade, com vontade específica previamente eleita pelo indivíduo, e não da causalidade. Por isso, a necessidade do dolo alocado na ação. Com isso, se distancia da ação a conduta humana desprovida de vontade.

Com o funcionalismo, houve mudança do foco para o questionamento do cumprimento efetivo do Direito Penal quanto suas funções. Há submissão do indivíduo à funcionalidade do sistema. Do ponto de vista do funcionalista sistêmico, por exemplo, a ação seria causa de lesão à norma, pois era idealizado que teria que haver obediência à norma vigente. Claus Roxin[22] trata a ação como elemento que precede a tipicidade, de modo que concede um grande valor à ação, a relevando a ponto de ser vista como supraconceito, servindo como elemento básico da estrutura do crime. Do ponto de vista de Roxin, ação é a manifestação da personalidade. Ensina que ação é tudo que se atribui ao homem caracterizado pela expressão anímica.

A teoria da ação significativa deixar para traz o método de observação baseado em certezas científicas, aparecendo como uma nova perspectiva baseada em um plano de análise dinâmico, em que "o conteúdo das categorias penais é determinado por seu sentido, por seu significado com base em fatores externos de inter-relação"[23]. Significa dizer que a ação significativa traz novo parâmetro de observação, considerando fonte o significado social para dar sentido às ações. A ação não mais é vislumbrada do ponto de vista ontológico. A ação é compreendida como expressão sentido ou significado, dentro do contexto social ao qual foi realizada.

O conceito significativo da ação apontado por Tomás Salvador Vives Antón, após análise da filosofia da linguagem de Wittgenstein e da teoria da ação comunicativa de Habermas, além da contribuição de George Fletcher, ao denominá-la intersubjetivo, apresenta perspectiva metodológica com uma interpretação humanista do Direito Penal, pois encontra o significado da ação aos moldes da linguagem escolhida pelo intérprete. Claro que o conceito de ação que vislumbra um Direito Penal humanista deve ser observado dentro da filosofia da linguagem, base da estrutura da ação significativa.

Diante disso, na eventualidade de optar pela adoção da ação significativa, o Poder Legislativo deverá observar a comunicação social e o sentido das coisas para poder pincelar os fatos que considera típico e antijurídico, tendo como pano de fundo a

---

21. BUSATO, Paulo César. *Direito penal e ação significativa*: uma análise da função negativa do conceito de ação em direito penal a partir da filosofia da linguagem. Rio de Janeiro: Lumen Juris, 2010. p. 17.
22. ROXIN, Claus. *Derecho penal*: parte general, fundamentos: la estructura de la teoría del delito. Trad. Diego-Manuel Luzón Peña et al. Madrid: Editorial Civitas S.A., 1997. 247;256. t.1.
23. BUSATO, Paulo César. *Direito penal e ação significativa*: uma análise da função negativa do conceito de ação em direito penal a partir da filosofia da linguagem. Rio de Janeiro: Lumen Juris, 2010. p. 159.

Constituição da República. Mesmo assim, é importante verificar eventual violação do princípio da legalidade, se não existir fé, crença, nos atos necessários para sustentar a estrutura significativa.

7.2.1 A teoria do delito influenciada pelo conceito significativo da ação

A teoria da ação significativa coloca a análise da linguagem aos elementos da teoria do delito. Não existe dúvida de que a ação tem absoluta importância na composição da teoria do delito. Do causalismo em diante, verificou-se a importância da ação na estrutura dogmática, uma vez que foi identificada como ponto fundamental da teoria do delito. A teoria finalista teve expressividade quanto a consideração da ação finalista no âmbito da teoria do delito. A maioria dos sistemas tem como fundamento central o conceito de ação. O conceito significativo da ação tem enorme relevância, do ponto de vista interventivo da teoria do delito. Tomás Salvador Vives Antón supra conceito fez proposta no sentido de substituir a ação típica pelo tipo de ação. Esse tipo de ação é visto por ele como referencial para a construção de uma nova Dogmática penal. Como já disse, é uma nova luz na doutrina penal. Tanto Vives Antón quanto George Patrick Fletcher consideram que as ações são diferentes de fatos, de modo que as ações são dotadas de significado, e os fatos são apenas descritivos. A importância é identificar o significado que a ação produz, dentro de um contexto.

Paulo César Busato[24] resume a doutrina da ação com base na teoria de Tomás Salvador Vives Antón da seguinte forma:

> "Conceber um conceito significativo de ação não é nada mais que expressar uma forma de percepção da ação no contexto social das circunstancias em que se produz. Os principais artífices do conceito significativo de ação estão de acordo em que a compreensão, mais do que a explicação é o que importa na teoria da ação. Mais que definir o que seja a ação no campo do Direito penal, deve-se interpretar seu significado."

Tomás Salvador Vives Antón, ilumina a teoria do delito a partir da noção de tipo de ação, considerando seu conceito significativo. Para tanto, distancia-se de fundamentos objetivos-causalistas e subjetivos-finalistas de sistemas ontológicos. Percebe-se que é possível encontrar um novo ponto de vista para analisar a teoria do delito, considerando pretensões de validade, que acredita serem mais adequadas sob o olhar da filosofia da linguagem. Com isso, a ação significativa demonstra ser causa para modificação da teoria do delito. Elabora a "nova" teoria do crime tendo como padrão de inserção a ação significativa. Nesse sistema, o conteúdo do tipo de ação é integrado pela ação e omissão, nexo de causalidade e resultado.

Verifica-se que o nexo causal é estabelecido na mente do intérprete, que busca dar sentido ao acontecimento, levando em conta o plano linguístico do seu significado. Não se leva em conta o nexo causal sob o plano empírico, naturalístico. O significado do aspecto causal é destacado pela interpretação da conduta do agente. Percebe-se que

---

24. BUSATO, Paulo César. *Direito penal e ação significativa*: uma análise da função negativa do conceito de ação em direito penal a partir da filosofia da linguagem. Rio de Janeiro: Lumen Juris, 2010. p. 189.

não se trata da análise do resultado do movimento corporal humano e o resultado. O nexo de causalidade sob o aspecto significativo é visto pela regulagem do tipo de ação penalmente relevante. A linguagem social é observada e considerada. Afirma Tomás Salvador Vives Antón[25], que "a causalidade não é uma lógica" e não é uma lei científica. "A ideia de que algo começa a existir sem causa não é, nem contraditória, nem absurda. E isto basta para afirmar que a lei causal não é uma lei lógica." (Tradução nossa)[26]

Ao analisar o bem jurídico, à luz da estrutura teórica do conceito significativo, sob o aspecto da linguagem, verifica-se que ele distancia de uma visão estática da figura do objeto de proteção jurídica, passando a ser uma referência argumentativa para justificar a intervenção punitiva pelo Direito Penal. Conforme o paradigma significativo, para encontrar o objeto de proteção da norma penal, é preciso que investigue o consenso social sobre o que realmente é valioso, a ponto da agressão de tais bens ser sancionado penalmente. Tomás Salvador Vives Antón vislumbra uma nova proposta, denominada "concepción procedimental del bien jurídico" tendo o bem jurídico como justificação da pena e do delito, e não como objeto. Vê o bem jurídico como elemento de processo de justificação da limitação da liberdade.

> Por isso, propus denominar concepção procedimental do bem jurídico. A característica dessa concepção, não é ter o bem jurídico protegido como escolha do legislador, após processo democrático de identificação; mas conceber o bem jurídico como processo de justificação. Falar em bem jurídico como um algo, como objeto ideal, não é senão apontar as razões que podem justificar imediatamente o delito e a pena. Assim concebido, o bem jurídico não é senão um momento de processo de justificação racional da limitação da liberdade. (Tradução nossa)[27]

Tomás Salvador Vives Antón percebe a relevância da conduta, a interpretação que se faz da conduta e a conexão com os tipos de ação existentes no ordenamento penal. Ao considerar a ação, esta é vista pelo seu significado, não devendo ser analisada somente em razão do critério da finalidade que dirige a conduta do agente.

Quanto à imputação, é orientada por interpretações dos atos traduzidos nas condutas realizadas, e não por regras gerais. Identifica-se que a imputação objetiva seja concebida por exame da causalidade e critérios valorativos de imputação. Interpreta-se o significado da ação, desde que observe os tipos de ação elencados por leis e códigos. Há interpretação das condutas com os tentáculos da interpretação vinculados aos tipos de ação produzidos pelo legislador.

---

25. VIVES ANTÓN, Tomás Salvador. *Fundamentos del sistema penal*: estudio preliminary: acción significativa y derechos constitucionales. Trad. M. Jiménez Redondo. 2. ed. Tirant lo blanch. Valencia, 2011. p. 295.
26. "La idea de que algo comience a existir sin causa no es, ni contradictoria, ni absurda. Y esto basta para afirmar que la ley causal no es una ley lógica"
27. "Por ello, he propuesto la que denominaré concepción procedimental del bien jurídico. Lo característico de esa concepción no es que acepte, sin más, como bienes jurídicos dignos de protección los que el legislador, por el procedimiento democrático, tenga a bien escoger; sino que concibe el bien jurídico, no en términos de objeto, sino en términos de justificación. Hablar del bien jurídico como un algo, como un objeto ideal, no es desde esta perspectiva sino apuntar a las razones que pueden justificar inmediatamente el delito y la pena. Así concebido, el bien jurídico no es sino un momento del proceso de justificación racional de la limitación de la libertad." VIVES ANTÓN, Tomás Salvador. *Fundamentos del sistema penal*: estudio preliminary: acción significativa y derechos constitucionales. Tradução de M. Jiménez Redondo. 2. ed. Tirant lo blanch. Valencia, 2011. p. 829.

O sistema de imputação tem vinculação com a linguagem da prática social e seus significados já estabilizados. A partir daí que se analisa o perfil da imputação no âmbito da teoria do delito. Wittgenstein utiliza jogos de linguagem para identificar sentidos aceitáveis dentro de contextos, negando somente uma única regra descritiva, universal prévia e absoluta. Com isso, substitui a descrição por compreensão e significado de contextos onde ocorrem fatos que podem ser analisados do ponto de vista da teoria do delito. A teoria do delito e seus elementos são vinculados aos valores contidos nos jogos de linguagem. O discurso jurídico penal deve ser vinculado aos valores obtidos dentro dos contextos oferecidos pela linguagem de cada sistema onde existe o fato a ser analisado. Não é admissível, do ponto de vista desta nova doutrina, que haja uma mesma linguagem para qualquer sistema, ou seja, uma linguagem universal absoluta e descritiva, sem conteúdo valorativo. As regras de cada contexto, de cada sistema, são aceitas e compartilhadas pelos participantes daquele grupo. Dentro de um sistema com própria linguagem, em que as regras são aceitas e compartilhadas pelos seus integrantes, que devem ser analisados os elementos da teoria do delito. Isto significa que há um padrão de regras admitidas e aceitas, conforme a linguagem contextual de um sistema onde prevalecem participantes que acreditam (atos de fé) no conteúdo daquela estrutura de pacto, ordem, regra. Há violação de regra dentro do grupo, se antes existir a regra. O significado daquela violação será obtido pelos participantes do sistema. Por isso, é possível perceber que o argumento jurídico toca nos significados sociais, culturais e políticos de um contexto social. A partir daí há criação de tipos de ação e análise dos demais elementos que compõem a teoria do delito. As ações ocorridas com base nos significados sociais, políticos, culturais tem relevância para o Direito Penal, diante da teoria de Tomás Salvador Vives Antón. O contexto humano dá o tom da ação determinante para delimitar os caminhos da teoria do crime, sempre observando a filosofia da linguagem.

7.2.2 Aspectos estruturantes da teoria do crime – bases da nova dogmática

Tomás Salvador Vives Antón[28] afirma que a ação, a norma e a liberdade de ação são itens estruturantes da teoria do delito, quando se pretende inserir conteúdo democrático na dogmática penal.

A norma para o Direito Penal representa regra de conduta, conforme Tomás Salvador Vives Antón. Esta regra de conduta é expressada linguisticamente como instrumento de intervenção do Direito para realização de justiça. A construção da norma deve ser dirigida pela concepção da justiça, de modo que o conjunto de normas penais constrói a dogmática penal. Para isso, é preciso que a norma seja legítima e válida. Para que a norma seja legítima, é preciso que tenha conexão com a Constituição da República, sobretudo se atender às garantias fundamentais. Para que a norma penal seja válida, do ponto de vista da dogmática, é preciso que aponte relevância da ação, antijuridicidade, reprovabilidade da conduta praticada pelo agente, necessidade da pena, enfim, da estrutura da teoria do crime. Considerando a ação realizada, a norma atenderá à pretensão de validade ao

---

28. VIVES ANTÓN, Tomás Salvador. *Fundamentos del sistema penal*. Valencia: Tirant lo Blanch, 2011. p. 487.

considerar relevância daqueles elementos. Com isso, o resultado da aplicação da norma será a produção da justiça, no âmbito do Estado Democrático de Direito.

A liberdade de ação é inerente à apuração da responsabilidade penal do agente. O ser humano é livre e tem autodeterminação para escolher suas condutas. Sabendo disso, uma vez feita a opção de ação, surgirá responsabilidade, caso tenha realizado conduta penalmente relevante. A ação realizada terá sentido a partir das regras sociais. Considerando que o agente tenha conhecimento das regras, a partir do momento que escolhe agir contrariamente à norma, identifica-se a sua liberdade de ação. Portanto, seguir regras sociais, significa escolha. Não as seguir, também é resultado de opção. A liberdade de ação é fruto do exercício de escolha, perante regras de prévio conhecimento pelo agente. O Direito, para responsabilizar, analisa a regra, a conduta e a opção tomada pelo agente. Com isso, verifica-se que a pretensão para realização da justiça decorre da análise da liberdade de ação e a consequente aplicação da norma.

"Nenhum dos argumentos desenvolvidos pode oferecer algo parecido a uma demonstração de liberdade. Pretendi demonstrar: a) que sem liberdade (entendida como a capacidade de autodeterminação por razão) não tem sentido falar de ação." (Tradução nossa).[29]

Tomás Salvador Vives Antón[30] afirma a conexão entre a liberdade de ação e a norma. Sabendo que a norma detém comando a ser seguido, a liberdade de ação tem ingerência na aplicação da norma para atingir a justiça.

> A liberdade de ação constitui – como implicitamente demonstrado até agora – o ponto de união entre a doutrina da ação e da norma: pois somente se os movimentos corporais não estiverem inteiramente regulados por leis causais, somente se houver margem de indeterminação que permita falar de ações distintas dos fatos naturais, podem pretender, por sua vez, que estas sejam regidas por normas. A análise das normas como algo distinto da investigação das leis da natureza somente tem sentido com a pressuposição da liberdade de ação, que converte, assim, no pressuposto sobre o que – necessariamente – gira a sistemática. (Tradução nossa)[31]

Com base nisso, há percepção de que a ação do Direito Penal deve ser valorada dentro do contexto humano em que ocorre, para fim de análise no Direito Penal. A interpretação da ação para se obter o seu significado, a profundidade de valor que é

---

29. "Ninguno de los argumentos que hasta aquí he intentado desarrollar puede ofrecer nada parecido a una demostración de la libertad. Sólo he pretendido mostrar: a) que sin libertad (entendida como capacidad de autodeterminarse por razones) no tiene sentido hablar de acción." VIVES ANTÓN, Tomás Salvador. *Fundamentos del sistema penal*: estudio preliminary: acción significativa y derechos constitucionales. Tradução de M. Jiménez Redondo. 2. ed. Tirant lo blanch. Valencia, 2011. p. 344.

30. VIVES ANTÓN, Tomás Salvador. *Fundamentos del sistema penal*. Valencia: Tirant lo Blanch, 2011. p. 481;495.

31. "La libertad de acción constituye – como implicitamente se ha mostrado hasta ahora – el punto de unión entre la doctrina de la acción y la de la norma: pues sólo si los movimientos corporales no se hallan enteramente regidos por leyes causales, sólo si hay un margen de indeterminación que permita hablar de las acciones como distintas de los hechos naturales, puede pretenderse, a su vez, que estas se rijan por normas. El análisis de las normas como algo distinto de la investigación de las leyes de la naturaliza sólo tiene sentido desde la presuposición de la libertad de acción, que convierte, así, en el presupuesto sobre el que – necesariamente –, ha de girar la sistemática." VIVES ANTÓN, Tomás Salvador. *Fundamentos del sistema penal*: estudio preliminary: acción significativa y derechos constitucionales. Tradução de M. Jiménez Redondo. 2. ed. Tirant lo blanch. Valencia, 2011. p. 345.

admitida, deve ser retirada do contexto social, cultural e político dos participantes do grupo contextual em que ocorreu o fato sob análise penal.

Quadro 1 – Teoria do delito

	1 – AÇÃO
Itens estruturantes da teoria do delito do ponto de vista da ação significativa	**2 – NORMA**
	3 – LIBERDADE DE AÇÃO

Fonte: Elaborado pelo autor.

Com efeito, o significado da ação rege o estudo do caso penal, de modo que não é mais observado do ponto de vista subjetivo que o intérprete faz, tendo a realidade enquanto paradigma. O que é considerado para ser analisado pela matéria criminal, na ocorrência de fato penalmente relevante, é a mensagem retirada do contexto fático-cultural em que o agente está inserido.

A ação significativa não é baseada na ideia de ação decorrente da intenção do agente. Não é fruto da interpretação normativa, nem decorre da existência ontológica. A ação significativa é produto de interpretações decorrentes de regras sociais impostas por participantes que fazem parte de um contexto socialmente lastreado. Existe ato de fé dos participantes da interpretação das regras e da ação.

É importante registrar também que a ação significativa tem vínculo com o tipo de ação, elemento da estrutura significativa. A ação caracteriza sua expressão normativa com sentido social. No momento em que ocorre o fato, decorrente da ação, a estrutura típica daquela ação passa a ser dotada de sentido social. Significa que o tipo é escolhido como estrutura modelar, em vista do conceito que se tem de determinada ação dentro de um contexto social. É nesse ponto, que entendemos que há violação do princípio da legalidade, em vista de exercício hipotético de descrença em atos de fé que baseiam a teoria de Tomás Salvador Vives Antón. Claro que é preciso importar a ação significativa para analisá-la do ponto de vista de um Direito Penal esquematizado sob uma estrutura estática como a nossa. A partir daí, há possibilidade de apontar críticas, percebendo na composição finalista, uma base mais segura para o Direito Penal Constitucional que se procura aplicar.

O entendimento e estrutura de pensamento social que dá significado à ação também direciona a escolha normativa dos tipos penais. A ação com significado penal coincide com o tipo escolhido para aquela ação. As figuras típicas tem relação direta com o significado da ação no contexto social. Considerando a importância do conteúdo da ação na teoria do crime, ao admitir que a ação seja significativa, nos moldes do contexto social do qual são extraídas as interpretações, há carregamento de conteúdo social para dentro da teoria do delito. No momento em que se tem como parâmetro uma estrutura típica, pela teoria da ação significativa, não é admissível ter a ação como sentido do substrato típico, uma vez que seu vínculo interpretativo é baseado no substrato social. Isso posto, conclui-se que a ação não é dependente do tipo, mas do seu significado no contexto social, o que acaba por influenciar toda a teoria do delito.

Ao considerar que a avaliação da teoria do delito passa por uma análise da ação como elemento da tipicidade, admitindo o significado social dentro de contextos específicos, tem como possível, a ameaça de pena para condutas que possivelmente podem violar bens jurídicos também com significados sociais. Isto porque, se a ação é vislumbrada penalmente dentro de um contexto, também será o bem jurídico. O Direito Penal será acionado, como ameaça de consequência sancionatória, envolvendo a liberdade, ao considerar que houve ação penalmente relevante dentro de contexto fático social que, em tese, tenha violado bem jurídico também valorado dentro do mesmo contexto social em que ocorreu a interpretação da ação. Com isso, consequentemente, é possível perceber que o tipo é ligado ao seu conceito social, pois a ação independe do tipo, a ação tem vínculo valorativo interpretativo com o aspecto social. Não é o tipo que dá sentido à ação, mas à interpretação que se tem diante de um contexto social. O tipo e a ação têm conexão com a interpretação contextual. O tipo não condiciona a ação, nem a ação condiciona o tipo, sendo o aspecto interpretativo social que dá sentido a esses elementos. Por isso que, ao considerar a teoria significativa, não pode ser afirmado que a ação tem conceito geralista e uniforme, aplicada a todo e qualquer caso como forma já definida e pronta, de modo que a coloque como elemento sem dependência aos sentidos na teoria de delito.

Nesta medida, para saber se determinada conduta praticada por agente tem relevância penal, é preciso que observe se a ação realizada tem conexão com algum tipo de ação. Contudo, importa ter como ponto de partida a interpretação daquela ação no contexto social.

7.3 TIPO DE AÇÃO

É também função do tipo a proteção de bem jurídicos. É pela realização da ação penalmente relevante, que há identificação da violação do bem jurídico. O bem jurídico elencado como algo de importância para o contexto social permite gerar a criação do tipo e dá relevância à ação, objeto de escolha do agente, diante das regras impostas pelo corpo social.

Nesse sentido, a ação dá sentido ao tipo. Tem-se a ação como reconhecimento de práticas sociais expressadas no tipo. A ação que interessa ao Direito Penal vive no tipo de ação. Por isso Tomás Salvador Vives Antón[32] afirma que delimitada ação interessa ao Direito Penal, haja vista o entendimento de que o tipo de ação revela uma pretensão de relevância.

> Como foi exposto na segunda parte desta obra, a primeira pretensão de validez da norma penal, está ligada à concordância do tipo de ação. É por assim dizer, de algum modo, uma pretensão epistêmica: tem por objeto a afirmação de que, na verdade, a ação realizada é aquela de interesse para o Direito Penal. Para poder afirmar isso, é preciso que a ação particular sob julgamento possa ser entendida conforme um tipo de ação definido em lei. Assim, a pretensão de relevância, é vista, em primeiro lugar, como uma pretensão de inteligibilidade. Porém, esta pretensão repousa (mais do que no entendimento correto da formulação linguística em questão), de uma parte, no fato de que os movimentos

---

32. VIVES ANTÓN, Tomás Salvador. *Fundamentos del sistema penal*: estudio preliminary: acción significativa y derechos constitucionales. Trad. M. Jiménez Redondo. 2. ed. Tirant lo blanch. Valencia, 2011. p. 491.

corporais realizados são, efetivamente, os que podem seguir a regra da ação tipificada (pretensão de verdade), e, de outro, na circunstância da concreta ação revista em caráter perigoso ou danoso que induziu a cominação de penas. Uma pretensão de ofensividade – ou antijuridicidade material – (isto é, uma pretensão substantiva de incorreção) acompanha, inevitavelmente, a pretensão conceitual de relevância, isto porque tem-se como relevantes para o Direito Penal, somente as ações que lesionam ou põem em perigo bens juridicamente protegidos.

(Tradução nossa) [33]

São relevantes para o Direito Penal somente as ações que lesionam ou colocam em perigo bens jurídicamente protegidos. Em que pese Tomás Salvador Vives Antón perceber o bem jurídico na *"conepción procedimental del bien jurídico"*, no sentido de que o bem jurídico justifica racionalmente a liberdade, constitui o momento essencial do contexto de sentido das normas penais. O bem jurídico, concebido procedimentalmente, pode até proporcionar o conteúdo material do injusto de cada figura típica, mas não delineia o núcleo do injusto, comum em todo comportamento antijurídico, pois trata-se o bem jurídico de orientação que envolve o conteúdo do injusto que somente tem em comum o dado formal de ser contrário ao Direito [34]. Ademais, Vives Antón afirma que o bem jurídico pode decorrer a partir dos tipos penais e da Constituição.

Em vista da concepção que se propõe, o bem jurídico concreto se conforma, não somente a partir dos tipos penais; senão também da constituição e, especificamente, do conteúdo dos direitos fundamentais, desde se verifique até que ponto e em que medida uma determinada proibição penal resulta constitucionalmente legítima. O bem jurídico assim determinado, portanto, não preexiste ao direito; mas sim as concretas tipificações penais: se trata de uma redefinição dos bens jurídicos que assume como ponto de referência não somente o Código Penal, senão também a Constituição. (Tradução nossa)[35]

---

33. "Tal y como quedó expuesto en la Segunda parte de esta obra, la primera pretensión de validez de la norma penal se halla ligada a la concurrencia del tipo de acción. Es, por decirlo de algún modo, una pretensión epistémica: tiene por objeto la afirmación de que, en efecto, la acción realizada es de las que al Derecho Penal interesan. Para que tal cosa pueda afirmar-se, es preciso que la acción particular que se enjuicia pueda ser entendida conforme un tipo de acción definido en la Ley. Así, la pretensión de relevancia cursa, en primer término, como una pretensión de inteligibilidad. Pero, esa pretensión de inteligibilidad descansa (a más de en la correcta comprensión de la formulación lingüística de que se trate), de una parte, en el hecho de que los movimientos corporales realizados sean, effectivamente, de los que pueden seguir la regla de acción seguida para tipificarlos (pretensión de verdad); y, de otra, en la circunstancia de que la concreta acción revista el carácter peligroso o dañoso que indujo a conminarla con penas. Una pretensión de ofensividad – o antijuridicidad material – (esto es, una pretensión sustantiva de incorrección) acompaña ya, inevitablemente, a la pretensión conceptual de relevancia, Y ello porque relevantes para el Derecho penal son sólo las acciones que lesionan o ponen en peligro bienes jurídicamente protegidos." VIVES ANTÓN, Tomás Salvador. *Fundamentos del sistema penal*: estudio preliminary: acción significativa y derechos constitucionales. Tradução de M. Jiménez Redondo. 2. ed. Tirant lo blanch. Valencia, 2011. p. 491.
34. VIVES ANTÓN, Tomás Salvador. *Fundamentos del sistema penal*: estudio preliminary: acción significativa y derechos constitucionales. Trad. M. Jiménez Redondo. 2. ed. Tirant lo blanch. Valencia, 2011. p. 831.
35. "En la concepción que se propone, el bien jurídico concreto se conforma, no sólo a partir de los tipos penales; sino también de la Constitución y, específicamente, del contenido de los derechos fundamentales, desde los que se decide hasta qué punto y en qué sentido una determinada prohibición penal resulta constitucionalmente legítima. El bien jurídico así determinado, por lo tanto, no preexiste al Derecho; pero sí a las concretas tipificaciones penales: se trata de una redefinición de los bienes jurídicos que asume como punto de referencia no sólo el Código Penal, sino también la Constitución." VIVES ANTÓN, Tomás Salvador. *Fundamentos del sistema penal*: estudio preliminary: acción significativa y derechos constitucionales. Trad. M. Jiménez Redondo. 2. ed. Tirant lo blanch. Valencia, 2011. p. 831.

Com efeito, a teoria da ação significativa, dando importância ao significado dos elementos na teoria do crime, conta com uma mudança importante, qual seja, a presença do tipo de ação. Há evolução do conceito de ação para o tipo de ação. Este desenvolvimento conta com o causalismo, passa pelo neokantismo, finalismo, funcionalismo, até o movimento significativo da ação.

7.3.1 Tipo de Ação – da evolução dogmática clássica ao tipo de ação

O Causalismo tem a ação como conduta voluntária que produz modificação no mundo exterior. Considerando as coisas desta forma, importa considerar como relevante a produção de um resultado perceptível pelos sentidos após identificar o elemento da voluntariedade, sem esquecer do nexo causal entre o movimento corporal e o resultado. Há no Causalismo três elementos que compõem o conceito de ação: manifestação de vontade, resultado, relação de causalidade. A vontade, considerando o dolo e culpa, é conteúdo da culpabilidade.

Como parte da evolução, destaca-se no Neokantismo elemento resultado e nexo causal no injusto, tendo relativo esvaziamento da ação. Contudo, a ação neokantiana ainda conta com o elemento da vontade, levando elemento valorativo no momento em que exige que a ação ou omissão sejam voluntários.

Para o Finalismo, a ação tem vínculo com a finalidade e não com o acontecer causal. A finalidade é baseada na capacidade do agente prever o resultado e dirigir sua conduta para tal fim. A ação é comportamento voluntário dirigido para um fim.

A teoria social da ação considera a relevância social da ação, de modo que a ação é vista como o meio de causar, voluntariamente, consequências socialmente relevantes. Conforme expõe Cezar Roberto Bitencourt,[36] Eberhard Schmidt enunciou o conceito social da ação, ao considerar a ação como fenômeno social. A teoria social da ação decorre da tentativa de superação de desconexões entre a teoria causalista e a finalista quanto a ideia de relevância social da ação, diante dos critérios ontológicos e normativos. Por isso, a ação é a conduta socialmente relevante, desde que dominada pela vontade humana.

Diante do pensamento funcionalista de Claus Roxin[37], a ação representa a manifestação da personalidade, sendo a ação aquilo que é atribuível ao ser humano caracterizado pelo centro de vontade anímico-espiritual. A ação é vista como um supraconceito, servindo como elemento básico da figura do delito. Há manifestação da personalidade humana tanto nas condutas comissivas dolosas e culposas quanto nas condutas omissivas. Além disso, Claus Roxin[38] tem a ação como elemento que precede a tipicidade, sendo também valorativa.

---

36. BITENCOURT, Cezar Roberto. *Tratado de direito penal*: parte geral I. São Paulo: Saraiva, 2014. p. 291.
37. ROXIN, Claus. *Derecho penal*: parte general: fundamentos: la estructura de la teoria del delito. Traducción de Diego-Manuel Luzón Peña, Miguel Díaz y García Conlledo, Javier de Vicente Remesal. Madrid: Civitas, 1997. p. 194. t.1.
38. ROXIN, Claus. *Derecho penal*: parte general: fundamentos: la estructura de la teoria del delito. Traducción de Diego-Manuel Luzón Peña, Miguel Díaz y García Conlledo, Javier de Vicente Remesal. Madrid: Civitas, 1997. p. 194. t. 1.

Posto isso, é possível considerar que Tomás Salvador Vives Antón apresenta um novo conceito de ação a partir da análise da filosofia da linguagem de Wittgenstein e da teoria da ação comunicativa de Habermas. Trata-se de uma nova interpretação, um novo paradigma para o conceito de conduta de relevância penal. Ademais, importa lembrar que George Patrick Fletcher, a partir do desenvolvimento das lições de Hans Welzel quanto à dogmática penal, atinge também um conceito significativa da ação, denominado "intersubjetivo", que Fletcher percebe proximidade com a teoria da ação significativa de Tomás Salvador Vives Antón.

A ação significativa quebra a ideia de que deve ser seguida compreensão cartesiana da ação, tida como movimento corporal ligado a vontade, sob o aspecto ontológico. Não mais se tem a ação do ponto de vista ontológico e cartesiano. Por isso, na visão de Tomás Salvador Vives Antón[39], a ação não pode mais ser vista como o que o agente realiza, mas o significado da realização do agente, de modo que as ações tem um sentido, devendo ser interpretadas segundo regras. Com isso, não é possível que haja um conceito universal do modelo de ação, que serve como padrão para as condutas humanas em geral. Nesse sentido, cada ação terá um significado.

Ademais, as ações não podem existir antes da regra que define a ação. Ou seja, para a ação existir no mundo do direito, deverá antes existir uma norma definindo aquela ação. Se por exemplo, o esposo mata a esposa, essa ação "matar alguém", será relevante para o Direito Penal, porque existe norma prévia que determina a proibição de matar alguém. A ação matar existe, porque, antes da realização da conduta, existe uma norma que define essa ação. Por isso, é possível dizer que cada ação tem um significado. A norma identifica e dá relevância a um comportamento humano. Há clara identificação da conduta com um determinado tipo de ação. O que importa é se o agente conduziu seus atos concretos conforme a proibição legal, do ponto de vista individual. Não é relevante, para a teoria da ação significativa, um conceito geral de ação, mas a análise *in concreto*, identificável e individual de uma ação perante a regra previamente criada. As regras e normas regulamentam os sentidos sociais das ações, dando ou não valores a elas perante seus conceitos e importância para o corpo social. Por causa disso, é possível identificar que a ação furtar coisa alheia móvel constitui o crime de furto. Há identificação da ação relevante perante o Direito Penal, ao relacioná-la com determinado tipo. A conduta humana penalmente relevante é compreendida por meio das normas, que dá significado a elas. O significado dos fatos humanos existe em virtude das normas. O significado dos fatos humanos não pode ser prévio às normas, pois são estas que permitem ter a devida importância para a dogmática. Por causa disto que, pela teoria da ação significativa, é possível falar em tipo de ação.

7.3.2 Tipo de Ação – conceito e conteúdo

O tipo de ação contém elementos subjetivos e objetivos, contudo, Tomás Salvador Vives Antón separa a intenção na mente do sujeito do plano subjetivo do tipo de

---

39. VIVES ANTÓN, Tomás Salvador. *Fundamentos del sistema penal*: estudio preliminary: acción significativa y derechos constitucionales. Trad. M. Jiménez Redondo. 2. ed. Tirant lo blanch. Valencia, 2011. p. 491.

ação. Não é regra que a ação seja definida pela intensão subjetiva, e por causa disso, a intenção nem sempre faz parte do tipo de ação. Tomás Salvador Vives Antón[40] ensina:

> Por tipo de ação se entende tradicionalmente o conjunto de pressupostos objetivos e subjetivos da ação punível. Abarca, pois, como mínimo, o que vem denominando manifestação de vontade, o resultado e também o dolo do fato, assim como os motivos, tendências e intenções do autor. Porém, se realmente se quer operar com o tipo de ação como categoria básica, seu conteúdo terá de reduzir aqueles pressupostos da ação punível que cumprem uma função definidora na classe da ação de que se trata. E, entre esses pressupostos, não podem incluir necessariamente (embora possa eventualmente) a intenção (e, ainda menos, os motivos, tendências ou fins subjetivos do autor: desde o momento em que há classes de ações (por exemplo, matar ou lesionar) que podem realizar com intenção ou sem ela, sendo claro que, como já foi exposto anteriormente – a ação não se define pela intenção subjetiva. Por conseguinte, a intenção subjetiva nem sempre pertence ao tipo de ação. (Tradução nossa)[41]

Isso significa que ao definir o conceito de ação, Tomás Salvador Vives Antón desconsidera a possibilidade de sempre haver no tipo de ação, a intenção situada na mente do agente, apesar de existir no tipo de ação o plano subjetivo. Mesmo que existam tipos intencionais, é possível que a intenção situada na mente do agente não faça parte do tipo de ação. A intenção subjetiva nem sempre pertence ao tipo de ação. É, portanto, possível que a intenção esteja presente no tipo de ação. O tipo de ação para Vives Antón não significa desenvolvimento nos planos externo e interno, pois a intenção pode se estabelecer no acontecimento externo.

Interessante o apontamento exemplificativo que Tomás Salvador Vives Antón[42] faz, quanto ao tipo de ação e os aspectos subjetivos em tipo de ação relevantes do delito de falso testemunho. No crime de falso testemunho, é importante que ocorra a mentira. No momento em que a pessoa mente, ele sabe que existe uma verdade que é negada. Conhecendo a verdade, passa a praticar o que não é verdade, elemento essencial para o tipo de ação. Nesse ponto, prova-se que o tipo de ação também possui o elemento subjetivo. O que a estrutura significativa aponta é que a intenção encontra-se não na mente do agente, mas no plano exterior dos acontecimentos. Existem tipos de ação que exigem sempre o aspecto subjetivo, mas considerando

---

40. VIVES ANTÓN, Tomás Salvador. *Fundamentos del sistema penal*: estudio preliminary: acción significativa y derechos constitucionales. Trad. M. Jiménez Redondo. 2. ed. Tirant lo blanch. Valencia, 2011. p. 286-287.

41. "Por tipo de acción se entiende tradicionalmente el conjunto de los presupuestos objetivos y subjetivos de la acción punible. Abarca, pues, como mínimo, lo que viene denominándose manifestación de voluntad, el resultado y también el dolo de hecho, así como los motivos, tendencias e intenciones del autor. Sin embargo, aquí no puede utilizarse ese concepto. Pues, si realmente se quiere operar con el tipo de acción como categoría básica, su contenido habrá de reducirse a aquellos presupuestos de la acción punible que cumplan una función definitoria de la clase de acción de que se trata. Y, entre esos presupuestos, no puede incluirse necesariamente (aunque sí eventualmente) la intención (y, menos aun, los motivos, tendencias o fines subjetivos del autor: desde el momento en que hay clases de acciones (v.g., matar o lesionar) que pueden realizarse con intención o sin ella, queda claro que – como ya se expuso anteriormente – la acción no siempre se define por la intención subjetiva. Por consiguiente, la intención subjetiva no siempre pertenece al tipo de acción." VIVES ANTÓN, Tomás Salvador. *Fundamentos del sistema penal*: estudio preliminary: acción significativa y derechos constitucionales. Trad. M. Jiménez Redondo. 2. ed. Tirant lo blanch. Valencia, 2011. p. 286-287.

42. VIVES ANTÓN, Tomás Salvador. *Fundamentos del sistema penal*: estudio preliminary: acción significativa y derechos constitucionales. Trad. M. Jiménez Redondo. 2. ed. Tirant lo blanch. Valencia, 2011. p. 286-287.

este aspecto subjetivo, pode ser que esteja presente no plano dos acontecimentos, e não no plano das ideias do agente.

Tomás Salvador Vives Antón exemplifica, com base na hipótese da mentira. Uma criança vê uma luz roxa, percebendo que é roxa, alguém pergunta a ela qual a cor, ela diz que é verde. A criança mente. Sabe que é roxa, pensa que é roxa, e sabendo que é roxa faz a opção de dizer que é verde. Neste caso joga um jogo diferente da convenção imposta a ela, diferente da convenção comum, daquele que fez a pergunta. Houve intenção de enganar na linguagem comum. Mas talvez não tenha havido a intenção de enganar conforme as palavras colocadas pela criança.

O dolo sai do aspecto psicológico do agente, para ir para a cabeça de quem interpreta. O dolo representa uma forma de expressão de sentido, pois analisa-se as manifestações externas do agente, e não o conteúdo das suas ideias, que reside em sua mente, de forma que a intenção está expressa na ação. A partir daí importa saber o sentido da ação.

Nesse sentido, Tomás Salvador Vives Antón[43] expõe:

> Ou seja, mentir (tipo de ação relevante, para o delito de falso testemunho). Mentir consiste em conhecer o verdadeiro e decidir intencionalmente pelo falso. De modo que, aqui a intenção tem papel definitivo e pertence, portanto, ao tipo de ação. Mesmo que assim seja, não significa que o tipo de ação se desenvolve em dois planos, um externo e outro interno. Analisa-se a intenção e fixa sua residência fora, em acontecimento externo e não na mente. Verifica-se, no caso da mentira, como pode explicar a intenção. Suponha que uma criança vê uma luz roxa; contudo, em voz alta, diz que viu a luz verde. A verdade é que aqui se joga um outro jogo; o uso das palavras não corresponde com a convenção que estabelecemos, mas sim uma outra convenção. Sem desejar chamar a intenção para o engano, e estamos todos de acordo; mas, em seguida a intenção está definida por este (outro) jogo e não por um estado mental que se encontra por trás das palavras faladas. Pode-se, não obstante, fazer objeção no sentido de que, sem recorrer ao estado mental, não poderíamos distinguir a mentira (na qual o sujeito conhece a convenção habitual, mas usa outra) do erro, da ignorância ou da confusão (em que o sujeito quer usar a convenção habitual, mas não consegue fazê-lo). No entanto, o fato é que o recurso a um estado mental que é, em si, inacessível, não pode ajudar nos a levar a cabo esta distinção. Assim, para entender, teremos que recorrer a critérios externos mediante os que usualmente determinamos para saber o sentido das palavras, do uso e da conduta. (Tradução nossa).[44]

---

43. VIVES ANTÓN, Tomás Salvador. *Fundamentos del sistema penal*: estudio preliminary: acción significativa y derechos constitucionales. Trad. M. Jiménez Redondo. 2. ed. Tirant lo blanch. Valencia, 2011. p. 288.

44. "Tal es, v.g., mentir (tipo de acción relevante, v.g., para el delito de falso testimonio). Mentir consiste en conocer lo verdadero y decir intencionalmente falso. De modo que aquí la intención juega un papel definitorio y pertenece, por tanto, al tipo de acción.

Pero, que asi sea, no significa que el tipo de acción se desarrolle en dos planos, uno externo y interno el otro. Ya se analizó la intención y se fijó su residencia fuera, en el acontecimiento externo y no en la mente. Veamos ahora, en el caso del mentir, cómo puede explicarse así la intención. Supongamos que un niño ve una luz roja y dice para sus adentros rojo; pero, en voz alta, dice verde. La verdad es que aquí él juega otro juego; su uso de las palabras no corresponde con la convención que establecimos, sino con otra convención... Si deseamos llamar a esto la intención de engañar, estamos todos de acuerdo; pero, entonces la intención está definida por este (otro) juego y no por un estado mental que se encuentre detrás de las palabras habladas.

Cabría, no obstante, objetar que, sin el recurso al estado mental, no podríamos distinguir la mentira (en la cual el sujeto conoce la convención habitual, pero usa otra) del error, la ignorancia o la confusión (en los que el sujeto quiere usar la convención habitual, pero no acierta a hacerlo). Sin embargo, lo cierto es que el recurso a un estado mental que es, de suyo, inaccesible, no puede ayudarnos en absoluto a llevar a cabo esa distinción. De modo que, para efectuarla, habremos de acudir a los criterios externos mediante los que usualmente determinamos si se conoce el sentido de las palabras, esto es, al uso y a la conducta." VIVES ANTÓN, Tomás Salvador. *Fundamentos*

Diante disso, verifica-se que os elementos subjetivos do injusto, perante a teoria da ação significativa de Tomás Salvador Vives Antón, adquirem o aspecto significativo com presença valorativa.

O tipo de ação decorre da consideração de que há conexão entre comunicação externa de determinado tipo e identificação de regra. Há ligação entre ação, tipo e norma.

> **TIPO DE AÇÃO = CONEXÃO ENTRE AÇÃO/TIPO/NORMA**

Tanto a ação quanto a omissão têm um sentido. Este sentido é percebido, é destacado, é iluminado pelas regras que tem o poder de diferir um mero fato comum do fato carregado de sentido para o Direito Penal. A norma ou a regra identificam a ação ou omissão. Fala-se em tipo de ação a partir do momento em que se pode perceber que há correspondência entre a ação e a regra.

São critérios para definir a existência da ação, e consequentemente sua valoração, a intenção subjetiva como expressão externa, em paralelo aos elementos subjetivos. Significa dizer que havendo ação destacada por regras, será qualificada, tendo em vista a presença de significado. A partir daí, a ação será reconhecida pelo tipo. Tipo de ação.

Nesse sentido, ensina Tomás Salvador Vives Antón[45]:

> A partir desta perspectiva, a suposta verdade analítica entra em colapso: o tipo de ação é precedido da ação, todavia não típica, sem dados primários, pois não há nada como uma ação geral, a não ser à luz de diversas regras sociais de interpretação (jurídico-penais ou de qualquer outra sorte) que surgem diversos tipos de ações. (Tradução nossa).[46]

Edmund Mezger[47] já afirmou que por tipo de ação se entende que é o conjunto de pressupostos objetivos e subjetivos, abarcando a manifestação de vontade, o resultado, o dolo, assim como os motivos, tendências e intenções do agente.

Tomás Salvador Vives Antón[48] aponta a diferença entre a figura reitora e o tipo de ação (Tipo de acción y figura rectora). Afirma que a figura reitora (Leitbild)

---

del sistema penal: estudio preliminary: acción significativa y derechos constitucionales. Tradução de M. Jiménez Redondo. 2. ed. Tirant lo blanch. Valencia, 2011. p. 288.

45. VIVES ANTÓN, Tomás Salvador. *Fundamentos del sistema penal*: estudio preliminary: acción significativa y derechos constitucionales. Trad. M. Jiménez Redondo. 2. ed. Tirant lo blanch. Valencia, 2011. p. 274.

46. "Desde esa perspectiva, la supuesta verdad analítica se derrumba: el tipo de acción no se halla precedido de la acción todavía-no-típica, sino que es el dato primario, pues no hay nada parecido a una acción en general sino que, a la luz de diversas reglas sociales de interpretación (jurídico-penales o de cualquier otra índole) surgen diversos tipos de acciones." VIVES ANTÓN, Tomás Salvador. *Fundamentos del sistema penal*: estudio preliminary: acción significativa y derechos constitucionales. Tradução de M. Jiménez Redondo. 2. ed. Tirant lo blanch. Valencia, 2011. p. 274.

47. MEZGER apud VIVES ANTÓN, Tomás Salvador. *Fundamentos del sistema penal*: estudio preliminary: acción significativa y derechos constitucionales. Trad. M. Jiménez Redondo. 2. ed. Tirant lo blanch. Valencia, 2011. p. 286.

48. VIVES ANTÓN, Tomás Salvador. *Fundamentos del sistema penal*: estudio preliminary: acción significativa y derechos constitucionales. Trad. M. Jiménez Redondo. 2. ed. Tirant lo blanch. Valencia, 2011. p. 274

representa uma forma de retrato que constitui o objeto de execução e da vontade, de modo que represente o objeto da realização da ação para poder ser considerada típica. Por outro lado, o tipo de ação tem o sentido de uma regulação do sentido da própria ação, que a identifica como ação pertencente da categoria das classes de ações delimitadas pelo tipo.

> Quanto às diferenças entre o tipo de ação e a figura reitora, basta resumir o que já foi dito: a figura reitora é uma imagem – sensível ou lógica – que constitui o objeto da execução e do querer (o objeto que tem que ser realizado pela ação para poder ser considerada típica) enquanto que o tipo de ação é uma regulação do sentido da ação em si mesma, que a identifica como pertencente a classe de ações delimitadas pelo tipo. Dessa diferença estrutural derivam, como veremos imediatamente, consequências a respeito do conteúdo. (Tradução nossa)[49]

A concordância de uma manifestação externa com um tipo de ação determina uma aparência de ação. Esta aparência de ação requer uma indagação ulterior para entender que se encontra diante de uma ação, ou seja, diante de uma conduta baseada em regra, que, por consequência, pode ser entendida como ação que incorpora um significado, e não uma simples ação comum, sem importância ao Direito Penal.

Diante disso, Tomás Salvador Vives Antón[50] ainda crê que o tipo de ação, por acompanhar os sentidos determinantes por regras, adapta-se aos processos de troca de sentido social, preservando a segurança jurídica. Mas por outro lado, lembra também que o significado das ações se movimenta no tempo, enquanto que os processos permanecem estáticos, e nem tudo são interpretações e justificações sociais. O sentido da ação, de um dado momento, de determinado acontecimento, fica ligado ao nexo causal de um resultado, e deste modo o nexo causal faz parte do tipo de ação. Nesse sentido, verifica-se como a ação significativa pode influenciar nos demais elementos da teoria do crime.

7.4 AÇÃO SIGNIFICATIVA E A ESTRUTURA DA TEORIA DO DELITO

Tomás Salvador Vives Antón[51] valoriza o comportamento humano. Não leva em conta a força bruta dos sistemas exclusivamente normativistas. As normas e regras não tem importância pelo exclusivo motivo de serem normas ou regras. Dependem de sentido e do elemento humano. Por causa disso, a teoria do delito é vista por Tomás Salvador Vives Antón a partir da afirmação de que as normas devem realizar uma pretensão de

---

49. "En cuanto a las diferencias entre tipo de acción y figura rectora, basta compendiar cuanto acaba de decirse: la figura rectora es una imagen – sensible o lógica – que constituye el objeto de la ejecución y del querer (el objeto que ha de ser realizado por la acción para poder ser considerada típica) mientras que el tipo de acción es una regulación del sentido de la acción misma, que la identifica como perteneciente a la clase de acciones delimitada por el tipo. De esa diferencia estructural derivan, como veremos inmediatamente, consecuencias respecto al contenido." VIVES ANTÓN, Tomás Salvador. *Fundamentos del sistema penal*: estudio preliminar: acción significativa y derechos constitucionales. Tradução de M. Jiménez Redondo. 2. ed. Tirant lo blanch. Valencia, 2011. p. 286-287.
50. VIVES ANTÓN, Tomás Salvador. *Fundamentos del sistema penal*: estudio preliminar: acción significativa y derechos constitucionales. Tradução de M. Jiménez Redondo. 2. ed. Tirant lo blanch. Valencia, 2011. p. 272.
51. VIVES ANTÓN, Tomás Salvador. *Fundamentos del sistema penal*: estudio preliminar: acción significativa y derechos constitucionales. Trad. M. Jiménez Redondo. 2. ed. Tirant lo blanch. Valencia, 2011. p. 161.

justiça. Com isso, afirma-se que pretensão de justiça não tem como base estrutural a simples e única fonte normativa, ou seja, a regra pura. Da mesma forma, para que a norma tenha validade diante de casos em concreto, é necessário que seja fundamentada com base numa escolha decisiva do agente, perante as opções de conduta existentes. Conclui-se, que a validade da norma perante a sociedade é vinculada à credibilidade das regras no contexto social.

A norma ou regra penal permite ver que a ação sob análise pode ou não ser relevante para o que se considera justiça, após inserção do fato no filtro da teoria do crime. Paulo César Busato[52] aponta interessante conclusão a respeito da estrutura do delito, que encontra fundamentos para sua aplicação:

a) pretensão de construir um conjunto de normas que exerçam o controle sobre ações e omissões que podem violar ou colocar em perigo bens jurídicos;

b) os bens jurídicos são protegidos por normas que ameaçam condutas com aplicação de sanção penal;

c) a conduta penalmente relevante deve ser realizada por agente que sabia que não deveria agir como agiu, havendo possibilidade de atuar de outro modo;

d) o castigo é necessário após conclusão da existência de infração penal;

No momento em que ocorre uma conduta delitiva, verifica-se a importância da ação no contexto inserido pelo agente. Com isso, verifica-se a relevância da ação para o Direito Penal diante do sentido contextual. A partir daí, verifica-se, com o tipo de ação, os elementos da teoria do delito, com o foco na ação significativa. Abaixo, o quadro comparativo entre os modelos tradicionais e o modelo de Tomás Salvador Vives Antón, conforme Paulo César Busato[53] destaca:

Quadro 2 – Estrutura do sistema de Tomás Salvador Vives Antón

Modelos Tradicionais	Modelo de Vives Antón
Ação = substrato de um sentido (a estrutura dogmática) = fato físico (movimento corporal) + fato mental (a vontade). Norma = decisão de poder (pretensão de ordem de conduta)	Ação = sentido de um substrato (a estrutura dogmática) = significado de um fato, interpretação do comportamento humano segundo regras sociais. Norma = decisão de poder (pretensão de ordem de conduta) e determinação da razão (pretensão de justiça). Liberdade de ação = pressuposto de existência do sistema jurídico.

Fonte: Elaborado pelo autor

---

52. BUSATO, Paulo César. *Direito penal e ação significativa*: uma análise da função negativa do conceito de ação em direito penal a partir da filosofia da linguagem. Rio de Janeiro: Lumen Juris, 2010. p. 203.

53. BUSATO, Paulo César. *Direito penal e ação significativa*: uma análise da função negativa do conceito de ação em direito penal a partir da filosofia da linguagem. Rio de Janeiro: Lumen Juris, 2010. p. 211.

Quadro 3 – Estrutura finalista e estrutura significativa[54]

Estrutura Finalista	Estrutura Significativa
Ação: substrato das demais categorias. a) Conduta humana; b) Vontade; c) Finalidade; d) Causalidade	TIPO DE AÇÃO PRETENSÃO DE RELEVÂNCIA (determinação de que a ação humana é uma das que interessam ao Direito penal); a) Pretensão conceitual de relevância (tipicidade formal); b) Pretensão de ofensividade (antijuridicidade material – ofensividade ao bem jurídico)
Tipicidade: relação entre ação e previsão legal. a) Tipo doloso b) Tipo culposo	ANTIJURIDICIDADE FORMAL PRETENSÃO DE ILICITUDE = verificação de ajuste ao ordenamento. a) Dolo e imprudência (instâncias de imputação da antinormatividade). O dolo ocorre se a ação põe de manifesto um compromisso de atuar do agente. b) Causas de justificação
Antijuridicidade: contrariedade ao ordenamento a) Antijuridicidade formal; b) Antijuridicidade material;	CULPABILIDADE PRETENSÃO DE REPROVAÇÃO a) Imputabilidade: capacidade de reprovação; b) Consciência da ilicitude
Culpabilidade: a) Imputabilidade; b) Potencial consciência da ilicitude; c) Exigibilidade de conduta diversa	PUNIBILIDADE EM SENTIDO AMPLO PRETENSÃO DE NECESSIDADE DE PENA – expressão do princípio de proporcionalidade a) Condições objetivas de punibilidade; b) Causas pessoais de exclusão, anulação ou levantamento de pena; c) Medidas de graça previstas no ordenamento. (Ex: anistia, indulto)

Fonte: Elaborado pelo autor.

Do ponto de vista de Tomás Salvador Vives Antón, admite-se a ação como expressão de sentido. A partir daí, verifica-se que o tipo de ação regula o sentido desta ação, colocando-a numa classe de interesse do corpo social. Há significado nas condutas entendidas como relevantes para acionar o Direito Penal, diante de lesão ou perigo de lesão a bem jurídico. Os elementos que compõem o tipo passam a ser vistos com base no sentido que é dado à ação. Todos os elementos do tipo, descritivos, subjetivos terão vínculo com o sentido da ação.

Nessa linha, a pretensão de relevância é traduzida por uma pretensão conceitual de relevância (tipo de ação, sem esquecer do tipo de omissão). Afirma Tomás Salvador Vives Antón:[55]

---

54. VIVES ANTÓN, Tomás Salvador. *Fundamentos del sistema penal*: estudio preliminary: acción significativa y derechos constitucionales. Tradução de M. Jiménez Redondo. 2. ed. Tirant lo blanch. Valencia, 2011. p. 491;496.

55. VIVES ANTÓN, Tomás Salvador. *Fundamentos del sistema penal*: estudio preliminary: acción significativa y derechos constitucionales. Trad. M. Jiménez Redondo. 2. ed. Tirant lo blanch. Valencia, 2011. p. 491;496.

[...]a primeira pretensão de validade da norma penal está ligada a concordância do tipo de ação. É, por assim dizer, de alguma forma, uma pretensão epistémica: tem por objeto a afirmação de que a ação realizada é a que o Direito Penal interessa. Para que tal coisa possa ser afirmada, é preciso que a ação particular que se julga possa ser entendida conforme um tipo de ação definido em lei. (Tradução nossa)[56]

A pretensão de relevância é afirmada pela pretensão conceitual de relevância e pela pretensão de ofensividade. O tipo de ação ou omissão percebido diante de evento passível de violar ou pôr em perigo bem jurídico revela a pretensão de relevância.

A pretensão de ofensividade revela a importância das condutas destacadas para o Direito Penal, em vista dos bens jurídicos lesados ou em perigo (equivalente à antijuridicidade material). O delito tomará existência se houver relevância da conduta para o Direito Penal, vislumbrando tal importância na relevância da ofensa a bem jurídico destacado pelo corpo social. Conclui Tomás Salvador Vives Antón[57] da seguinte forma:

Uma pretensão de ofensividade – a antijuridicidade material – (pretensão substantiva de incorreção) acompanha já, inevitavelmente, a pretensão conceitual de relevância. Isto porque é relevante para o Direito penal somente ações que lesionam ou põem em perigo bens juridicamente protegidos. (Tradução nossa)[58]

A pretensão de antijuridicidade, ou pretensão de ilicitude, ou antijuridicidade formal, como contrariedade da norma, é identificada na afirmação da regra de que determinada conduta viola o ordenamento jurídico. Haverá pretensão de antijuridicidade se existir dolo e imprudência (tipo subjetivo), sem a presença das causas de justificação. É preciso que identifique o dolo ou imprudência (ausência de dever de cuidado) em relação à norma e ao bem jurídico. Verificado o dolo e a imprudência, há identificação do aspecto subjetivo. A análise da violação do dever objetivo é observada na pretensão de relevância. A ação deve constituir-se na realização do proibido, contrariando a norma entendida como diretiva de conduta.

Tomás Salvador Vives Antón admite que as causas de justificação (permissões fortes) e as causas de exculpação (permissões fracas – excludentes de responsabilidade) devem ser analisadas no âmbito da antijuridicidade. Diz ainda que as causas de justificação são mais relevantes, com maior força permissiva, do que as dirimentes. Tanto as permissivas fortes (causas de justificação) quanto as permissivas fracas (causas exculpantes) são analisadas no contexto da antijuridicidade.

---

56. [...] "la primera pretensión de validez de la norma penal se halla ligada a la concurrencia del tipo de acción. Es, por decirlo de algún modo, una pretensión epistémica: tiene por objeto la afirmación de que, en efecto, la acción realizada es de las que al Derecho Penal interesan. Para que tal cosa pueda afirmar-se, es preciso que la acción particular que se enjuicia pueda ser entendida conforme a un tipo de acción definido en la Ley." VIVES ANTÓN, Tomás Salvador. *Fundamentos del sistema penal*: estudio preliminary: acción significativa y derechos constitucionales. Trad. M. Jiménez Redondo. 2. ed. Tirant lo blanch. Valencia, 2011. p. 491;496.
57. VIVES ANTÓN, Tomás Salvador. *Fundamentos del sistema penal*: estudio preliminary: acción significativa y derechos constitucionales. Trad. M. Jiménez Redondo. 2. ed. Tirant lo blanch. Valencia, 2011. p. 491.
58. "Una pretensión de ofensividad – o antijuridicidad material – (esto es, una pretensión sustantiva de incorrección) acompaña ya, inevitablemente, a la pretensión conceptual de relevancia. Y ello porque relevantes para el Derecho penal son sólo acciones que lesionan o ponen en peligro bienes jurídicamente protegidos." VIVES ANTÓN, Tomás Salvador. *Fundamentos del sistema penal*: estudio preliminary: acción significativa y derechos constitucionales. Trad. M. Jiménez Redondo. 2. ed. Tirant lo blanch. Valencia, 2011. p. 491.

A pretensão de relevância e a pretensão de ilicitude são vinculadas à ação. Por outro lado, a pretensão de reprovação versa sobre a pessoa do agente.

A pretensão de reprovação, ou seja, a culpabilidade é preenchida pela imputabilidade e pela consciência da ilicitude. Tomás Salvador Vives Antón[59] afirma que "A la pretensión de ilicitud, que versa sobre la acción, sigue la de reproche, que recae sobre el autor." Pela pretensão de reprovação, busca identificar a possibilidade do agente ter agido de outro modo, sendo possível. Verifica-se se o agente praticou ação antijurídica e que sua conduta tenha sido seguramente admitida como algo que poderia ter sido realizada de outro modo, no sentido de que o agente tenha escolhido a ação ilícita. O juízo de culpabilidade exige a presença do elemento imputabilidade como algo que identifique a capacidade de reprovação do agente. Além disso, é necessário que o imputável tenha consciência da ilicitude de sua conduta.

A pretensão de necessidade de pena requer a presença da proporcionalidade da pena, tendo a punibilidade que ver preenchidos requisitos objetivos para punir, além de não estar presente causas pessoais que excluem a pena e inexistência de medidas de graça, como a anistia e o indulto.

Assim, por consequência, a ausência do princípio constitucional da proporcionalidade na pena, a torna injusta, violando o próprio ordenamento jurídico utilizado para aplicá-la. Isto porque, diante de um caso concreto, busca-se a justiça. Aplicar pena injusta viola o sistema.

Posto isto, verifica-se que a pretensão de relevância, pretensão de ilicitude, pretensão de reprovação e pretensão de necessidade da pena estão vinculadas à pretensão de validade da norma penal[60]. Busca-se, com este sistema, a justiça.

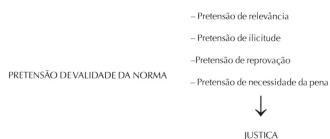

7.5 AÇÃO SIGNIFICATIVA E O GIRO DA BASE CONCEITUAL DOGMÁTICA

O conceito da ação significativa é fundado na filosofia da linguagem. Ao analisar a ação significativa, percebe-se que houve um giro de base conceitual dogmática em que a proposta base é de natureza linguística, em que é fundamental que haja o seguimento de uma regra, ao passo que a ação com consecução de fins, ou a consideração de ativi-

---
59. VIVES ANTÓN, Tomás Salvador. *Fundamentos del sistema penal*: estudio preliminary: acción significativa y derechos constitucionales. Trad. M. Jiménez Redondo. 2. ed. Tirant lo blanch. Valencia, 2011. p. 494.
60. VIVES ANTÓN, Tomás Salvador. *Fundamentos del sistema penal*: estudio preliminary: acción significativa y derechos constitucionales. Trad. M. Jiménez Redondo. 2. ed. Tirant lo blanch. Valencia, 2011. p. 491;495

dade teleológica, torna-se relevante quando houver propostas causais. Nesse sentido, Juarez Tavares[61] aponta o conceito de ação baseado na teoria analítico-linguística de forma que a ação "é toda conduta conscientemente orientada em função de um objeto de referência e materializada tipicamente como expressão da prática humano-social".

O agente que atua com base no conceito da ação significativa deve saber que segue determinada regra; deve saber qual a regra específica que segue, tendo plena consciência da regra, ou seja, uma compreensão prévia de regra dentro do seu contexto social passível de interpretação e compreensão pelo homem, sem que dirija suas atividades para a consecução de um fim, apenas.

Com base no pensamento de Habermas, notadamente a teoria da ação comunicativa, é possível considerar que há certa compreensão linguística. A partir daí, as ações são coordenadas com base no aspecto linguístico, de modo que o agir comunicativo tem como pano de fundo um consenso do corpo social, que permite o entendimento prévio das regras. A ação expressa um sentido, devendo ser objeto de interpretação. O movimento corporal é diferente da ação. Aquele conceito requer a presença da causalidade, ou seja, o nexo causal. A ação, apesar de ter a presença do movimento corporal, vincula-se ao sentido e a interpretação no âmbito da sociedade. O que determina a ação significativa não é um fato ocorrido, mas sim o significado social da conduta do agente após verificação de processo simbólico regido por normas. Há interpretação para dar sentido ao comportamento do agente dentro do âmbito social. Dá-se sentido ao comportamento do homem, diante de um sistema de regras. A ação tem sentido, conforme uma estrutura de normas, permitindo atribuir tal sentido ao comportamento do agente. A ação deixa de ser um substrato de um sentido e passa a ser o sentido de um substrato.

Pela teoria da ação comunicativa de Habermas, verifica-se que o agente, parte da sociedade, considerando o fenômeno social da integração social, participa de acordo racional somente permitido pela linguagem. A integração social somente é possível ser formada por acordo entre seus integrantes que admitiram a linguagem como meio para tanto. A comunicação entre os homens é instrumentalizada por gestos significativos. Estes sinais ou símbolos linguísticos permitem as pessoas racionalizarem suas condutas aos moldes das reações vividas. Percebe-se que não há negação da ação direcionada para um fim, conforme a teoria finalista, nem há negação de que o movimento corporal seja elemento da ação do ponto de vista da concepção causalista. Contudo, há percepção de que não é a finalidade que determina a ação, pois esta finalidade faz parte da consciência, sendo seu conteúdo. O fim é conteúdo da consciência. É importante considerar que a racionalidade é manifestada por acordos obtidos pelos sujeitos da comunicação. Nesse sentido, a racionalidade discursiva entre os indivíduos é propiciada pela linguagem.

A questão da ação é observada do ponto de vista das palavras, em vista dos diversos jogos de linguagem onde se alojam. Há entrelaçamento entre a linguagem e ação, que formam um conjunto, sendo direcionado por regras e normas, de onde origina o significado.

---

61. TAVARES, Juarez. Apontamentos sobre o conceito de ação. In: PRADO, Luiz Regis (Coord.) *Direito penal contemporâneo*: estudos em homenagem ao Professor José Cerezo Mir. São Paulo: Ed. RT, 2007. p. 154.

7 • TEORIA DA AÇÃO SIGNIFICATIVA

A expressão jogos de linguagem procura representar um entendimento da linguagem em que é traduzida por vários níveis de atos de fala dirigidos por regras que a delimitam. A expressão humana encontra-se na linguagem. As palavras utilizadas podem ter significados semelhantes em diversos tipos de jogos de linguagem. O significado é fruto da interpretação. O significado é produto da aplicação das regras.

Nessa linha de pensamento, entende-se que as regras governam tanto o sentido das ações quanto os usos da linguagem. As ações vistas como interpretações. Os tipos de regras sociais dão ao comportamento humano determinadas interpretações. A conduta é avaliada conforme as regras, podendo concluir que a ação segue de acordo ou em desacordo com tais normas, retirando daí sua interpretação. Por causa disso, não se pode apontar que a intenção do agente dá sentido a ação, mas sim o contexto de regras em que ocorreu a conduta. A intenção do agente não é determinante para se compreender a ação, mas sim as convenções sociais. As ações em relação aos fatos são compreendidas, ao passo que os fatos acontecem. Os fatos são descritos, as ações tem sentidos. As ações são interpretadas com base num sistema de regras, os fatos são explicados por leis fixadas pela física, química e outras bases científicas.

As palavras têm significados dados pelo uso feito delas com base em regras determinadas por convenções. O significado é do uso feito delas, e daí vem o sentido das coisas. Os critérios de uso devem ser conhecidos por todos que compõem o corpo social. É nesse trilho de pensamento que o sentido das palavras segue uma regra, em que o uso delas identifica um signo, que Tomás Salvador Vives Antón[62] faz a análise da ação. Conecta o estudo da linguagem ao da ação. A ação significativa deixa de ser qualificada com base exclusivamente ontológica, não sendo mais a junção do movimento corporal com a vontade. A concepção da ação significativa é vista com base na interpretação, significados e sentidos, com apoio na filosofia da linguagem de Wittgenstein.

7.6 AÇÃO SIGNIFICATIVA – BASE CONCEITUAL DO SEGUNDO LUDWIG WITTGENSTEIN

Ludwig Wittgenstein (1889 a 1951) foi um dos mais influentes filósofos do século XX. Ele colocou a linguagem no centro da reflexão filosófica, deixando de ser mero instrumento de transmissão de pensamento. Revisou sua própria teoria de tal modo que permitiu a consideração de um primeiro Wittgenstein e um segundo Wittgenstein. Com a publicação em 1921 da obra *Tractatus Lógico-Philosophicus* identifica-se o primeiro Wittgenstein. Ainda tratando da questão da linguagem, foi publicado postumamente a obra *Investigações Filosóficas*, tornando possível o segundo Wittgenstein. Foi com base no segundo Wittgenstein que Tomás Salvador Vives Antón baseou a teoria da ação significativa.

Em sua primeira obra, *Tractatus Lógico-Philosophicus*, Wittgenstein procurou apontar a linguagem como instrumento de explicação do mundo, de tal modo que, a

---

62. VIVES ANTÓN, Tomás Salvador. *Fundamentos del sistema penal*: estudio preliminary: acción significativa y derechos constitucionales. Trad. M. Jiménez Redondo. 2. ed. Tirant lo blanch. Valencia, 2011. p. 494.

partir de uma proposição, fosse possível representar o estado real das coisas (Teoria Pictória do Significado).

A proposição que busca a réplica da realidade do mundo é melhor vista pela analogia que se faz a uma maquete de edifício e sua relação com este objeto. Tanto na linguagem quanto na maquete, encontra-se o meio de tentativa de representar e descrever a realidade. A concepção da linguagem é rotulada pela crença de que a linguagem é descritiva de fatos, representando a realidade do mundo, sendo um conjunto de proposições lógicas passíveis de retratar os fatos. Assim, numa primeira fase de Wittgenstein, a linguagem é traçada como instrumento de representação do mundo.

Em obra póstuma, trabalho intitulado *Investigações Filosóficas*, publicada em 1953, Wittgenstein nega a relação estritamente lógica construída em *Tractatus Lógico-Philosophicus*, e passa a ver a linguagem não mais exclusivamente como instrumento de representação da realidade fática (linguagem descritiva). Na segunda obra, há negação da função única da linguagem, colocando de lado a teoria estrutural em que há estrita relação entre a linguagem e a realidade, passando para um passo adiante ao considerar o instrumento da linguagem como algo utilizável e funcional.

A linguagem tem muitos significados e várias maneiras de ser utilizada na vida cotidiana. Da mesma forma, existem inúmeros "jogos de linguagem", cada qual com diferente justificativa dentro de um determinado contexto utilizado. A expressão "traga-me um macaco" poderia ter concepções diferentes, dependendo do contexto em que os participantes do corpo social se encontram. Se na oficina tem um sentido, se no zoológico, terá outro sentido. E se tiver em um jogo de futebol em que há vários jogadores negros? Poderá ter sentido que seja ilícito. Destarte, as palavras não são meramente descritivas, não são nomes isolados, representativos da realidade estrita. Com base na concepção funcional da linguagem, a linguagem torna-se uma ação com significado social. Percebe-se que, diante de vários "jogos de linguagem", não é possível crer que seja plausível admitir a unificação da linguagem em torno de uma única estrutura lógica-formal.

Ludwig Wittgenstein[63] faz analogia entre os jogos e a linguagem. Para isso, aponta que existem vários tipos de jogos, dentre eles jogo de xadrez, jogo de carta, jogo esportivo e outros. Da mesma forma que os jogos, existem também várias essências de linguagem. Tanto os jogos quanto a linguagem apresentam semelhanças e diferenças. Há semelhança e diferença entre o jogo de xadrez e o jogo de dama. Da mesma forma ocorre com a linguagem. As semelhanças encontradas nas linguagens foram denominadas de semelhanças de família. Tal como os entes de uma família, em que o DNA está presente em todos os integrantes daquele grupo, em que pese haver integrantes com características não encontradas em outros. As variadas práticas linguísticas são denominadas linguagem, por causa das semelhanças de família presente nelas. Ao fazer levantar a conexão entre linguagem e jogo, Ludwig Wittgenstein[64] identifica as diferentes linhagens

---

63. WITTGENSTEIN, Ludwig. *Investigações filosóficas*. Trad. Marcos G. Montagnoli; revisão da tradução e apresentação Emmanuel Carneiro Leão. 6. ed. Petrópolis: Vozes, 2009. p. 35.
64. WITTGENSTEIN, Ludwig. *Investigações filosóficas*. Trad. Marcos G. Montagnoli; revisão da tradução e apresentação Emmanuel Carneiro Leão. 6. ed. Petrópolis: Vozes, 2009. p. 31.

7 • TEORIA DA AÇÃO SIGNIFICATIVA 119

da linguagem, com suas próprias regras e pactos internos, denominando os de jogos de linguagem. Por isso não é possível admitir o jogo de linguagem como parâmetro geral.

A linguagem vem à tona em diferentes contextos, onde é possível verificar diferentes meios de vida com linguagens diferentes em cada uma delas. Por isso que na sua segunda obra, *Investigações Filosóficas,* Ludwig Wittgenstein nos leva a perceber que a linguagem não seria uma única estrutura homogênea, mas um aglomerado de conjuntos de diferentes linguagens, cada uma com sentido específico.

O segundo Wittgenstein tem o significado da "palavra" estabelecido conforme a sua utilização perante um específico jogo de linguagem. Assim, para que seja possível identificar o significado de uma palavra dentro de um jogo de linguagem, é necessário que antes seja entendido o papel da palavra e as características internas deste jogo. O que interessa para Ludwig Wittgenstein[65] é o uso da linguagem. É a partir daí que se identifica o sentido das coisas. Uma expressão toma sentido ao ser utilizada, diante dos pactos da realidade da comunidade dos participantes. Os significados dos termos têm origem na sua utilização, que são regrados e baseados em convenções sociais. Com isso, pode ser afirmado que o significado que cada expressão ou nome tem dependerá da utilização que se faz deles. Somente o que é atingido pelo corpo social tem poder de ter sentido. Por isso que a linguagem privada, criada por uma única pessoa, por sinais e verbetes exclusivos não tem chance de ter conteúdo significativo, pois é oculto. Para haver sentido no uso das palavras, é preciso que sejam elas conhecidas.

7.7 AÇÃO SIGNIFICATIVA – TOMÁS SALVADOR VIVES ANTÓN – LINGUAGEM, AÇÃO, SENTIDO E JUSTIÇA

Tomás Salvador Vives Antón, baseado no segundo Wittgenstein, além do apoio na teoria da ação comunicativa de Habermas, percebe que a linguagem e a ação se conectam, formando um conjunto dirigido por regras em que o produto será o sentido. Há produção de sentido após o uso dos enunciados linguísticos. Da mesma forma ocorrerá com a ação significativa, que é concebida por interpretação do movimento humano diante de regras de um contexto social.

Tomás Salvador Vives Antón[66] propõe um novo entendimento da ação, não mais fundamentada na clássica categoria do delito, com inserção na tipicidade, antijuridicidade e culpabilidade. Distancia dos imperativos lógico categóricos para dar atenção a uma outra lógica, a lógica argumentativa, instrumentalizada por sentidos e apoiada no valor de justiça como ponto central do sistema. A norma e a ação são pilares que sustentam sua construção. Verifica-se presença das pretensões de relevância, ilicitude, culpabilidade (reproche[67]) e necessidade de pena. Aqui reside o giro da base conceitual

---

65. WITTGENSTEIN, Ludwig. *Investigações filosóficas.* Trad. Marcos G. Montagnoli; revisão da tradução e apresentação Emmanuel Carneiro Leão. 6. ed. Petrópolis: Vozes, 2009. p. 37.
66. VIVES ANTÓN, Tomás Salvador. *Fundamentos del sistema penal.* Valencia: Tirant lo Blanch, 2011. p. 172.
67. "A la pretensión de ilicitud, que versa sobre la acción, sigue la de reproche, que recae sobre el autor." VIVES ANTÓN, Tomás Salvador. *Fundamentos del sistema penal*: estudio preliminary: acción significativa y derechos constitucionales. Trad. M. Jiménez Redondo. 2. ed. Tirant lo blanch. Valencia, 2011. p. 494.

da teoria da ação significativa. Houve ruptura com o desenvolvimento da base teórica que permitiu o desenvolvimento da ação a partir de Hegel, isto é, ação válida para o Direito Penal na doutrina clássica. Convém apontar que caracteriza o pensamento Hegeliano a neutralidade objetiva.

Aliás, Gustav Radbruch[68] em *El Concepto de Acción y su importância para el sistema del Derecho penal* afirma que Hegel é o pai do conceito de ação. A ação é a pedra angular sobre a qual se estrutura a teoria do delito, mas assim não era até Mayer. A ação não integrava a tipicidade, pois esta era tratada como moldura objetiva, neutra. A tipicidade como moldura exclusivamente objetiva não cabia a ação, que tem conteúdo subjetivo. Foi com o Neokantismo que houve o afastamento da assertiva de que a "ação é um fantasma sem sangue". A contribuição de Mayer é de tamanha relevância que mudou a estrutura da teoria do delito até os dias atuais. Foi com Mayer, no Neokantismo, que houve possibilidade da conduta enquadrar o plano da tipicidade, pois antes disso, a tipicidade era vazia de valores, neutra, objetiva. Mayer dizia que é possível colocar a ação na tipicidade. Por isso que não pode haver neutralidade valorativa no plano da tipicidade, pois quanto tipifica uma conduta se faz um juízo de desvalor dela considerando tal conduta como digna de pena. A ação é um objeto de valoração. Com isso, Max Ernst Mayer mudou a lógica formal de Hegel para a lógica do método do Neokantismo. De todo modo, em que pese as discussões quanto a valoração ou não da ação, a metodologia de alocação da ação utilizada na teoria do delito, conforme as teorias causalistas, neokantianas, finalistas (esta desloca o aspecto subjetivo da culpabilidade para o tipo de injusto), a ação é baseada em fundamentos trabalhados com base no movimento corporal conectado à vontade, onde há estrita distância da ação significativa, que utiliza o sentido da ação com base em regras sociais.

A linha de construção da teoria do delito, admitindo a ação fundada em Hegel, passa pelo causalismo, neokantismo, finalismo, funcionalismo. Tomás Salvador Vives Antón quebra esta estrutura ao identificar a ação significativa na filosofia da linguagem. A ideia do autor de colocar o pensamento de Ludwig Wittgenstein dentro da dogmática penal é, por conseguinte, inovadora.

7.8 AÇÃO SIGNIFICATIVA – REFLEXÃO CRÍTICA DA ESTRUTURA DO "NOVO SISTEMA" ANALISADA DO PONTO DE VISTA DO PRINCÍPIO DA LEGALIDADE – BASE DE SOLUÇÃO FINALISTA

A concepção clássica do delito foi fundamentada no pensamento jurídico do positivismo jurídico; a concepção neoclássica foi baseada na teoria do conhecimento neokantiana; o sistema finalista foi estruturado em vista das contribuições filosóficas de Welzel, que apoiou seus fundamentos na ontologia crítica de Hartmann; os modernos sistemas de orientação funcionalistas foram baseados na estrutura de Parsons, quanto ao funcionalismo teleológico, e de Luhmann, quanto ao funcionalismo radical ou estra-

---

68. RADBRUCH, Gustav. *El concepto de acción y su importância para el sistema del dercho penal*. Traducción José Luis Guzmán Dalbora. Buenos Aires: BdeF; 2011. p.110-111.

tégico. Posto isso, verifica-se que a teoria de Tomás Salvador Vives Antón[69] se distancia do padrão filosófico desenvolvido até então, propondo uma nova sistemática penal distante das construções filosóficas que inspiraram os sistemas clássico, neoclássico, finalista e funcionalistas.

A concepção do delito de Tomás Salvador Vives Anton é totalmente nova, o que dará margens para incontáveis discussões no planeta doutrinário. O sistema criado por Vives Antón é convincente e coerente com sua proposta baseada na ação significativa. Estamos diante do mais novo sistema penal do século XXI que permitiu a criação da mais recente concepção do delito, agora com apoio da figura de linguagem do segundo Wittgenstein e Habermas. As categorias do delito foram reanalisadas, de modo que o edifício da teoria do delito foi novamente construído sob um outro ponto de vista.

Em relação à tradicional dogmática penal, a nova teoria certamente merece muito aprofundamento e análise das consequências que levanta, em virtude da estreita ligação das categorias e subcategorias do sistema do delito aos novos postulados filosóficos.

O novo sistema criado por Tomás Salvador Vives Antón está muito distante de criticar ou tentar destruir a tradicional dogmática, pois trata-se de um novo e isolado sistema de delito, apoiado na filosofia da linguagem, que tenta analisar e ordenar questões penais do ponto de vista de uma nova teoria jurídica do delito. Os conceitos básicos para a construção do novo sistema penal são os conceitos da ação e da norma, tendo como instrumento de conexão entre eles a liberdade de ação, conforme aponta Carlos Martínez-Buján Pérez[70].

A ação por Tomás Salvador Vives Antón não é mais analisada de forma cartesiana, onde reside a reunião do aspecto físico (movimento corporal) e outro mental (a vontade), mas sim é observada com respeito ao significado que representa no âmbito social, com base num sentido social. As categorias do Direito Penal são analisadas a partir deste novo conceito de ação, que precisa ser interpretada. A ação significativa não é um substrato conceitual que recebe um sentido, mas um sentido, que conforme o sistema de normas, pode atribuir a determinados comportamentos humanos na sociedade. Não será substrato de um sentido, mas sentido de um substrato. Por isso, é possível dizer que a ação humana, que tem relevância para o sistema penal de Tomás Salvador Vives Antón[71], tem uma dimensão significativa. Esta dimensão significativa é introduzida nos elementos que compõem o delito. A ação é dotada de sentido jurídico com correspondência às aspirações sociais. Por causa disso é que se verifica a relevância da interpretação e compreensão do significado da ação.

Quanto às normas jurídicas, devendo ser concebidas como diretivas de conduta, Vives Antón conclui que elas têm dupla essência: são decisões do poder e são determinações da razão. Essa dimensão diretiva das normas é acompanhada da pretensão de

---

69. VIVES ANTÓN, Tomás Salvador. *Fundamentos del sistema penal*. Valencia: Tirant lo Blanch, 2011. p. 163.
70. PÉREZ, Carlos Martínez-Buján. La concepción signitivativa de la acción de T.S. Vives y su correspondencia sistemática con las concepciones teleológico-funcionales del delito. *Revista Electrónica de Ciencia Penal y Criminología*, v. 1, n. 2, 1999. p. 6.
71. VIVES ANTÓN, Tomás Salvador. *Fundamentos del sistema penal*: estudio preliminary: acción significativa y derechos constitucionales. Trad. M. Jiménez Redondo. 2. ed. Tirant lo blanch. Valencia, 2011. p. 503.

validade que leva ao processo a argumentação racional. A pretensão de validade não pode ser vista como pretensão de verdade nem reduzir-se a ela, uma vez que o delito não decorre de uma estrutura sistemática fundada somente no aspecto objetivo. Além do mais, é importante lembrar que o valor central do sistema de Tomás Salvador Vives Antón é a justiça. Carlos Martínez-Bujan Pérez[72] lembra que, na concepção de Vives Antón, a norma penal exerce grande influência na motivação humana, que é orientada a dissuadir os destinatários desta norma na execução das suas condutas. Diante disso, este autor levanta interessante questão, quanto à liberdade de ação, pois afirma que a norma penal, com ameaça de pena, poderá influenciar a conduta do agente, já que a motivação da norma é inserida na consciência pessoal através da sua interiorização e formação do superego.

O conjunto das normas jurídicas é o que compõe a dogmática penal, que é um meio de argumentação para propor uma releitura do delito a partir de vínculos à valores de justiça, canalizados pela norma. Tomás Salvador Vives Antón percebe a norma como uma regra de conduta expressa linguisticamente, e que a dogmática jurídico-penal, interpretada como gramática é dotada de pretensões de validade. Estas pretensões de validade não são pretensões de verdade, pois a norma jurídica quer ser válida, não quer ser verdadeira. A partir desse pensamento, conclui-se que o resultado da execução da norma jurídica é a promoção da justiça e não da verdade. A norma será válida quando responder subpretensões diante da ação analisada. Que pretensões são estas? Perguntas a respeito da relevância da ação, da ilicitude, da reprovabilidade, da necessidade de aplicação da pena. Havendo resposta positiva às subpretensões, a norma será válida conforme a ação analisada. Para além da pretensão de validade, a norma será legítima se adequada às garantias fundamentais. Assim, Vives Antón tem a norma como um dos básicos pilares de sua teoria, tendo a norma necessariamente guiada pela ideia de justiça. Com isso, em tese, a norma canaliza ideias de justiça.

A liberdade de ação, na concepção de Tomás Salvado Vives Antón[73] constitui o ponto de união entre a doutrina da ação e da norma, sendo aquela pressuposto necessário na nova sistemática penal. A liberdade para agir não pode ser afirmada ou negada a partir de dados empíricos, contudo deve ser entendida com a ação com capacidade de autodeterminação. O comportamento humano não pode ser governado por leis causais, sendo possível assegurar que o comportamento humano é motivado por normas e a partir daí interpretado. Tendo o ser humano uma concepção do mundo, das consequências dos seus atos, sabendo que é possível optar conforme os caminhos existentes, torna-se possível a pretensão de realização de justiça por meio da aplicação da norma. O sentido da ação escolhida pelo agente é percebido pelas regras sociais, pelas normas. As ações recebem regras de liberdade, as tornando distante de atos meramente causais. Desejos, intenções, opções, razões dirigem as ações. Mesmo com a influência do poder da lei, a

---

72. PÉREZ, Carlos Martínez-Buján. La concepción signitivativa de la acción de T.S. Vives y su correspondencia sistemática con las concepciones teleológico-funcionales del delito. *Revista Electrónica de Ciencia Penal y Criminología*, v. 1, n. 2, 1999. p. 1-2.

73. VIVES ANTÓN, Tomás Salvador. *Fundamentos del sistema penal*: estudio preliminary: acción significativa y derechos constitucionales. Trad. M. Jiménez Redondo. 2. ed. Tirant lo blanch. Valencia, 2011. p. 232;259.

liberdade de agir depende da autodeterminação do homem que é capaz de liberdade, além de ser ente participativo da vida social. A responsabilidade penal advém da liberdade de ação diante da pretensão de justiça expressa na norma, conforme analisado nas ações realizadas.

A estrutura sistemática de Tomás Salvado Vives Antón[74] não despreza o aspecto social, cultural, político e histórico do contexto humano para identificar a ação de interesse para o Direito Penal, sobretudo no âmbito da imputação de condutas criminosas. Esta vertente democrática e humanista de imputação jurídico penal, estruturada na filosofia da linguagem, coloca a teoria do delito inserida na linguagem social, com base na prática social, com respeito aos significados sociais. A linguagem como ato de fé também é inserida na teoria do delito, dando relevância ao contexto humano para identificação da ação.

A estruturação dos fundamentos jurídicos da teoria do delito, do ponto de vista de Tomás Salvador Vives Antón, buscando ventos democráticos, baseia-se nos pilares da ação e da norma, tendo a liberdade de ação como elemento conector imprescindível. A ação significativa, fundada na filosofia da linguagem do segundo Wittgenstein *Investigações Filosóficas* e em Habermas *Teoria da ação Comunicativa*, como expressão de sentido, além do tipo de ação resultado da regulação do sentido da própria ação, traz para dentro da teoria do delito, bem como dos seus elementos, o ato de fé, a crença social, os sentidos, a linguagem.

Em que pese a teoria de Tomás Salvador Vives Antón ser coerente, concatenada e direcionada para um Direito Penal humano, centrado no Estado Democrático de Direito, se colocarmos a ação significativa na dogmática penal tradicional, importará todo o conceito social, as crenças, sentidos e os atos de fé que os indivíduos dão valor ao convívio em sociedade.

Ao considerar esta hipótese, ou seja, a inserção da ação significativa no modelo tradicional da teoria do delito, apenas como ensaio para uma discussão, levando em conta o princípio da legalidade, a violação do bem jurídico como pressuposto do fenômeno do delito, além da tipicidade, é bastante provável que a teoria da ação significativa não se adeque à segurança jurídica delimitada pelo princípio fundamental da reserva legal, atingindo de frente o garantismo penal, o Direito Penal Constitucional, e consequentemente o Estado Democrático de Direito. Trata-se, este pensamento, de uma reflexão crítica a respeito de uma hipótese. Hipótese esta figurativa para testar a teoria da ação significativa em um ambiente fora da estrutura significativa, mas uma estrutura tradicional, clássica, uma estrutura brasileira.

Perceba que a teoria da ação significativa não dá relevância ao bem jurídico atingido, mas a um ato de fé, de crença interna, com base no aspecto social, diante da linguagem e de seus signos. Não leva em conta que a realização de uma conduta ilícita, por ser antinormativa, tenha adequação típica entre a conduta e a moldura penal, para formar a tipicidade diante da violação a um bem jurídico. Sabemos que a tipicidade é

---

74. VIVES ANTÓN, Tomás Salvador. *Fundamentos del sistema penal*: estudio preliminary: acción significativa y derechos constitucionales. Trad. M. Jiménez Redondo. 2. ed. Tirant lo blanch. Valencia, 2011. p. 221.

decorrente do princípio da reserva legal: *nullum crimen nulla poena signe praevia lege*, axioma do sistema garantista de Ferrajoli, sendo a conformidade do fato com o molde descrito de forma abstrata pela lei penal. A adequação típica ocorre com a subsunção do fato ao modelo legal.

O tipo, na condição de modelo abstrato que descreve um comportamento proibido, como conjunto de elementos de fato punível prescrito na lei, identifica-se com a conduta proibida pela norma. Exerce uma função indiciária, pois delimita a conduta penalmente ilícita. Tem uma função garantidora, sob o aspecto do princípio da legalidade, como garantia constitucional, por que é expressão de segurança. Ainda nessa linha, Hans Welzel[75] ensina que o tipo penal tem com uma das suas funções, a descrição da forma objetiva da execução da ação proibida.

É preciso ver o tipo penal como modelo abstrato de comportamento, que individualiza conduta proibida, além do bem jurídico na condição de conteúdo material do tipo penal. Nesse sentido, verifica-se a enorme importância da investigação da violação ao bem jurídico para justificar a aplicação da pena, com conteúdo constitucional, atendendo as garantias fundamentais determinantes do Estado Democrático de Direito.

Para identificar uma conduta decorrente de ação humana como crime, é necessário verificar se esta conduta típica é antijurídica e culpável. Para ser crime, uma conduta realizada, terá que ser baseada no injusto culpável. O injusto é a conduta típica e antijurídica, sem necessidade de ser culpável. Mas para ser delito, é preciso que o injusto seja culpável. Diante destas considerações feitas sobre a segurança dada com a presença do tipo e da tipicidade, não é possível deixar de afirmar que o bem jurídico seja pilar do sistema penal tradicional, sendo a base da estrutura e interpretação dos tipos penais. Para além destas afirmações, importa verificar que um indivíduo, antes de realizar uma conduta típica, realiza uma conduta que seja ilícita. A conduta é ilícita no momento em que viola bem jurídico. São nestas condições que, hipoteticamente, inserimos a ação significativa na tradicional teoria do delito. Considera-se, para tanto, que a ação faz parte da conduta, que faz parte da tipicidade, num sistema garantista, em vista do princípio da legalidade material.

É possível que a tipicidade carregada de conteúdo significativo social, trabalhando os signos, e não a violação do bem jurídico, seja sustentada por insegurança, pois seria toda a teoria do delito baseada apenas nos atos de fé e de crença social.

A exigência do bem jurídico violado na condição motivadora de aplicação da sanção penal, é limite constitucional à criação de normas penais incriminadoras. Atenderia, nesse sentido, a vertente material do princípio da legalidade.

O Direito Penal tem como uma das suas principais funções a proteção de bens jurídicos. Não estamos afirmando que Tomás Salvador Vives Antón[76] não visa a proteção de bens jurídicos. O que apontamos é que, no ensaio hipotético, a teoria da ação significativa, lastreada por significados sociais, conforme o molde apontado acima, se inserida

---

75. WELZEL apud ROXIN, Claus. *Teoría del tipo penal*. Buenos Aires: Depalma, 1979. p. 170;172.
76. VIVES ANTÓN, Tomás Salvador. *Fundamentos del sistema penal*: estudio preliminary: acción significativa y derechos constitucionales. Trad. M. Jiménez Redondo. 2. ed. Tirant lo blanch. Valencia, 2011. p. 812.

na estrutura do Direito Penal brasileiro, venha trazer insegurança, pois colocará dentro da teoria do delito, uma ação que não seja o movimento humano corporal voluntário direcionado para um fim, mas o elemento ação que valora o significado conforme a filosofia da linguagem do segundo Wittgenstein. Há injeção de linguagem social como conteúdo de relevância para sustentar a base justificativa da ação, e não a violação do bem jurídico, por meio de uma conduta ilícita. A análise da ação significativa dá maior importância aos signos sociais relevantes sob o olhar da filosofia da linguagem, numa primeira abordagem, para somente depois observar o bem jurídico, mas este como procedimental para justificar racionalmente a restrição da liberdade.

7.9 ESTRUTURA SIGNIFICATIVA E A INDICAÇÃO FINALISTA: UMA ABORDAGEM CRÍTICA

Não há na estrutura significativa de Tomás Salvador Vives Antón[77] o elemento tipicidade. A ação equivale a um sentido de um substrato, representando, do ponto de vista dogmático, um significado do fato. Na teoria significativa, ocorre a interpretação do comportamento humano segundo as regras sociais. A estrutura significativa é formada com os elementos seguintes: tipo de ação; antijuridicidade formal; culpabilidade; punibilidade.

ESTRUTURA SIGNIFICATIVA

Tipo de Ação
Antijuridicidade formal
Culpabilidade
Punibilidade

Não há a relação tripartite, tipicidade, antijuridicidade e culpabilidade como no sistema finalista.

ESTRUTURA FINALISTA

Tipicidade
Antijuridicidade
Culpabilidade

Tomás Salvador Vives Antón[78] procura organizar a teoria do delito com base na tentativa de realização da pretensão de justiça pelas normas. A norma não é válida pelo

---

77. VIVES ANTÓN, Tomás Salvador. *Fundamentos del sistema penal*: estudio preliminary: acción significativa y derechos constitucionales. Trad. M. Jiménez Redondo. 2. ed. Tirant lo blanch. Valencia, 2011. p. 272.
78. VIVES ANTÓN, Tomás Salvador. *Fundamentos del sistema penal*. Valencia: Tirant lo Blanch, 1996; VIVES ANTÓN, Tomás Salvador. Fundamentos del sistema penal: estudio preliminary: acción significativa y derechos constitu-

simples motivo de ser norma, sendo preciso que se dê espaço ao ser humano. Por causa disso, uma norma respeitada, que tenha legitimidade no âmbito social, é aquela que houve o depósito de fé pela comunidade jurídica, de onde extrai a sua aceitação geral, coletiva. Assim, a norma anuncia a ação relevante para o Direito Penal. Tendo a ação como expressão do sentido, o tipo de ação regula o sentido da ação em si mesma.

O tipo de ação detém a pretensão conceitual de relevância (tipicidade formal) e a pretensão de ofensividade (antijuridicidade material ou ofensividade ao bem jurídico). Conforme Carlos Martínez-Buján Pérez[79], se trata de expressão da primeira pretensão de validade da norma onde há vinculação da realização de um tipo de ação. É pretensão que tem por objeto afirmar que a ação realizada pelo ser humano é uma das que interessam ao Direito Penal. Importa lembrar que a ofensividade ao bem jurídico tem relevância apenas após a verificação do significado relevante da ação, diferentemente da dogmática clássica, que exige a violação de um bem jurídico, sendo este, base da estrutura dos tipos penais, e não de um sentido de ação como na teoria de Tomás Salvador Vives Antón. Neste sentido expõe Carlos Martínez-Buján Pérez[80] ao dizer que

> Conforme se verifica, no sistema de Vives a primeira pretensão de validez da norma está vinculada a concorrência de um tipo de ação. É uma pretensão que tem por objeto afirmar que a ação realizada pelo ser humano é uma das que interessam o Direito penal, a cujo efeito é preciso verificar que a ação pode ser entendida conforme um tipo de ação definida em lei. (Tradução nossa) [81]

Tomás Salvador Vives Antón se distancia da dogmática tradicional, também, por alocar o elemento intenção na pretensão de ilicitude, uma vez que o dolo encontra-se na antijuridicidade. Posto isso, fica fácil perceber que matar ou deixar de matar com base no tipo de ação não identifica-se, num primeiro plano, o aspecto subjetivo, mas o sentido da ação identificado no tipo de ação. A pretensão geral de relevância (tipo de ação) é vista sob dois aspectos, o primeiro como pretensão conceitual de relevância onde ocorre uma correta compreensão da formulação linguística com o que se define no tipo de ação pela lei; e num segundo plano, a pretensão de ofensividade que comporta uma ação revestida de caráter perigoso ou danoso que induziu o legislador a sancionar aquela conduta com penas criminais, sendo relevante para o Direito Penal as ações que lesionam ou põem em perigo bens juridicamente protegidos. Nesse ponto, Vives Antón descarta uma concepção substancial do bem jurídico. Assim, tem-se como conteúdo

---

cionales. Trad. M. Jiménez Redondo. 2. ed. Tirant lo blanch. Valencia, 2011. p. 491.

79. PÉREZ, Carlos Martínez-Buján. La concepción signitivativa de la acción de T.S. Vives y su correspondencia sistemática con las concepciones teleológico-funcionales del delito. *Revista Electrónica de Ciencia Penal y Criminología*, v. 1, n. 2, 1999. p. 7.

80. PÉREZ, Carlos Martínez-Buján. La concepción signitivativa de la acción de T.S. Vives y su correspondencia sistemática con las concepciones teleológico-funcionales del delito. *Revista Electrónica de Ciencia Penal y Criminología*, v. 1, n. 2, 1999. p. 8.

81. "Según puse antes de relieve, en el sistema de Vives la primera pretensión de validez de la norma se halla vinculada a la concurrencia de un tipo de acción. Es una pretensión que tiene por objeto afirmar que la acción realizada por el ser humano es una de las que interesan al Derecho penal, a cuyo efecto es preciso verificar que dicha acción puede ser entendida conforme a un tipo de acción definido en la ley." PÉREZ, Carlos Martínez-Buján. La Concepción Signitivativa de la Acción de T.S. Vives y su Correspondencia Sistemática con las Concepciones Teleológico-Funcionales del Delito. *Revista Electrónica de Ciencia Penal y Criminología*, v. 1, n. 2, 1999. p. 7.

do tipo de ação, a pretensão conceitual de relevância (tipicidade formal) e a pretensão de ofensividade (a antijuridicidade material).[82]

Quadro 4 – Tipo de ação

	Pretensão conceitual de relevância (tipicidade formal)
Tipo de ação (pretensão geral de relevância)	
	Pretensão de ofensividade (antijuridicidade material)

Fonte: Elaborado pelo autor.

É importante frisar que a concepção significativa da ação abarca, da mesma forma que a ação, a omissão, com os mesmos relevos e sentidos.

Carlos Martínez-Buján Pérez[83] faz uma interessante reflexão quanto às possíveis causas de exclusão do tipo de ação, concluindo que as tradicionais causas de exclusão da ação possam integrar a concepção de Tomás Salvador Vives Antón para negar o tipo de ação. Nesse caso, estaria presente a função negativa da ação no Direito Penal a partir da filosofia da linguagem, uma vez que o sentido da ação teria que ser visto do ponto de análise da linguagem base da teoria de Ludwig Wittgenstein.

A antijuridicidade formal, como pretensão de ilicitude, equivale à verificação de ajuste da conduta aos moldes do ordenamento jurídico. Trata-se, depois da pretensão de relevância, da análise da segunda pretensão de validade da norma, segundo a qual ocorre a realização do proibido. A conduta é realizada contra o ordenamento jurídico, infringindo a norma. É o local onde reside o dolo e a imprudência (elementos considerados instâncias de imputação da antinormatividade). Há causas de justificação que eliminam a antijuridicidade formal.

Quadro 5 – Pretensão de ilicitude

	Dolo (instância de imputação de conduta antinormativa)
Pretensão de ilicitude (antijuridicidade formal)	
	Imprudência (instância de imputação de conduta antinormativa)

Fonte: Elaborado pelo autor.

Tanto o dolo quanto a imprudência não fazem parte do tipo de ação. Representam, na verdade, instancias de imputação de conduta antinormativa, contrária ao ordenamento jurídico.

---

82. VIVES ANTÓN, Tomás Salvador. *Fundamentos del sistema penal*: estudio preliminary: acción significativa y derechos constitucionales. Tradução de M. Jiménez Redondo. 2. ed. Tirant lo blanch. Valencia, 2011.p. 491;495
83. PÉREZ, Carlos Martínez-Buján. La concepción significativa de la acción de T.S. Vives y su correspondencia sistemática con las concepciones teleológico-funcionales del delito. *Revista Electrónica de Ciencia Penal y Criminología*, v. 1, n. 2, 1999. p. 9.

Ademais, o dolo representa "o manifesto compromisso de atuar do autor"[84], de modo que o agente saiba que esteja atuando contrariamente à norma. O dolo é o reflexo de um compromisso com uma ação antinormativa. A imprudência não passa da ausência de compromisso com a norma.

Vale lembrar que a conduta antinormativa gera consequência apenas ao desvalor da ação, pois o desvalor do resultado ocorre com a violação das normas de valoração ou quando as coloca em perigo.

Na estrutura finalista, o conteúdo material do tipo de injusto é o bem jurídico. Na estrutura significativa, o bem jurídico é tido procedimentalmente, para justificar a intervenção penal, não sendo conceito genérico, mas orientação para a justificação racional da limitação da liberdade.

No Finalismo, além da relação intrínseca existente entre o bem jurídico e a tipicidade, é possível verificar sua ligação com a antinormatividade penal. Considerando que a norma penal tenha sido criada por meio de um juízo de valor prévio ou inicial, e que a intenção seja que um determinado bem jurídico seja protegido pela lei, qualquer conduta que venha violar a norma criada para proteção do bem jurídico elencado, consequentemente viola este bem jurídico, sendo esta conduta, naturalmente, denominada antinormativa. Daí a relação entre o bem jurídico e a antinormatividade penal, onde violar a norma penal significa violação ao bem jurídico.

Não é possível que haja a interpretação do tipo penal, no âmbito da dogmática penal presente no Estado Democrático de Direito, sem a ideia de proteção de bem jurídico. Quanto a esta linha de pensamento, Tomás Salvador Vives Antón desvincula-se desta garantia, pois dá valor à ação lastreada pelo sentido social, pelo ato de fé.

A estrutura significativa, que tem na culpabilidade a pretensão de reprovação da conduta humana, contém dois elementos que são imputabilidade, como capacidade de reprovação, e a consciência da ilicitude. A pretensão da ilicitude recai sobre a ação. A terceira pretensão de validade da norma penal, a pretensão de reprovação, recai sobre o autor que realiza uma ação ilícita. A imputabilidade verifica-se com a análise e constatação da possibilidade de o sujeito ter capacidade de reprovação da sua conduta em vista do ordenamento jurídico.

Quadro 6 – Pretensão de reprovação

	Imputabilidade (capacidade de reprovação)
Pretensão de reprovação (juízo de culpabilidade)	
	Consciência da ilicitude

Fonte: Elaborado pelo autor.

---

84. PÉREZ, Carlos Martínez-Buján. La concepción signitivativa de la acción de T.S. Vives y su correspondencia sistemática con las concepciones teleológico-funcionales del delito. *Revista Electrónica de Ciencia Penal y Criminología*, v. 1, n. 2, 1999. p. 11.

7 • TEORIA DA AÇÃO SIGNIFICATIVA   **129**

Verificada a ocorrência das três pretensões, ou seja, a pretensão de relevância, a pretensão de ilicitude, a pretensão de reprovação, esgotando o conteúdo material da infração, uma ulterior pretensão de validade da norma é exigida pela estrutura sistemática de Vives Antón, ou seja, a pretensão de necessidade da pena. Esta pretensão de necessidade da pena deve ser considerada como um momento do princípio constitucional da proporcionalidade, devendo ser aplicada ao caso concreto.

Este último elemento da estrutura do delito de Tomás Salvador Vives Antón é reconhecido pela doutrina tradicional por punibilidade. A punibilidade, que representa a pretensão de necessidade da pena, expressa o princípio da proporcionalidade, estando, nesse ponto, de acordo com o Direito Penal Constitucional. A pretensão de necessidade da pena é circundada pelos elementos:

a) condições objetivas de punibilidade;

b) causas pessoais de exclusão, anulação ou levantamento da pena;

c) medidas de graça previstas no ordenamento jurídico.

Quadro 7 – Pretensão

Estrutura Dogmática do fato e do imputado	Filtro dogmático	Adequação ao Direito Penal Constitucional
1) Pretensão de relevância 2) Pretensão de ilicitude 3) Pretensão de reprovação	–Verificação do esgotamento do conteúdo material do delito com a identificação das três pretensões (relevância, ilicitude, reprovação)	4) Pretensão da necessidade de pena como última categoria do sistema. (Garante a presença do princípio constitucional da proporcionalidade na aplicação da pena.

Fonte: Elaborado pelo autor.

Esta estrutura de Tomás Salvador Vives Antón[85] distancia-se do aspecto cartesiano da dogmática tradicional (Tipicidade, Antijuridicidade e Culpabilidade).

Quadro 8 – Estrutura significativa

PRESSUPOSTOS PARA CONSTRUÇÃO DO SISTEMA – AS PRETENSÕES DE VALIDADE DA NORMA PENAL
Pretensão de relevância (tipo de ação)
Pretensão de ilicitude (antijuridicidade formal)
Pretensão de reprovação (Culpabilidade)
Pretensão de necessidade da pena (Punibilidade)

Fonte: Elaborado pelo autor.

Conforme Carlos Martínez-Buján Pérez[86], o sistema da teoria do delito baseado na concepção significativa da ação deve ser analisado levando em conta as coordenadas de

---

85. VIVES ANTÓN, Tomás Salvador. *Fundamentos del sistema penal*: estudio preliminary: acción significativa y derechos constitucionales. Trad. M. Jiménez Redondo. 2. ed. Tirant lo blanch. Valencia, 2011. p.161;169.

86. PÉREZ, Carlos Martínez-Buján. La concepción signitivativa de la acción de T.S. Vives y su correspondencia sistemática con las concepciones teleológico-funcionales del delito. *Revista Electrónica de Ciencia Penal y Criminología*, v. 1, n. 2, 1999. p. 15.

uma concepção da pena que encontra sua justificação no fundamento da tutela jurídica, tendo o castigo justificado pela sua utilidade (efeitos preventivos), porém sempre dentro dos limites legais e constitucionais, onde se expressa a ideia de justiça distributiva própria de um Estado de Direito.

A estrutura finalista, por exemplo, tendo a ação com substrato de um sentido, sobretudo como movimento corporal dirigido para determinado fim, decorrente de anos de desenvolvimento, aparenta maior segurança jurídica, perante a dogmática-jurídico penal constitucional. A ação é o ponto central do desenvolvimento da teoria do delito. O bem jurídico constitui elemento essencial do tipo de injusto, sobretudo da tipicidade.

Na estrutura finalista, os elementos do crime são compostos pela tipicidade, antijuridicidade e culpabilidade. A tipicidade como relação entre conduta e moldura contém o tipo doloso e o tipo culposo. A antijuridicidade, na condição daquilo que contraria o ordenamento jurídico, é vislumbrada tanto na vertente formal quanto material. A culpabilidade exige a imputabilidade, potencial consciência da ilicitude e a exigibilidade de conduta diversa.

A ação finalista, distante de ser vista do ponto de vista dos sentidos, dos signos relevantes na sociedade, é palpável, sendo o comportamento humano, consciente e voluntário, movido por uma finalidade.

Com o Finalismo, o delito é o injusto (fato típico e antijurídico) culpável. Importa lembrar que o injusto não é puramente objetivo, uma vez que o dolo faz parte da conduta. A culpabilidade é exclusivamente normativa.

CRIME (finalismo)= INJUSTO + CULPÁVEL

O injusto é composto por fato típico e antijuridicidade. O fato típico é composto pela conduta (dolosa ou culposa); tipicidade; resultado naturalístico e nexo de causalidade (nos crimes materiais ou de resultado). A culpabilidade é composta pela imputabilidade; potencial consciência da ilicitude; exigibilidade de conduta diversa. As causas de justificação exigem que sejam formadas por requisitos objetivos e subjetivos, de modo que, por exemplo, aquele que realiza conduta em legítima defesa, o faça com a intenção para tanto. Diante disso, pode-se dizer que há dois pilares que sustentam a teoria finalista, quais sejam, a teoria finalista da ação e a teoria normativa pura da culpabilidade. Assim, a conduta não é mais causal, mas um acontecer final. Quanto à culpabilidade, seus elementos contêm natureza normativa, representando juízo de reprovação pessoal sobre a estrutura lógico-real do livre arbítrio.

Nessa linha de pensamento, Miguel Reale Júnior[87] fixou entendimento no sentido da segurança jurídica proposta pelo finalismo, uma vez que foi fundado em base ontológicas, em estrutura lógico-objetivas, sendo a construção da ação e do delito a partir da natureza das coisas de grande importância para o Direito Penal atual. Assim, as pre-

---

87. REALE Júnior, Miguel. *Instituições de direito penal*: parte geral. Rio de Janeiro: Forense, 2003. p.127. v. 1.

missas lógico-objetivas buscam, com a teoria finalista, sustentar todas as articulações jurídico-penais, de maneira coerente com a natureza das coisas. Há direção vinculativa da teoria finalista com a importância do princípio da legalidade, sendo este princípio uma das pontes de ouro que ilumina a constituição para dentro da doutrina finalista. Nesse sentido, afirma Cláudio Brandão[88], nas entrelinhas, que o princípio da legalidade é fundamento constitucional do método penal, ao dizer que:

> "A dogmática penal e, em particular, a teoria do crime – que, como visto, tem na tipicidade o seu primeiro elemento, seguindo-se posteriormente a antijuridicidade e a culpabilidade – representam em si uma limitação ao jus puniendi. Se o direito penal num Estado Democrático de Direito e, consequentemente, a pena, depende da referida teoria do crime para ser aplicado, o que não estiver em conformidade com o estabelecido por ela estará logicamente afastado daquele ramo do direito."

Tanto o princípio da legalidade, a adequação social, quanto a antinormatividade, dão abertura necessária à estrutura finalista para que tenha a devida adequação constitucional na medida necessária da evolução jurídico penal constitucional. A teoria finalista não é fechada a ponto de impedir a inserção de princípios constitucionais. Pelo contrário, é aberta para a luz que ilumina o Direito Penal Constitucional, sendo revelação da opção segura da dogmática penal, por permitir a eficácia dos princípios constitucionais e dos direitos fundamentais, conforme as linhas do Neoconstitucionalismo, característica do Estado Democrático de Direito.

7.10 TEORIA DA AÇÃO SIGNIFICATIVA EM PROVAS DE CONCURSOS PÚBLICOS

A teoria da ação significativa foi matéria cobrada no 57º Concurso Público para ingresso na carreira do Ministério Público do Estado de Goiás. A teoria foi questionada em prova subjetiva de maneira ampla, devendo o candidato dissertar sobre o tema. Em seguida a banca examinadora do certame publicou o espelho de resposta abaixo apontada[89]. Como resposta, a banca examinadora apontou uma solução conceitual apenas, sem adentrar na estrutura significativa de maneira aprofundada. Trata-se de resposta meramente conceitual, que acaba por citar um entendimento contrário ao que apontamos, quanto à crítica finalista, uma vez que adotamos o finalismo como opção de maior segurança ao sistema penal atual.

"Questão 1

Teoria da Ação Significativa

ESPELHO

---

88. BRANDÃO, Cláudio. *Tipicidade penal*: dos elementos da dogmática ao giro conceitual do método entimemático. 2. ed. Coimbra: Almedina, 2014. p. 188.

89. Disponível em: www2.mp.go.gov.br/coliseu/arquivos/download/229.pdf.

Seguindo os pensamentos de Wittgenstein (filosofia da linguagem) e Habermas (teoria da ação comunicativa), Vives Antón formulou o conceito significativo da ação ("identificando-a com o 'sentido de um substrato normativo'"[90]) que apresenta uma *nova interpretação conceitual e aponta na direção de um novo paradigma para o conceito de conduta penalmente relevante.*

Conforme leciona Cezar Roberto Bitencourt[91], "essa concepção tem a pretensão de traçar uma nova perspectiva dos conceitos e *significados* básicos do Direito Penal. Essa proposta de sistema penal repousa nos princípios do liberalismo político e tem como pilares dois conceitos essenciais: *ação* e *norma*[92], unidos em sua construção pela ideia fundamental de *'liberdade de* ação' ["a liberdade de ação à qual refere Vives é simplesmente aquela que permite identificar a ação como obra pessoal e não do acaso"[93]]. O *conceito significativo de ação*, na ótica de seus ardorosos defensores como Vives Antón, Zugaldía Espinar e Paulo César Busato, identifica-se melhor com um moderno Direito Penal, respondendo aos anseios de uma nova dogmática e respeitando os direitos e garantias fundamentais do ser humano. [...] Na verdade, parece-nos que está surgindo[94] uma nova e promissora *teoria da ação* que, certamente, revolucionará toda a *teoria geral do delito*, a exemplo do que ocorreu, a seu tempo, com o finalismo de Welzel".

Vives Antón questiona o entendimento da ação no direito penal como consequência da concepção cartesiana. Segundo esse pensar, a *ação* era entendida como um fato composto de um *aspecto físico* (movimento corporal) e de um *aspecto mental* (a vontade). Em razão da contribuição da mente era possível distinguir ontologicamente os fatos humanos dos fatos naturais e dos fatos dos animais. "No entanto, a evolução da *filosofia da ação* admite o abandono de concepções ontológicas e uma mudança na concepção da

---

90. BUSATO, Paulo César. *Direito Penal e ação significativa*. Rio de Janeiro: Lumen Juris, 2005, p. 152.
91. *Tratado de Direito Penal* – parte geral. v. I. 19. ed. São Paulo: Saraiva, 2013, p. 295-296.
92. "[...] Vives, inicia assinalando que considera a *ação e a norma* os dois conceitos fundamentais os dois conceitos fundamentais do Direito penal. A ideia de Vives é estruturar a ação e a norma dentro de uma proposta de significado. Vives parte da concepção fundamental de que a ação não pode ser um fato específico e nem tampouco ser definida como o substrato da imputação jurídico-penal, mas sim representa 'um processo simbólico regido por normas' que vem a traduzir 'o significado social da conduta'. Assim, para Vives o conceito de ações é o seguinte: 'interpretações que podem dar-se, do comportamento humano, segundo, segundo os distintos grupos de regras sociais' e, portanto, elas deverão representar, em termos de estrutura do delito, já não o substrato de um sentido, mas o sentido de um substrato. Com isso, Vives logra diferenciar entre ações – que são dotadas de sentidos ou significados e comportam interpretações – e fatos – que não tem sentido e comportam tão somente descrições. [...] Ou seja, o reconhecimento da ação deriva da expressão de sentido que uma ação possui. A expressão de sentido, contudo, não deriva das intenções que os sujeitos que atuam pretendam expressar, mas do 'significado que socialmente se atribua ao que fazem'. Assim, não é o *fim* mas o *significado* que determina a classe de ações, logo, não é algo em termos ontológicos, mas *normativos*." (BUSATO, Paulo César. *Direito Penal*. São Paulo: Atlas, 2013, p.253-254).
93. BUSATO, Paulo César. *Direito Penal*. São Paulo: Atlas, 2013, p. 256.
    Ainda sobre a *liberdade de ação*, com esteio em Vives Antón, disserta BUSATO: "Resulta que para Vives, a ideia de liberdade de ação que, situada na culpabilidade, provocou um intenso debate entre o determinismo e o livre-arbítrio, a nada conduz. Assim, propõe algo completamente distinto: que a liberdade de ação não fundamenta a culpabilidade, mas a ação. A liberdade de ação há de ser o pressuposto da imagem de mundo que dá sentido à própria ação." (op. cit., p. 256).
94. "Na opinião de Carlos Martínez-Bujan Pérez, catedrático de Direito Penal da Universidade de La Coruña, Espanha, trata-se do nascimento do grande sistema penal do século XXI" (BUSATO, Paulo César. *Direito Penal*. São Paulo: Atlas, 2013, p. 252).

ação. *Renuncia-se a um conceito ontológico*, como algo que ocorre, que as pessoas fazem e que constitui o substrato do valorado pelas normas. Por conseguinte, para que se possa avaliar se existe ação não é necessário o socorro de parâmetros psicofísicos, mediante o recurso da experiência."[95]

A ação deve ser entendida de forma diferente, não como "o que as pessoas fazem", mas como o *significado do que fazem*, isto é, como um sentido. Todas as ações não são meros acontecimentos, mas têm um sentido (significado), e, por isso, não basta descrevê-las, é necessário entendê-las, ou seja, interpretá-las. Diante dos fatos, que podem explicar-se segundo as leis físicas, químicas, biológicas ou matemáticas, as ações humanas hão de ser *interpretadas* segundo as regras ou normas. No ponto, ilustrativa é a explicação de BUSATO[96]:

"As ações não sendo meros acontecimentos, exigem intepretação. Vale dizer, não basta mais que as ações sejam meramente descritas, senão que é necessário que elas sejam interpretadas e compreendidas, Enquanto os mesmos fatos da vida podem ser explicados por regras imutáveis como as leis da física, da química ou da biologia – conquanto ainda nessas ciências o componente da indeterminação já foi identificado –, as ações humanas têm a característica diferenciadora de que somente podem ser identificadas, classificadas e interpretadas conforme regras ou normas. Por exemplo, não se pode afirmar que um tapa no rosto seja uma lesão corporal, uma injúria, um comportamento rude ou até mesmo um ato reflexo sem uma análise das circunstâncias em que ocorre, para verificação de como deve ser interpretado e compreendido referido tapa, até mesmo para a definição de se pode mesmo ser considerado um tapa. [...] Assim, as ações são configuradas de acordo com seu significado social, pelo contexto em que se produzem."

De acordo com estes pressupostos, *não existe um conceito universal e ontológico de ação*. Não há um modelo matemático, nem uma fórmula lógica que nos permita oferecer um conceito de ação humana válido para todas as diferentes espécies de ações que o ser humano pode realizar. E mais que isso, conforme BITENCOURT, "as ações não existem antes das normas (regras) que as definem. Fala-se da ação de furtar porque existe antes uma norma que define essa ação. Sintetizando, a ação, cada ação, possui um *significado* determinado, certas práticas sociais (regras ou normas) que identificam um comportamento humano perante outros."[97]

Dessa forma, o primeiro aspecto a considerar é a identificação com algum tipo de ação[98] (representativo de uma *pretensão de relevância*), que determina por sua vez a *aparência* da ação. "Esse é o ponto de partida para definir se podemos dizer que existe uma ação; e, em segundo lugar, decidir se estamos diante de uma ação daquelas definidas na norma correspondente (subtrair, lesionar, ofender etc.), o que somente poderá ser levado a cabo em função do contexto em que elas se desenvolvem, isto é, com base em uma valoração da ação global, integrada pelos aspectos *causais*, *finais*, e pelo *contexto*

---

95. BITENCOURT, op. cit., p. 296.
96. Direito Penal. São Paulo: Atlas, 2013, p. 274-275.
97. Op. cit., p. 297.
98. O tipo de ação "representa uma pretensão de relevância" que "pretende a identificação da situação concreta relevante para o direito penal" (BUSATO, Paulo César. *Direito Penal*. São Paulo: Atlas, 2013, p. 268).

intersubjetivo em que aquela se desenvolve, outorgando-lhe um específico sentido social e jurídico. Ao *tipo de ação* pertencem todos os *pressupostos* da ação que cumpram uma função definidora da espécie de ação de que se trate."[99]

Noutro giro, BITENCOURT[100] assevera que "*o conceito de ação vinha sofrendo nos anos setenta do século XX um questionamento constante*[101]. Não se atribui, no último quarto desse século, à conduta um papel fundamental na teoria do delito, nem se lhe exige o desempenho de várias funções conceituais, tampouco se pretende construir um conceito geral anterior (pré-jurídico) e imutável de conduta (como, por exemplo, os conceitos clássicos de ação: causal, final e social de ação) Todos esses esforços hoje não são considerados válidos. Parte-se, portanto, da consideração de que a *conduta* é uma condição decisiva, mas não nos interessam as condutas em geral, nem discutir se houve ou não uma *conduta*, mas nos importa tão somente se a conduta *in concreto* que examinamos foi realizada com as características exigidas na lei penal. Em outros termos, é estéril a discussão sobre um conceito geral de ação válido para todas as possíveis formas de ação humana, porque, em realidade, interessa-nos somente se o réu *agiu* (atuou) na forma descrita na lei penal."

Por tudo isso, *atualmente o conceito de ação resume-se na ideia de conduta típica, isto é, não há um conceito geral de ação, mas tantos conceitos de ação como espécies de condutas relevantes (típicas) para o Direito Penal, segundo as diversas características com as que são descritas normativamente.* Isso quer dizer que "não existem ações prévias às normas, de modo que se possa dizer que exista a ação de matar, se previamente não existir uma norma que defina matar como conduta relevante para o Direito Penal. Assim, não existe a ação do 'xeque-mate' se antes não houver as regras do jogo do xadrez; não existe a ação de *impedimento* (na linguagem futebolística), sem que antes exista uma norma regulamentar que defina o que é *impedimento*. Concluindo, primeiro são as normas (regras) que definem o que entendemos socialmente por esta ou aquela ação. A partir daí, segundo essas regras, podemos identificar que matar constitui um homicídio, que subtrair coisa alheia móvel tipifica o crime de furto ou que determinados comportamentos significam ou possuem um sentido jurídico, social e cultural que chamamos crime de homicídio, de corrupção, de prevaricação etc., ou, na linguagem desportiva, atacar o rei inimigo

---

99. BITENCOURT, Cezar Roberto. Op. cit., p. 297.
100. Op. cit., p. 297.
101. O que levou BUSATO a dissertar sobre "*o esgotamento do finalismo*", nos seguintes termos: "O finalismo, porém, após viver seu auge desde o pós-guerra até o início dos anos 70, certamente esgotou sua capacidade de geração de propostas para a evolução da teoria do delito. Isso aparece claramente quando se observam os trabalhos dos mais modernos e atualizados autores que defendem perspectivas estritamente finalistas, os quais já não se ocupam de propor avanços com relação ao sistema e sim, principalmente, de criticar as constantes e crescentes oposições que surgem a sua teoria. [...] A ideia de que o sistema fechado de uma dogmática formalista e classificatória era capaz de dar resposta mais justa aos problemas práticos, mediante simples subsunção do fato à norma, mostrou-se claramente insuficiente. Assim, paulatinamente, passou-se a exigir do Direito Penal, enquanto manifestação mais grave do arcabouço jurídico, instrumento mais contundente de que dispõe o Estado para a realização do controle social, uma preocupação maior com os seus efeitos. Em resumo, desses dois fatores – insuficiente resposta técnica e superação da teoria de base – derivou a necessidade de renovação do sistema de imputação, tanto no que concerne à definição, à organização, quanto no que se refere ao conteúdo dos componentes do delito e à associação do conteúdo de cada um dos elementos que compõem o sistema de imputação às funções que deve cumprir o Direito penal". (*Direito Penal*. São Paulo: Atlas, 2013, p. 232-236).

sem deixar-lhe saída é 'xeque-mate' ou posicionar-se adiante dos zagueiros adversários, antes do lançamento, é impedimento.

Resumindo, somente se pode perguntar se houve *ação humana* relevante para o Direito Penal quando se puder relacioná-la a determinado tipo penal (homicídio, furto, corrupção). Somente se houver a reunião dos elementos exigidos pela norma penal tipificadora teremos o *significado* jurídico do que denominamos crime de homicídio, roubo, estelionato etc. Assim, pois, a *concepção significativa da ação*, que constitui um dos pressupostos fundamentais desta orientação, *sustenta que os fatos humanos somente podem ser compreendidos por meio das normas, ou seja, o seu significado existe somente em virtude das normas, e não é prévio a elas; por isso mesmo é que se fala em tipo de ação, em vez de falar simplesmente em ação ou omissão ou até mesmo em ação típica.*"[102]

---

102. "BITENCOURT, Cezar Roberto. Op. cit., p. 298.

8
CONCLUSÃO

Não há dúvidas de que a estrutura da ação significativa criada por Tomás Salvador Vives Antón é coerente, interessante e busca um Direito Penal humanizado pela lógica da filosofia da linguagem de Ludwig Wittgenstein e a Teoria da Ação Comunicativa de Habermas, contudo ainda será testada, criticada pela doutrina, utilizada nos tribunais, sendo uma clara representação de uma nova luz na dogmática penal atual, tal como foi a teoria finalista de Hans Welzel, quando surgiu.

Tomás Salvador Vives Antón e George Patrick Fletcher percebem uma compreensão humanista da ação, sem ter como única preocupação, a consideração da ação na figura de ente sob análise e explicação científica, decorrente de consequente força causal, aos moldes da tradicional dogmática. Registram que a conduta humana, sobretudo aquela que gera vínculo ao Direito Penal, deve ser compreendida, e não explicada por conceitos científicos, não sendo somente pela finalidade que se identifica a ação humana do ponto de vista dogmático, apontando a precisão de que haja compreensão de outros fatores que dirigem a vontade, como a linguagem, os signos, os atos de crença e fé.

Esta crença e fé em sinais e signos são percebidas por aqueles que interpretam o fato, do ponto de vista penal. A ação é identificada por elementos que a envolve, numa procura intensa da compreensão humana, que permite ver o significado comunicado por ela. Faz-se uma leitura interpretativa da ação e não científica racional, no âmbito da estrutura significativa.

Pela consideração da importância da ação na teoria do delito, do método cartesiano já testado, pela segurança identificada nos elementos que estruturam a teoria finalista, considerando que o bem jurídico deve ser utilizado como princípio interpretativo de um Direito Penal Constitucional, diante da importância das garantias fundamentais, que tenha respeito ao princípio da legalidade material, exigência do Estado Democrático de Direito, a teoria finalista ocupa lugar mais seguro na dogmática utilizada na apuração dos fatos definidos como crime. A conduta vista como típica, antijurídica e culpável, após análise de violação do bem jurídico, onde se possa identificar antinormatividade, tem maior relação com a segurança devida e exigida pelo Estado Democrático de Direito.

Em que pese as críticas quanto à estrutura finalista, no sentido de ser demasiadamente fechada, o princípio da legalidade, como marca do início do Direito Penal científico, como fundamento da dogmática do crime e da pena, sendo expressão da limitação do *ius puniendi*, é uma das pontes que permitem a inserção de regras e princípios constitucionais na dogmática penal finalista. Da mesma forma, permite a necessária evolução, no âmbito da teoria finalista, a ponte de ouro da adequação social e da antinormatividade.

Tanto o princípio da legalidade, quanto a adequação social e a antinormatividade, permitem a inserção da necessária luz constitucional na dogmática penal pela via da estrada finalista. Isso permite com que o finalismo seja uma opção mais segura, mais adequada, diante da oferta sistemática feita por Vives Antón, com a estrutura significativa da ação, ao levar em conta uma ação lastreada em atos de fé e crença.

Considerando que o Direito Penal representa estrutura de controle social que busca a proteção de bens jurídicos, não há dúvidas de que seja necessária a presença de um sistema seguro o bastante para fazer a proteção do homem, inclusive para protegê-lo do próprio Sistema Penal. A necessidade da presença de uma estrutura dogmática estritamente organizada e segura, aos moldes das garantias constitucionais e do princípio da legalidade, tem relevância no Direito Penal moderno.

Além de um molde estrutural penal seguro, é preciso que haja possibilidade de entrada da evolução do Direito e de novos conceitos sociais neste sistema, para que não fique estanque a ponto de impedir a aplicação da justiça. Nesse ponto, verifica-se no sistema finalista a presença da segurança exigida por um Direito Penal constitucional e a possibilidade de iluminar a estrutura finalista pela ponte da adequação social, da antinormatividade e do princípio da legalidade.

Do ponto de vista da ação significativa, numa análise comparativa ao molde finalista, é possível concluir que se identifica a compreensão da conduta pelo intérprete do modelo significativo, com base em linguagem, conceitos, signos, e não na segurança da análise interpretativa científica da ação, como elemento da dogmática. Considerando que a ação significativa influencia toda a estrutura do delito, admitindo o vínculo que tem com a compreensão do intérprete sobre a ação, a estrutura significativa apresenta-se conectada aos atos de fé daquele que interpreta a conduta considerada delituosa. Nesse sentido, se não há sintonia entre os intérpretes, por hipótese, haveria insegurança.

Diante disso, como opção de resposta lastreada em segurança, garantismo e constitucionalidade de aplicação de pena, o sistema finalista se apresenta adequado, pois a sua teoria de ação não é interpretada nem compreendida, mas sim verificada e explicada com base em aspectos e elementos científicos, tornando todo o sistema, da mesma forma, adequado à segurança jurídica exigida pelo Estado Democrático de Direito e ao mesmo tempo passível de evolução em sintonia com a Constituição da República.

REFERÊNCIAS

BARATTA, Alessandro. *Criminologia crítica e crítica do direito penal*. 2.ed. Trad. Juarez Cirino dos Santos. São Paulo: Freitas Bastos, 1999.

BARROS, Flávio Augusto Monteiro de. *Direito penal*: parte geral. 5. ed. São Paulo: Saraiva, 2006.

BATISTA, Nilo. *Introdução crítica ao direito penal brasileiro*. 4. ed. Rio de Janeiro: Revan, 1999.

BAUMAN, Zygmunt. *Globalização*: as consequências humanas. Trad. Marcus Penchel. Rio de Janeiro: Jorge Zahar, 1999.

BECCARIA, Cesare. *Dos delitos e das penas*. 7. ed. Trad. Torrieri Guimarães. São Paulo: Martin Claret, 2012.

BELING, Ernst von. *Esquema de derecho penal*: la doctrina del delito tipo. Trad. Sebastian Soler. Buenos Aires: Depalma, 1944.

BELING, Ernst von. *Esquema de derecho penal*: la doctrina del delito tipo. Tradução de Carlos M. De Elía. Buenos Aires: Libreria El Foro, 2002.

BITTAR, Eduardo Carlos Bianca. *Doutrinas e filosofias políticas*: contribuições para a história das idéias políticas. São Paulo: Atlas, 2002.

BITENCOURT, Cezar Roberto. *Tratado de direito penal*: parte geral. 11. ed. São Paulo: Saraiva, 2007.

BITTENCOURT, Cezar Roberto. *Tratado de direito penal*: parte geral 1. 20. ed. rev. amp. atual. São Paulo: Saraiva, 2014.

BOBBIO, Norberto. *A era dos direitos*. Trad. Carlos Nélson Coutinho, Rio de Janeiro: Editora Campus, 1992.

BOBBIO, Norberto. Prefácio. In: FERRAJOLI, Luigi. Direito e razão: teoria do garantismo penal. 4. ed. Revista dos Tribunais, 2014.

BONACCORSI, Daniela Villani. *A atipicidade do crime de lavagem de dinheiro*: análise crítica da Lei 12.684/12 a partir do emergencialismo penal. Rio de Janeiro: Editora Lumen Juris, 2013.

BONAVIDES, Paulo. *Curso de direito constitucional*. São Paulo: Malheiros, 2001.

BRANDÃO, Cláudio. *Curso de direito penal: parte geral*. 2. ed. Rio de Janeiro: Forense, 2010.

BRANDÃO, Cláudio. *Introdução ao direito penal*: análise do sistema penal à luz do princípio da legalidade. Rio de Janeiro: Forense, 2005.

BRANDÃO, Cláudio. *Teoria jurídica do crime*. 4. ed. São Paulo: Atlas, 2015.

BRANDÃO, Cláudio. *Tipicidade penal*: dos elementos da dogmática ao giro conceitual do método entimemático. 2. ed. Coimbra: Almedina, 2014.

BRASIL. Constituição da República Federativa do Brasil de 1988. Brasília: Senado, 1988. Nós, representantes do povo brasileiro, reunidos em Assembleia Nacional Constituinte para instituir um Estado Democrático, destinado a assegurar o exercício dos direitos sociais e individuais, a liberdade, a segurança, o bem-estar, o desenvolvimento, a igualdade e a justiça (...). Diário Oficial da União, Brasília, 5 out. 1988.

BRASIL. Decreto-Lei 2.848, de 7 de dezembro de 1940. Código Penal. Diário Oficial da União, Rio de Janeiro, 31 dez.1940. Disponível em: http://www.planalto.gov.br/ccivil_03/ decreto-lei/ Del2848. htm. Acesso em: 3 jun. 2016.

BRASIL. Lei 8.137, de 27 de dezembro de 1990. Define crimes contra a ordem tributária, econômica e contra as relações de consumo, e dá outras providências. Diário Oficial da União, Brasília, 28 dez. 1990. Disponível em: http://www.planalto.gov.br/ccivil_03/ leis/l8137.htm. Acesso em: 3 jun. 2016.

BUSATO, Paulo César (Coord.). *Dolo e direito penal*: modernas tendências. 2 ed. São Paulo: Atlas, 2014.

BUSATO, Paulo César. *Direito penal e ação significativa*. Rio de Janeiro: Lumen Juris, 2010.

BUSATO, Paulo César. *Direito penal e ação significativa*: uma análise da função negativa do conceito de ação em direito penal a partir da filosofia da linguagem. Rio de Janeiro: Lumen Juris, 2010.

BUSATO, Paulo César. *Direito penal*: parte geral. São Paulo: Atlas, 2013.

CANOTILHO, José Joaquim Gomes. *Direito constitucional e teoria da Constituição*. 3. ed. Coimbra: Almedina, 1999.

CANOTILHO, José Joaquim Gomes. *Direito constitucional e teoria da Constituição*. 7. ed. Coimbra: Almedina, 2003.

CARVALHO NETTO, Menelick de. Requisitos paradigmticos da interpretação juridical sob o paradigma do Estado Democrático de Direito. *Revista de Direito Comparado*, Belo Horizonte, v. 3, p. 473-486, 1999.

CEREZO MIR, José. *Curso de derecho penal expañol*. Madrid, Tecnos, 1985. v. 1.

CEREZO MIR, José. *Curso de dereho penal español*: parte general II: teoría del delito 15. ed. Madrid: Editorial Tecnos, 1997.

CEREZO MIR, José. *Curso de direito penal*. Madrid: Tecnos, 1993.

CERVINI, Raúl. *Os processos de descriminalização*. 2 ed. São Paulo: Ed. RT, 2002.

CHAMON JUNIOR, Lúcio Antônio. *Teoria constitucional do direito penal*: contribuições a uma reconstrução da dogmática penal 100 anos depois. Rio de Janeiro: Lumen Juris, 2006.

CÓDIGO PENAL ALEMÁN: del 15 de mayo de 1871, con la última reforma del 31 de enero de 1998. Tradução de Claudia López Diaz. Verlages C.H. Beck, München, 1998. Disponível em: http://www. juareztavares.com/textos/leis/cp_de_es.pdf. Acesso em: 29 set. 2016.

DIAS, Ronaldo Brêtas de Carvalho. *Processo constitucional e Estado Democrático de Direito*. 2. ed. Belo Horizonte: Del Rey, 2012.

FERNANDES, Bernardo Gonçalves. *Curso de direito constitucional*. 3. ed. Rio de Janeiro: Lumen Juris, 2011.

FERRAJOLI, Luigi. *A democracia através dos direitos: o constitucionalismo garantista como modelo teórico e como projeto político*. Trad. Alexander Araujo de Souza et al. São Paulo: Ed. RT, 2015.

FERRAJOLI, Luigi. *Direito e razão*: teoria do garantismo penal. 4. ed. São Paulo: Ed. RT, 2014.

FEUERBACH, Anselm von. *Tratado de derecho penal*. Buenos Aires: Hammurabi, 1989.

FLETCHER, George Patrick. *Aproximación intersubjetiva al concepto de acción*: conferencia proferida na Universidad Pablo de Olavide, Sevilla, España, em 1998. Trad. Francisco Muñoz Conde, Sevilla: Universidad Pablo de Olavide, 1998.

FLETCHER, George Patrick. *Conceptos básicos del derecho penal*. Trad. Francisco Muños Conde. Valencia: Tirant lo Blanch, 1997.

REFERÊNCIAS **141**

FONSECA, Pedro Henrique Carneiro da. *Introdução ao direito penal*. Belo Horizonte: D'Plácido, 2015.

GALUPPO, Marcelo Campos. *Da idéia à defesa*: monografias e teses jurídicas. 2. ed. Belo Horizonte: Mandamentos, 2008.

GALUPPO, Marcelo Campos. *Igualdade e diferença*: estado democrático de direito a partir do pensamento de Habermas. Belo Horizonte: Mandamentos, 2002.

GALUPPO, Marcelo Campos. Os princípios jurídicos no estado democrático de direito: ensaio sobre o modo de sua aplicação. *Revista de Informação Legislativa*, Brasília, v. 143, p. 191-209, jul./set. 1999.

GALVÃO, Fernando. *Direito penal tributário*: imputação objetiva do crime contra a ordem tributária-Belo Horizonte: Editora D'Plácido, 2015.

GALVÃO, Fernando. *Direito penal*: parte geral. 5. ed. São Paulo: Saraiva, 2013.

GALVÃO, Fernando. *Direito penal*: parte geral. 7. ed. Belo Horizonte: Editora D'Plácido, 2016.

GOMES, Luiz Flávio; MOLINA, Antonio García Pablos de; BIANCHINI, Alice. *Direito penal*: introdução e princípios fundamentais. São Paulo: Ed. RT, 2007.

GOMES, Luiz Flavio; MOLINA, Antonio García-Pablos de. *Direito penal*: parte geral: São Paulo: Ed RT, 2007. v. 2.

GOYARD-FABRE, Simone. *Os fundamentos da ordem jurídica*. Trad. Claudia Berliner. São Paulo: Martins Fontes, 2002b.

GOYARD-FABRE, Simone. *Os princípios filosóficos do direito político moderno*. São Paulo: Martins Fontes, 2002a.

GRACIA MARTIN, Luis. *Fundamentos de dogmática penal*: una introducción a la concepción finalist de la responsabilidad penal. Barcelona: Atelier, 2006.

GRECO, Luís. Tem futuro o conceito de ação? In: GRECO, Luís; LOBATO, Danilo (Coord.). *Temas de direito penal*. Rio de Janeiro: Renovar, 2008.

HABERLE, Peter. *Hermenêutica constitucional*: a sociedade aberta dos intérpretes da Constituição: a contribuição para a interpretação pluralista e "procedimental" da Constituição. Trad. Gilmar Ferreira Mendes. Porto Alegre: Sergio Antonio Fabris, 1997.

HABERMAS, Jürgen. *Consciência moral e agir comunicativo*. Trad. Guido A. de Almeida. Rio de Janeiro: Tempo Brasileiro, 1989.

HABERMAS, Jürgen. *Direito e democracia*: entre facticidade e validade. Trad. Flávio Beno Siebeneichler. Rio de Janeiro: Tempo Brasileiro, 1997. v.1-2.

HABERMAS, Jürgen. *Facticidad y validez*. Trad. Manuel Jiménez Redondo. Madrid: Ed. Trotta, 2001.

HABERMAS, Jurgen. O estado democrático de direito – uma amarração paradoxal de princípios contraditórios?. In: HABERMAS, Jurgen. *Era das transições*. Trad. Flávio Beno Siebeneichler. Rio de Janeiro: Tempo Brasileiro, 2003.

HABERMAS, Jürgen. *Teoría de la acción comunicativa*. Trad. Manuel Jiménez Redondo, Madrid: Taurus Ediciones, 1987. t. 1-2.

HASSEMER, Winfried. *Bienes jurídicos en el derecho penal*. Estudios sobre la justicia penal: homenagem al Prof. Julio B. J. Maier. Buenos Aires: Del Puerto, 2005.

HULSMAN, Louk; CELIS, Jacqueline Bernat de. *Penas perdidas*: o sistema penal em questão. Trad. Maria Lúcia Karam. Rio de Janeiro: LUAM Editora, 1997.

HUNGRIA, Nélson. *Comentários ao código penal*. Rio de Janeiro: Forense, 1949.

JAKOBS, Günther. *Dogmática de derecho penal y la configuracción normativa de la sociedad*. Madrid: Thonson Civitas. 2004.

JAKOBS, Günther. El concepto jurídico penal de acción. *Estudios de derecho penal*. Trad. Enrique Peranda Ramos, Carlos J. Suárez Gonzáles e Manuel Cancio Meliá, Madrid: UAM Editores, Civitas, 1997.

JAKOBS, Günther. *La imputaticón objetiva en derecho penal*. Madrid, Civitas, 1996.

JAKOBS, Günther. MELIÁ, Manuel Cancio. *Derecho penal del enemigo*. Madrid: Thonson Civitas, 2003.

JESCHECK, Hans-Heinrich. *Tratado de derecho penal*. Trad. Mir Puig e Muñoz Conde. Barcelona: Bosch, 1981. v. 1.

JESCHECK, Hans-Heinrich. *Tratado de derecho penal*: parte general. Tradução da 4. ed. por José Luis Manzanares Samaniego. Granada: Comares, 1993.

JESUS, Damásio E. de. *Parte geral*. 28. ed. São Paulo: Saraiva, 2006.

KANT, Immanuel. *Crítica da razão pura*. 5. ed. Lisboa: Fundação Calouste Gulbenkian, 2001.

KELSEN, Hans. *Teoria pura do direito*. 6. ed. Trad. João Batista Machado. São Paulo: Martins Fontes, 1999.

LENZA, Pedro. *Direito constitucional esquematizado*. 10. ed. São Paulo: Método, 2006.

LISZT, Franz von. *Tratado de direito penal alemão*. Trad. José Hygino Duarte Pereira, Rio de Janeiro: F. BRIGUIET & C. Editores, 1899. t.1.

LOPES, Luciano Santos. *Os elementos normativos do tipo penal e o princípio constitucional da legalidade*. Porto Alegre: Sergio Antonio Fabris, 2006.

LUZÓN PEÑA, Diego-Manuel. *Derecho penal parte general I*. Madrid: Ed. Universitas S.A, 1996.

MAURACH, Reinhart. *Tratado de derecho penal*. Barcelona: Ariel, 1962.

MEZGER, Edmund. *Derecho penal libro de studio*: parte general. Buenos Aires: Editorial Bibliografica Argentina, 1958.

MEZGER, Edmund. *Tratado de derecho penal*. Trad. José Arturo Rodriguez Muñoz. Buenos Aires: Ed. Bibliográfica Argentina, 1935. t.1.

MEZGER, Edmund. *Tratado de derecho penal*. Trad. José Arturo Rodríguez Muñoz, Madrid: Editorial Revista de Derecho Privado, 1955. t. 1-2.

MUÑOZ CONDE, Francisco. *Edmund Mezger y el derecho penal de su tiempo*: los orígenes ideológicos de la polémica entre causalismo y finalismo. Valencia: Tirant lo Blanch, 2000.

MUÑOZ CONDE, Francisco. *Teoria geral do delito*. Trad. Juarez Tavares e Luiz Régis Prado. Porto Alegre: Sérgio Antônio Fabris, 1988.

NAVARRETE, Miguel Polaino. *El injusto típico en la teoría del delito*. Buenos Aires: Editora Mario A. Viera Editor, 2000.

OLIVEIRA, William Terra de; CERVINI, Raúl; GOMES, Luiz Flávio. *Lei de lavagem de capitais*. São Paulo: Ed. RT, 2000.

PEREIRA, Henrique Viana. *A função social da empresa e as repercussões sobre a responsabilidade civil e penal dos empresários*. 2014. 214 f. Tese (Doutorado). Programa de Pós-Graduação em Direito, Pontifícia Universidade Católica de Minas Gerais, Belo Horizonte, 2014.

PEREIRA, Henrique Viana; SALLES, Leonardo Guimarães. *Direito penal e processual penal*: tópicos especiais. Belo Horizonte: Arraes Editores, 2014.

PÉREZ, Carlos Martínez-Buján. La Concepción Signitivativa de la Acción de T.S. Vives y su Correspondencia Sistemática con las Concepciones Teleológico-Funcionales del Delito. *Revista Electrónica de Ciencia Penal y Criminología*, v. 1, n. 2, 1999. Disponível em: http://criminet.ugr.es/recpc/recpc_01-13.html. Acesso em: 29 maio 2016.

PRADO, Luiz Regis. *Bem jurídico-penal e Constituição*. 7. ed. rev. e ampl. São Paulo: Ed. RT, 2014.

RADBRUCH, Gustav. *El concepto de acción y su importancia para el sistema del derecho penal*. Buenos Aires: BdeF, 2011.

REALE JÚNIOR, Miguel. *Instituições de direito penal*: parte geral. Rio de Janeiro: Forense, 2003. v.1.

ROCHA, Fernando Antônio Nogueira Galvão da. *Resistência à imposição tributária ilícita e crime contra a ordem tributária*: na perspectiva da teoria da imputação objetivo-comunicativa do crime. 2014. Tese (Doutorado). Universidade Federal de Minas Gerais, Belo Horizonte, 2014.

ROXIN, Claus. *A proteção dos bens jurídicos como função do direito penal*. Organização e Tradução de André Luís Callegari e Nereu José Giacomolli. Porto Alegre: Livraria do Advogado, 2006.

ROXIN, Claus. *Derecho penal*: parte general, fundamentos: la estructura de la teoría del delito. Trad. Diego-Manuel Luzón Peña et al. Madrid: Editorial Civitas S.A., 1997. t.1.

ROXIN, Claus. *Estudos de direito penal*. 2. ed. Trad. Luís Greco. Rio de Janeiro: Renovar, 2002a.

ROXIN, Claus. *Funcionalismo e imputação objetiva no direito penal*. Trad. Luís Greco. Rio de Janeiro: Renovar, 2002b.

ROXIN, Claus. *Política criminal e sistema jurídico-penal*. Trad. Luís Greco. Rio de Janeiro: Renovar, 2002c.

ROXIN, Claus. *Política criminal y sistema del derecho penal*. Traducción e introducción de Francisco Muñoz Conde. 2. ed. 1ª reimpressión. Buenos Aires: Hammurabi, 2002d. (Colección Claves del derecho penal, v. 2).

ROXIN, Claus. *Teoría del tipo penal*. Buenos Aires: Depalma, 1979.

SAMPAIO, José Adércio Leite. *Teoria da Constituição e dos direitos fundamentais*. Belo Horizonte: Del Rey, 2013.

SANTOS, Juarez Cirino dos. *A moderna teoria do fato punível*. Rio de Janeiro: Livraria Freitas Bastos Editora, 2000.

SANTOS, Juarez Cirino dos. *Direito penal*: parte geral. 4. ed. rev., ampl. Florianópolis: Conceito Editorial, 2010.

SWANSON, Charles R., CHAMFLIN, Neil C.; TERRITO, Leonard. *Criminal investigation*. New York: McGraw-Hill, 1996.

TAVARES, Juarez. Apontamentos sobre o conceito de ação. In: PRADO, Luiz Regis (Coord.) *Direito penal contemporâneo*: estudos em homenagem ao Professor José Cerezo Mir. São Paulo: Ed. RT, 2007.

TAVARES, Juarez. *Teoria do crime culposo*. 3. ed. Rio de Janeiro: Lumen Juris, 2009, p. 106. [notas 290-291. Nota de rodapé Liszt-Schmidt, Lehrbuch des deutschen Strafrechts, 1932].

TAVARES, Juarez. *Teoria do injusto penal*. Belo Horizonte: Del Rey, 2000.

TAVAREZ, Juarez. *Teoria do injusto penal*. Belo Horizonte, Del Rey, 1998.

TOLEDO, Francisco de Assis. *Princípios básicos de direito penal*. 4. ed. São Paulo: Saraiva, 1994a.

TOLEDO, Francisco de Assis. *Princípios básicos de direito penal*. 5. ed. São Paulo: Saraiva, 1994b.

VIANNA, Túlio; MACHADO, Felipe. (Coord.). *Garantismo penal no Brasil*: estudos em homenagem a Luigi Ferrajoli. Belo Horizonte: Fórum, 2013.

VILARDI, Celso Sanchez. O crime de lavagem de dinheiro e o início de sua execução. *Revista Brasileira de Ciências Criminais*, São Paulo, v. 12, n.47, mar.-abr. 2004.

VIVES ANTÓN, Tomás Salvador. *Fundamentos del sistema penal*. Valencia: Tirant lo Blanch, 1996.

VIVES ANTÓN, Tomás Salvador. *Fundamentos del sistema penal*: estudio preliminary: acción significativa y derechos constitucionales. Trad. M. Jiménez Redondo. 2. ed. Tirant lo blanch. Valencia, 2011.

WELZEL, Hans. *Derecho penal Aleman*. Trad. Juan Bustos Ramirez e Sergio Yáñez Pérez. Santiago: Ed. Jurídica de Chile, 1970.

WELZEL, Hans. *Derecho penal*: parte geral. Traducción de Carlos Fontán Balestra. Buenos Aires: Roque Depalma Editor. 1956.

WELZEL, Hans. *El nuevo sistema del derecho penal*. Montevideo: BdF, 2002.

WELZEL, Hans. *O novo sistema jurídico-penal*: uma introdução à doutrina da ação finalista. Tradução de Luiz R. Prado. São Paulo: Ed. RT, 2001.

WELZEL, Hans. *Teoría de la acción finalista*. Buenos Aires: Editorial Depalma, 1951.

WITTGENSTEIN, Ludwig. *Investigações filosóficas*. Trad. Marcos G. Montagnoli, revisão da tradução e apresentação Emmanuel Carneiro Leão. 6. ed. Petrópolis: Vozes, 2009.

WITTGENSTEIN, Ludwig. *Investigações filosóficas: pensamento humano*. 4. ed. São Paulo: Editora Vozes, 2005.

ZAFFARONI, Eugenio Raúl et al. *Direito penal brasileiro – II, i*: teoria do delito: introdução histórica e metodológica, ação e tipicidade. Rio de Janeiro: Revan, 2010.

ZAFFARONI, Eugenio Raúl; ALAGIA, Alejandro; SLOKAR, Alejandro. *Manual de derecho penal*: parte general. Buenos Aires: Ediar, 2005.

ZAFFARONI, Eugenio Raul; PIERANGELI, José Henrique. *Manual de direito penal brasileiro*: parte geral. 7. ed. São Paulo: Ed. RT, 2007. v.1.